# Kinotalk

D1613704

*Kinotalk: 21st Century* is a cinema-based textbook that enhances students' linguistic and cultural proficiency through guided studies of 12 Russian feature films released since the year 2000. Each chapter includes a series of original readings and activities that present captivating and thought-provoking frameworks in which students of Russian can practice and perfect all four language skills. While providing active stimuli for language production, the volume also aims to immerse students in the world of Russian cinema, society, and culture.

Key features include:

- A broad cross-section of prominent films, directors, cinematic styles, trends, and genres that have emerged in Russia since 2000.

- A wide selection of authentic texts from Russian scholars and film critics that familiarize students with the language of critical film inquiry in Russian.

- A multi-disciplinary approach that combines close readings of individual films with considerations of the socio-political, ideological, and economic contexts of their production.

- A flexible and dynamic modular structure that allows instructors to pick and choose films and topics that are best suited for their classrooms.

Aimed at the Intermediate-High to Advanced levels (B1–C1, CEFR levels), this textbook is designed for all those interested in the rich palette of voices, genres, and contexts of 21st-century Russian cinema.

**Olga Mesropova** is an Associate Professor of Russian at Iowa State University, USA. She is the author of two Russian-language textbooks; co-author of several scholarly anthologies; and author of numerous articles and reviews on Russian cultural discourse.

# Kinotalk

## 21st Century

Olga Mesropova

Routledge
Taylor & Francis Group

LONDON AND NEW YORK

First published 2020
by Routledge
2 Park Square, Milton Park, Abingdon, Oxon OX14 4RN

and by Routledge
52 Vanderbilt Avenue, New York, NY 10017

*Routledge is an imprint of the Taylor & Francis Group, an informa business*

*British Library Cataloguing-in-Publication Data*
A catalogue record for this book is available from the British Library

*Library of Congress Cataloging-in-Publication Data*
Names: Mesropova, Olga, 1974- author.
Title: Kinotalk : 21st century / Olga Mesropova.
Description: New York : Routledge, 2019. I Includes index. I In English and Russian.
Identifiers: LCCN 2019027632 (print) I LCCN 2019027633 (ebook) I
ISBN 9780815362494 (hardback) I ISBN 9780815362517 (paperback) I
ISBN 9781351112031 (ebook) I ISBN 9781351112024 (adobe pdf) I
ISBN 9781351112000 (mobi) I ISBN 9781351112017 (epub)
Subjects: LCSH: Russian language–Textbooks for foreign speakers–English. I
Russian language–Study and teaching–Foreign speakers–Audio-visual aids. I
Motion pictures–Study and teaching–Russia (Federation)
Classification: LCC PG2129.E5 M474 2019 (print) I LCC PG2129.E5 (ebook) I
DDC 491.786/421–dc23
LC record available at https://lccn.loc.gov/2019027632
LC ebook record available at https://lccn.loc.gov/2019027633

ISBN: 978-0-8153-6249-4 (hbk)
ISBN: 978-0-8153-6251-7 (pbk)
ISBN: 978-1-351-11203-1 (ebk)

Typeset in Helvetica
by Swales & Willis, Exeter, Devon, UK

# Contents

# Preface

Designed for the Intermediate-High to the Advanced-level student, *Kinotalk: 21ˢᵗ Century* was written with several interrelated goals in mind. First, the textbook introduces students to prominent films, directors, cinematic styles, trends, and genres that have emerged in Russia since the year 2000. Second, while examining Russia's cinematic production through excerpted authentic writings of Russian scholars and film critics, the volume familiarizes students with the language of critical film inquiry *in Russian*. Third, by encompassing a multi-disciplinary approach, *Kinotalk* combines a close reading of individual films with considerations of the socio-political, cultural, ideological, and economic contexts of their production. Through a range of activities that facilitate learners' transition from simply describing the film's plot to producing film analysis and interpretation, the book aims to help students practice their skills of "cineliteracy," and enable their autonomous appreciation and interpretation of cinema made in any culture or language, including their own.[1] Lastly, while offering ample cultural insights into the Russian world (past and present), the volume's films and readings serve as active stimuli for advanced language production that aim to develop students' linguistic proficiency in oral/written discourse.

*Kinotalk: 21ˢᵗ Century* is a "sequel" to the *Kinotalk* textbook that came out with Slavica Publishers (Indiana University) in 2007. The original *Kinotalk* focused on Russian cinema of the late 1980s and the 1990s, more specifically on films released between 1987 (Vladimir Bortko's *Heart of the Dog*) and 1998 (Alexei Balabanov's *Brother*). The era covered by the first installment of *Kinotalk* was a rather "dark" period for Russian cinema, both aesthetically and financially: immediately following the dissolution of the Soviet Union, the Russian film industry experienced a catastrophic collapse in domestic production; the few films that were released during that time indulged in the bleakness of so-called *chernukha* aesthetics. It was not until the first decade of the new millennium – precisely where the present volume begins its cinematic explorations – that Russian cinema production picked up again. In fact, the Russian film industry of the new millennium presents a wide spectrum of voices, formats, and genres that range from *auteur* directors' attacks on political corruption

---

1 For more on the concept of "cineliteracy" see *Moving Images in the Classroom* (British Film Institute, 2000). https://www.bfi.org.uk/sites/bfi.org.uk/files/downloads/bfi-education-moving-images-in-the-classroom-2013-03.pdf

and authoritarian practices, to state-sponsored blockbusters glorifying Soviet and Russian heroes.

Although the volume does not attempt to be exhaustive in its coverage of all trends and developments of the 21$^{st}$-century Russian film industry, it brings together a broad cross-section of representative films that allow students to "sample" both "art-house" and "commercial" Russian cinema. In this vein, the volume includes chapters on such *auteur* works as Alexander Sokurov's *Russian Ark,* Andrei Zviagintsev's *The Return,* and Andrei Khrzhanovsky's *Room and a Half*; blockbusters *Yolki* and *Legend No.17*; re-narrations of Soviet history in *We are from the Future* and *Hipsters*; as well as poignant social dramas *The Fool* and *Geographer Drank His Globe Away.* The volume also includes a Russian-language documentary made by the American film director Robin Hessman (*My Perestroika*), who spent nearly a decade living, studying, and working in Moscow.

While presenting the rich palette of 21$^{st}$-century Russian cinema and its various contexts, the volume also guides students through broad humanistic questions that they can relate to other cultures, such as: Should a government sponsor its nation's film industry? What makes a film a blockbuster? Will YouTube and other online formats eventually replace cinema? Most importantly, these case studies focused on cinematic and cultural developments in 21st-century Russia offer students captivating frameworks in which they can practice their Russian language skills, while being immersed into the world of Russian cinema, society, and culture.

# TEXTBOOK STRUCTURE

The volume consists of 12 chapters focused on an individual film; a general introduction to Russian cinema of the new millennium; and a conclusion. Each chapter dedicated to a specific film contains the following components:

## Перед просмотром фильма (Before viewing the film)

With some exceptions, each chapter begins with a still from an individual film accompanied by an active cue for language production that also serves as an "organizer" preparing students for the chapter's readings, viewings, and discussions.

## Готовимся смотреть фильм — запомните эти слова и выражения (Getting ready to watch the film – memorize these words and expressions)

With some exceptions, the vocabulary list contains key words and expressions that appear in the film at least twice (sometimes more). The word lists are followed by a variety of exercises and contextualized activities that engage and reinforce these key linguistic structures.

## Коротко о фильме (Film in brief)

This section contains an author-generated introduction to the film, biographies of the film's director and lead actors, as well as a general discussion of the film's place and significance within the broader landscape of contemporary Russian cinema. (For an additional authentic component, most readings cite a variety of interviews drawn from Russian newspapers and magazines). The readings are accompanied by a set of comprehension assignments that provide a structured overview of the presented materials, as well as more open-ended activities that stimulate various forms of cogent, paragraph-length discourse. This section also features a variety of contextualized communicative reviews of vocabulary and grammar that students will use extensively while discussing the film in question.

## После просмотра фильма (After viewing the film)

The assignments and activities in this section provide a structured review and discussion of the film's plot, main characters, as well as its aesthetic, cultural, and historical contexts, which are presented in order of increasing complexity. The section begins with a set of comprehension questions designed to make sure that students have understood the plot. Most of the questions contain vocabulary introduced earlier in the chapter, while the activities range from a "closed" true or false format to question-and-answer assignments. In all chapters students are also asked to attribute quotes from the movie to specific characters or arrange scenes from the film into the correct chronological order. The majority of these assignments also contain possibilities for open-ended, paragraph-length creative interpretations (e.g. instead of simply attributing a certain "quote" to a particular character, a more advanced student could be asked to explain what happened in the film before and after this specific line was uttered or contextualize the significance of this specific quote within the entire film).

The remainder of this section contains assignments and activities that stimulate extended discourse based on each specific film *en route* to helping students transition from the comprehension and/or simple description of the film to its interpretation. With this goal in mind, students are prompted to engage in active open speech and dialogue based on the broader topics related to the film (for example, students are asked to provide a detailed description of specific characters, individual scenes, soundtrack, and/or cinematography, draw inferences and create linkages to other cross-cultural and personal contexts, etc.).

## Кадры из фильма (Stills from the film)

Stills from the films are used as "functional cues" for oral (and/or written) production, while also offering additional vocabulary practice.

## Читаем о фильме (Reading about the film)

This section offers excerpts from reviews written by film critics and scholars that have appeared in prominent Russian cinema journals and online venues, such as "Искусство кино", "Сеанс", kino-teatr.ru, and others, providing an additional sample of authentic language material. These readings are followed up by a range of assignments (usually in a question-and-answer format) that help students grasp specific key facts about the film as addressed in the reviews, while also providing additional open-ended possibilities for more advanced and nuanced oral and/or written production.

## За рамками фильма (Beyond the film frames)

This section is designed to encourage meaningful conversation on topics featured in the films that are of concern to the students and that engage their minds and emotions. Interpretative and creative activities (that may be directed towards either oral or written assignments) are intended to encourage students' open-ended reflections on the broader historical, socio-political, and cultural contexts.

# INTENDED AUDIENCE

*Kinotalk: 21st Century* can be used as the main text for a full academic semester (for content, theme, or issue-based courses, as well as for such staple offerings at most colleges and universities as "Russia Today," "Russian Culture and Civilization," "Contemporary Russian Culture," "Russian Cinema," "Russian Popular Culture," etc.). However, the book's modular structure also allows for easy adaptation to other calendars and contexts. Depending on course objectives or individual teaching styles, the instructor may choose to assign only certain films or readings. Each chapter's vocabulary, grammar, and communicative tasks could be also used as a supplement to another text or as out-of-class work. In addition, the material in the textbook might be supplemented with excerpts from literary and cinematic works, many of which are referenced throughout each unit. The book does not offer grammar charts and explanations in the traditional sense; instead, each chapter engages particular grammatical points that students can review on their own. The grammar review assignments that are included in the book are progressively more complex and build upon material reviewed in previous units.

# CHOICE OF FILMS

The films were selected primarily for their generic and stylistic variety, cultural and historical contexts, accessibility of their language, and general appeal to students. The easy availability of the films was also an important factor: all films selected for the textbook are available on YouTube, Kanopy, Amazon.com, Facets.org, sovietmoviesonline.com, or Russian online video stores (such as www.rbcmp3.com). To provide flexibility, all films selected for the book are available for Western audiences with English subtitles. (Depending on the level of the class and the course objectives, the instructor may either use or avoid the subtitles).

With some exceptions, the content of all 12 films should be appropriate for college-level viewing (films that contain brief episodes with strong language and/or nudity are marked with an asterisk in the table below).

| Russian title | English title | Release date | Director | Running time |
|---|---|---|---|---|
| Русский ковчег | *Russian Ark* | 2002 | Alexander Sokurov | 99 mins |
| Возвращение | *The Return* | 2003 | Andrei Zviagintsev | 105 mins |
| Итальянец | *The Italian* | 2005 | Andrei Kravchuk | 99 mins |
| Русалка* | *Mermaid* | 2007 | Anna Melikian | 115 mins |
| Стиляги* | *Hipsters* | 2008 | Valery Todorovsky | 115 mins |
| Мы из будущего | *We are from the Future* | 2008 | Andrei Maliukov | 120 mins |
| Полторы комнаты или сентиментальное путешествие на родину | *Room and a Half, or a Sentimental Return Home* | 2009 | Andrei Khrzhanovsky | 130 mins |
| Ёлки | *Yolki. Six Degrees of Celebration* | 2010 | Timur Bekmambetov et al. | 90 mins |
| Моя перестройка | *My Perestroika* | 2010 | Robin Hessman | 87 mins |
| Географ глобус пропил | *Geographer Drank His Globe Away* | 2013 | Alexander Veledinsky | 124 mins |
| Легенда № 17 | *Legend No. 17* | 2013 | Nikolai Lebedev | 134 mins |
| Дурак | *The Fool* | 2014 | Yuri Bykov | 116 mins |

# Acknowledgments

I would like to extend my sincere gratitude to everyone who has contributed to the successful completion of the *Kinotalk: 21st Century* project. I am indebted to Claire Margerison, Sarah Delmas, Colin Morgan, and everyone at Routledge; thank you for your warm support, hard work, and incredible attention to detail. I am also profoundly grateful to the film studios that have kindly provided me with stills from their respective films, including:

Bazelevs Production (http://bazelevs.ru)
Central Partnership (http://www.centpart.ru/)
Lenfilm (http://www.lenfilm.ru/)
Интерсинема (https://www.intercinema.ru/)
Киностудия "Красная стрела"
Киностудия "Рок" (http://rockfilm.ru/)
Школа-студия анимационного кино "ШАР"

Thank you to the State Hermitage Museum in St. Petersburg for providing images for the book. Natalia Cherepanova, Dmitry Davidenko, Olga Granovskaya, Sofia Ignatova, Evgeniia Mavrina, Anastasiia Mikhailova, Ksenia Smolyaninova, and Yuliia Zverkova – thank you for your tireless dedication and help with the logistics. And finally, to Tom Waldemer, thank you for your wholehearted encouragement, inspiration, and love both for world cinema and for second language acquisition.

# Photo Credits

Chapter 1 (pp. 13, 28): The State Hermitage Museum, St. Petersburg.

Chapter 2 (pp. 33, 47): "ИНТЕРСИНЕМА" (https://www.intercinema.ru/)

Chapter 2 (p. 44) https://en.wikipedia.org/wiki/Lamentation_of_Christ_(Mantegna)#/media/File:The_dead_Christ_and_three_mourners,_by_Andrea_Mantegna.jpg

Chapter 3 (pp. 51, 60, 61): Киностудия "Ленфильм" (http://www.lenfilm.ru/)

Chapter 4 (p. 66, 78): Централ Партнершип (www.centpart.ru)

Chapter 5 (pp. 82, 95, 96): Киностудия "Красная стрела"

Chapter 7 (pp. 113, 121, 122, 125): Школа-студия анимационного кино «ШАР» (http://sharstudio.com/en/)

Chapter 8 (pp. 129, 141): Кинокомпания BAZELEVS (http://bazelevs.ru/en/)

Chapter 10 (pp. 157, 167, 168): Киностудия "Красная стрела"

Chapter 12 (pp. 185, 197, 198): Киностудия "Рок" (http://rockfilm.ru/)

# Введение

## ДОБРО ПОЖАЛОВАТЬ В МИР РОССИЙСКОГО КИНО ДВАДЦАТЬ ПЕРВОГО ВЕКА!

Скажите, вы видели какие-нибудь русские фильмы? А российские фильмы последнего десятилетия? Если да, то скажите, какие российские фильмы вы бы порекомендовали своим друзьям. Объясните, почему.

| |
|---|
| **десятиле́тие** – decade |

А какой фильм вашей страны вы бы порекомендовали россиянам? Почему именно этот фильм?

## ЗАПОМНИТЕ ЭТИ СЛОВА И ВЫРАЖЕНИЯ

**Nouns**

актёрский соста́в – cast
биле́т – ticket
внима́ние – attention
вы́пуск – release (of a film, etc.)
годовщи́на – anniversary
госуда́рство – state
десятиле́тие – decade
зри́тель – viewer, spectator
карти́на, ле́нта – (motion) picture
ка́чество – quality
коли́чество – quantity
мультиплика́ция – animation
о́бщество – society
опро́с – survey
подде́ржка – support
пока́з (кинопока́з) – screening (film screening)
поколе́ние – generation
предпочте́ние – preference
приключе́ние – adventure
произво́дство – production
просмо́тр (фи́льма) – film screening
про́сьба – request
режиссёр – (film) director
реквизи́т – props
реце́нзия на (что) – review of
соо́бщество – community
сцена́рий – script
сценари́ст – scriptwriter, screenwriter
сюже́т – plot
тво́рчество – oeuvre, creative work
увеличе́ние – increase
у́жас – horror
ука́з – decree
усло́вие – condition
успе́х – success
худо́жник-постано́вщик – production designer

цель – goal, aim
экра́н – screen (in a movie theater)

**Verbs**

выпуска́ть (вы́пустить) – to release (a film, etc.)
объявля́ть (объяви́ть) – to declare
обраща́ть (обрати́ть) внима́ние на (кого, что) – to pay attention to
подде́рживать (поддержа́ть) – to support
по́льзоваться успе́хом / популя́рностью у (кого) – to be successful / popular with
посвяща́ть (посвяти́ть) (кому, чему) – to dedicate
предпочита́ть (предпоче́сть) – to prefer
привлека́ть (привле́чь) внима́ние – to attract attention
ска́чивать (скача́ть) – to download
следи́ть за (кем, чем) – (fig.) to follow, to keep up with
снима́ть (снять) фильм – to shoot a film
создава́ть (созда́ть) – to create
увели́чивать (увели́чить) – to increase

**Adjectives**

зарубе́жный – foreign
масшта́бный – large-scale
обще́ственный – public
оте́чественный – domestic
се́льский – rural
тво́рческий – creative

**Other**

в тече́ние (чего) – during the course of
зачасту́ю – frequently
короткометра́жный фильм (коро́ткий метр, короткометра́жка) – short film (usually 40–50 minutes in length)
кста́ти – by the way
полнометра́жный фильм – full-length film
при э́том – at the same time, at that
среди́ (кого/чего) – among (whom/what)

# ПОГОВОРИМ О КИНО

**Задание 1. Люди кино. Сопоставьте слова и их определения (если затрудняетесь с ответом, воспользуйтесь словарём).**

| | |
|---|---|
| 1. Режиссёр _____ | А. Человек, который пишет сценарий фильма |
| 2. Оператор _____ | Б. Человек, который отвечает за производство декораций и реквизита, а также за выбор места для съёмок |
| 3. Продюсер _____ | В. Человек, который создаёт визуальный образ персонажа фильма |
| 4. Художник по костюмам _____ | Г. Человек, который работает с киноаппаратурой (например, с видео-камерой) |
| 5. Сценарист _____ | Д. Человек, который пишет музыку для фильма |
| 6. Художник-постановщик _____ | Е. Один из самых главных людей в процессе создания фильма, отвечающий за творческий аспект съёмки |
| 7. Композитор \_\_\_\_\_ | Ж. Человек, занимающийся организацио́нно-фина́нсовой стороной фильма |
| 8. Кинокритик _____ | З. Специалист, который анализирует фильмы и рассказывает о них зрителям в рецензиях. |

Скажите, а какая из этих профессий вам кажется наиболее интересной? Наиболее трудной? Самой творческой? Объясните, почему вы так думаете. А вы хотели бы работать в кино? Какую кино-профессию вы бы выбрали? Почему?

**Задание 2. Слова в контексте. Вставьте подходящие по смыслу слова в правильной форме.**

> актёр, зарубежный, зачастую, картина, композитор, отечественный, предпочитать, производство, режиссёр, сценарист, творчество

Если верить русско-язычному интернет-проекту "Кинопоиск", посвящённому (foreign) _____ и (domestic) _____ кинематографу, то с 2001 по 2015 год над (production) _____ российских (pictures) _____ работали более сорока пяти тысяч человек[1]. При этом, есть люди, которые (frequently) _____ (prefer) _____ выступать в нескольких ролях, например работая и (director) _____ и (script writer) _____. А есть художники (например, Юрий Быков, с чьим (oeuvre)_____ вы скоро познакомитесь), которые одновременно являются и (actor) _____, и (composer) _____, (director) _____.

---

1 "От «Сестёр» к «Хардкору»: российское кино в XXI веке". https://www.kinopoisk.ru/special/15years/.

**Задание 3. Замените пассивные конструкции активными.**

1. Билеты были куплены россиянами. – *Россияне купили билеты.*
2. Фильм Николая Лебедева "Экипаж" был выпущен компанией Тритэ.
3. Российским президентом 2016 год был объявлен Годом кино.
4. Фильм "Русский ковчег" был снят известнейшим режиссёром, Александром Сокуровым.
5. Год российского кино был поддержан российской киноиндустрией.
6. Указ о Годе кино был написан российским президентом Владимиром Путиным.
7. Фильм "Ёлки" был создан шестью разными режиссёрами.
8. Правительством России было построено триста кинозалов в маленьких российских городах.

**Задание 4. Поставьте слова в правильную грамматическую форму и закончите предложения.**

1. Эта зарубежная приключенческая лента пользуется огромным успехом у (городские и сельские жители).
2. 2016 год в России был посвящён (Российское кино).
3. Российское киносообщество надеется, что Год кино привлечёт внимание к (проблемы) (отечественный кинематограф).
4. Большинство рецензий на (новый мистический фильм ужасов) были негативными.
5. Кинокритики обратили внимание на (талантливый актёрский состав) нового фильма.
6. Многие россияне следят за выпуском (новые полнометражные фильмы).

**Задание 5. Прочитайте результаты опроса, проведённого Всероссийским центром изучения общественного мнения (ВЦИОМ) в 2014 г. и ответьте на вопросы.[2]**

1. В 2014 г. лишь 14 процентов россиян смотрели новые полнометражные фильмы в кинотеатрах. 45 процентов впервые видели новые фильмы на экране телевизора, а 18 процентов предпочитают смотреть новинки кино в Интернете. Наименее популярной является покупка дисков с фильмами – покупают DVD лишь 3 процента респондентов. А 7 процентов опрошенных сказали, что вовсе не следят за новинками кино.

> лишь – only, solely
> новинка – novelty; new release
> вовсе не – at all

   1) Правильно или неправильно? Исправьте неверные утверждения.
      a) В 2014 году почти все россияне смотрели новые фильмы в кино.
      b) Больше всего россияне любят смотреть фильмы в интернете.

2 Полностью пресс-выпуск № 2608 "Пойдём в кино" (29 июня 2014 г.). можно прочитать на сайте ВЦИОМ: https://wciom.ru/index.php?id=236&uid=784

c) Россияне часто покупают диски с фильмами.

d) Многие россияне не интересуются новинками кино.

2) Скажите, а вы следите за новинками кино? Если да, то где вы предпочитаете смотреть новые фильмы: в кинотеатре, по телевизору или в Интернете? Объясните, почему.

3) Вы часто покупаете диски с фильмами? А как вы думаете, в каком формате люди будут смотреть фильмы <u>через</u> 10 или 20 лет?

4) Скажите, а какие фильмы вы предпочитаете – короткометражные или полнометражные? Объясните, почему.

2. Как россияне выбирают фильмы для <u>просмотра</u>? Как <u>выяснил</u> ВЦИОМ, в первую очередь, для зрителей важен жанр фильма – об этом сказали 46% респондентов. 31% смотрит на имена актёров; для одиннадцати процентов важно имя режиссёра картины. 29% слушает мнение друзей и коллег; 22% обращает внимание на рекламу; 6% читает рецензии кинокритиков. А вот имеет ли фильм призы кинофестивалей – интересует только 3% опрошенных россиян.

> **через** (of time) – in
> **просмотр** – viewing, screening
> **выяснять (выяснить)** – to find out
> **в первую очередь** – first and foremost

1) Правильно или неправильно? Исправьте неверные утверждения.

a) Многие россияне предпочитают смотреть фильмы, которые получили призы кинофестивалей.

b) При выборе фильма, большинство российских зрителей хотят знать имя режиссёра.

c) Многие российские кинозрители читают рецензии кинокритиков.

2) Скажите, а как вы выбираете фильм для просмотра? Что важнее всего для вас: жанр фильма, актёрский состав, режиссёр, мнение кинокритиков? Что-нибудь ещё? А важно ли вам знать, какие призы получил фильм на кинофестивалях? Почему да или нет?

3) Вы смотрите трейлер фильма до просмотра фильма в кинотеатре? Читаете ли вы информацию об интересующем вас фильме в социальных сетях? Если да, то скажите, какую информацию о фильме вы надеетесь получить из трейлера или из социальных сетей.

3. Какие жанры кино предпочитают россияне? Больше всего им нравятся комедии – их смотрят 88% респондентов (49% довольно часто, а 37% – <u>время от времени</u>). На втором месте по популярности – детективы и криминальные фильмы; их выбирают 73%. Многие россияне также любят

> **время от времени** – from time to time; occasionally

смотреть приключенческие фильмы (71%), драмы (70%), исторические киноленты (67%), и мелодрамы (63%). 54% россиян выбирают боевики; 45% – триллеры, а вот мистика и фильмы ужасов привлекают лишь 45% зрителей.

1) Правильно или неправильно? Исправьте неверные утверждения.

   a) Самой большой популярностью у российских зрителей пользуются фильмы ужасов.

   b) Самый непопулярный жанр кино в России – комедия.

2) Скажите, вас удивили результаты опроса ВЦИОМ? А как вы думаете, если бы такой опрос был проведён в вашей стране, как бы ответили жители вашей страны?

3) Какие жанры кино предпочитаете вы? Почему вам нравятся именно эти жанры?

4) Вы знаете, какие жанры были популярны 20 лет назад? 50 лет назад? Как вы считаете, изменились ли интересы кинозрителей вашей страны за последние 50 лет? Как вы думаете, почему?

4. Фильмы каких стран предпочитают россияне? По результатам опроса 2018 года, 83% россиян больше всего любят смотреть российские фильмы. 40% опрошенных – любят американское кино; 15% участников опроса любят фильмы из Франции. А 6% россиян любят кино Индии.[3] При этом, интерес российского зрителя к отечественному кино – недавний. Всего несколько лет назад, в 2015 году, из всех купленных билетов в кино, лишь 18% билетов были на отечественные фильмы. Остальные билеты, купленные россиянами, были на зарубёжное кино.[4] А вот по словам эскспертов, к 2017-му году "количество зрителей на отечественных фильмах выросло на 40%: российские фильмы в кино посмотрела почти треть населения страны – 55 миллионов человек".[5]

1) Правильно или неправильно? Исправьте неверные утверждения и детально прокомментируйте правильные.

   a) Интерес российских зрителей к отечественному кино был самым высоким в 2015 году.

   b) В 2018 г. большинство россиян предпочитают смотреть фильмы Голливуда.

   c) В 2017 году почти половина населения России ходила в кино смотреть отечественные фильмы.

   d) Больше половины россиян любят фильмы Болливуда.

2) А какие фильмы – отечественные или зарубежные – чаще идут в кинотеатрах вашей страны?

3) Как вам кажется, жители вашей страны знакомы с кинематографом других стран? Как вы думаете, почему?

4) Как вам кажется, важно ли для хорошо образованного человека знать кинематограф других стран? Объясните, почему вы так думаете.

---

3 "Комедии, драмы, триллеры: о зрительских предпочтениях россиян". *ВЦИОМ* пресс-выпуск №3850 (28 декабря 2018 г.). https://wciom.ru/index.php?id=236&uid=9498

4 См. например: Ксения Болецкая. "Доля русского кино в прокате вновь снизилась". *Ведомости* (18 января 2016 г.). http://www.vedomosti.ru/technology/articles/2016/01/19/624470-dolya-russko-go-kino-prokate-vnov-nemnogo-snizilas

5 Программа "Кино в деталях". *Канал СТС* (21 января 2018 г.). https://www.youtube.com/watch?-time_continue=493&v=nezviu8Hcx4

5) Как вы думаете, должно ли государство контролировать, какие фильмы (отечественные или зарубежные) идут в кинотеатрах? Объясните своё мнение.
6) Фильмы каких стран предпочитаете вы? Почему?

**Задание 6. В группах. Составьте список вопросов о кино-предпочтениях (preferences) молодёжи вашей страны. Задайте эти вопросы друзьям и знакомым; потом сообщите результаты в классе и обсудите их.**

**Задание 7. Поставьте слова в правильную грамматическую форму и закончите предложения. Прочитайте параграф вслух, обращая внимание на формы числительных.**

В феврале 2011-го года ВЦИОМ провёл опрос о том, как часто россияне ходят в кино. Опрошено было 1600 (человек) в 138 (город). Вот результаты опроса. Регулярно ходят в кинотеатры 26% (российские граждане). 48% (кинозрители) – это москвичи и петербуржцы; 59% (зрители, посещающие кинотеатры) – люди в возрасте 18–24 лет. 14% (опрошенные) ходят в кино лишь эпизодически – не чаще, чем раз в год. 42% (россияне) практически не ходят в кинотеатры. Наконец, 16% (люди, принявшие участие в опросе) сказали, что они никогда не были в кинотеатре. 64% (российские кинозрители) смотрели фильмы с использованием технологий 3D, а самым запомнившимся 3D-фильмом 2011 года стал "Аватар", который посмотрели 35% (респондент).[6]

1. Скажите, вас удивили результаты этого опроса? А если бы жителей вашей страны спросили о том, как часто они ходят в кино, как бы ответили они?
2. А как часто в кино ходите вы? Сейчас вы ходите в кинотеатры столько же, чаще или реже, чем пять лет назад? Почему?
3. Скажите, что бы мотивировало вас ходить в кино чаще? Например, ходили бы вы в кино чаще, если бы билеты были дешевле? Если бы кинотеатры показывали больше фильмов на русском языке? Что-нибудь ещё? Подробно объясните.
4. Как вам кажется, люди какого возраста в вашей стране чаще всего ходят в кино?
5. Как вам кажется, где сегодняшняя молодёжь предпочитают смотреть новые фильмы: в кинотеатре, по телевизору или в Интернете? Как вы думаете, почему?

**Задание 8. Ответьте на вопросы. Подробно объясните свою позицию.**

1. Представьте, что вы хотите посмотреть новый русский фильм в Интернете. В Интернете есть две копии этого фильма: бесплатная копия

---

6 Anon. "ВЦИОМ: 16% россиян ни разу не были в кино". *Газета.ru* (9 марта 2011 г.). https://www.gazeta.ru/news/culture/2011/03/09/n_1737501.shtml

в плохом качестве, и платная копия, но в хорошем. Какую копию фильма вы скачаете и почему?

> **на ваш (твой, мой, чей, etc.) взгляд** – in smo.'s opinion

2. Назовите лучший, <u>на ваш взгляд</u>, фильм (отечественный или зарубежный), который вы видели за последние пять лет. Что в этом фильме вам понравилось больше всего: актёры, сюжет, диалоги, юмор? Что-нибудь ещё? Кратко расскажите, о чём этот фильм.

3. Скажите, а в вашей школе был курс по истории национального или мирового кино? Если да, то фильмы каких стран вы изучали? Как вы думаете, нужны ли в школах такие курсы? Почему вы так думаете?

## ЧИТАЕМ О КИНО

Знаете ли вы, что 2016 год был объявлен в России "Годом российского кино"? Почему именно этот год был посвящён российскому кинематографу? Ну <u>во-первых</u>, 2016 год — это сто двадцатая <u>годовщина</u> первого кинопоказа в России. А <u>во-вторых</u>, в 2016 году исполнилось 80 лет крупнейшей российской студии мультипликационных фильмов, "Союзмультфильму". Вот <u>благодаря</u> этим двум важным датам из истории российского кино, 2016 год и стал годом <u>празднования</u> российской киноиндустрии.[7]

> **во-первых** – in the first place, first
> **годовщина** – anniversary
> **во-вторых** – in the second place, second
> **благодаря (кому-чему)** – thanks to, owing to, due to
> **празднование** – celebration

Кстати, начиная с 2008 года, каждый год в России посвящается <u>той или иной</u> культурной или социальной теме. Указ о тематике нового года <u>подписывает</u> российский президент. Вот какие "Года" были в России: 2008 – Год семьи; 2009 – Год молодёжи; 2010 – Год учителя; 2011 – Год российской космонавтики; 2012 – Год российской истории; 2013 – Год <u>охраны окружающей среды</u>; 2014 – Год культуры; 2015 – Год литературы; 2016 – Год российского кино; 2017 – Год экологии; 2018 – Год волонтёра; 2019 – Год театра.

> **тот или иной** – one or another
> **указ** – order, decree
> **подписывать (подписать)** – to sign
> **охрана** – protection
> **окружающая среда** – environment

В указе российского президента написано, что Год кино проводится для того, чтобы привлечь "внимание общества" к российскому кинематографу.[8] Среди

---

7 Николай Корнацкий. "2016 год объявлен Годом российского кино. Что это значит?" *Известия* (22 декабря 2015 г.). https://iz.ru/news/599493

8 "Указ о проведении Года российского кино" (7 октября 2015 г.). http://www.kremlin.ru/acts/news/50463

приоритетов Года кино было государственное финансирование дебютных кинопроектов; а ещё одна цель Года – <u>строительство</u> новых и модернизация старых кинотеатров, особенно в маленьких городах.[9]

**строительство** – construction, building

Каковы же результаты Года кино? Во-первых, в 2016 году было выпущено несколько фильмов с бюджетом от пятисот миллионов рублей и выше, снятых при государственной поддержке. Одним из самых успешных проектов 2016 года, выпущенных в <u>рамках</u> Года российского кино, был фильм-катастрофа "Экипаж" в формате IMAX режиссёра Николая Лебедева.[10] В рамках Года кино также было построено триста кинозалов в маленьких городах, где раньше вообще не было кино. А ещё во время Года кино начали проходить <u>так называемые</u> "Ночи кино" – <u>бесплатные</u> показы российских картин по всей России. <u>Руководитель</u> Фонда кино, Антон Малышев, говорит, что на показы "Ночей кино" в 2016 году пришло почти семьсот тысяч зрителей.[11]

**в рамках (чего)** – within the framework of smth
**так называемый** – so-called
**бесплатный** – free of charge
**руководитель** – director, head

Кстати <u>следует отметить</u>, что государственное финансирование российского кино началось <u>задолго до</u> Года кино 2016-го года. Ещё в 1994 г. в России был создан Федеральный фонд социальной и экономической поддержки отечественной кинематографии.[12] С тех пор государственной поддержкой российского кино занимается Министерство культуры Российской Федерации. Российское государство готово оплатить из своего бюджета до семидесяти процентов стоимости национального фильма. Как вы думаете, что такое "национальный фильм"? Первое условие: все продюсеры и <u>большинство</u> авторов фильма должны быть российскими гражданами. Второе условие: фильм должен быть снят на русском языке (или на других языках народов Российской Федерации). Иностранные инвестиции в фильме не могут быть выше пятидесяти процентов.

**следует отметить** – it should be noted
**задолго до (чего)** – long before
**большинство** – majority
**нецензурная брань** – obscenities

---

9 Илья Радаев. "«Экипаж» побил несколько рекордов в российском прокате". Filmpro.ru (25 апреля 2016 г.). https://www.filmpro.ru/materials/46723

10 Николай Корнацкий, Юлия Майорова. "В Год кино в три раза увеличат финансирование режиссёров-дебютантов". Известия (16 декабря 2015 г.). https://iz.ru/news/599328

11 Ярослав Забалуев. "Сейчас нам необходимо своих защищать". Gazeta.ru (2 декабря 2016 г.). https://www.gazeta.ru/culture/2016/12/02/a_10396991.shtml#page5

12 Дополнительную информацию о Фонде Кино вы можете найти на сайте фонда: http://www.fond-kino.ru/

И наконе́ц, с 2014-го го́да в фи́льмах, субсиди́рованных Фо́ндом Кино́, не мо́жет испо́льзоваться "<u>нецензу́рная брань</u>".[13]

Тепе́рь не́сколько слов о коли́честве росси́йских карти́н, вы́шедших на экра́ны за после́днее десятиле́тие. В 2006 г. на экра́ны вы́шло 59 оте́чественных карти́н, в 2010-м – 69, в 2012 – 74, а в 2015 – 138.[14] В э́ти же го́ды росси́йские продю́серы на́чали эксперименти́ровать с жа́нрами и форма́тами: IMAX, нау́чная фанта́стика, реме́йки сове́тских фи́льмов, а́вторское кино́. А вот ещё интере́сный факт: Год Росси́йского кино́ <u>значи́тельно</u> не измени́л коли́чество вы́пущенных карти́н: в 2016-м году́ коли́чество росси́йских рели́зов бы́ло 136.[15]

> **значи́тельно** – significantly
> **причи́на** – cause, reason

## КАК ВЫ ПОНЯЛИ?

**Задание 9. Правильно или неправильно? Исправьте неверные утверждения и детально прокомментируйте правильные.**

1. 2016 год был объявлен в России "Годом кино" потому, что этот год был юбилейным для российской киноиндустрии.
2. 2016 год – восьмидесятая годовщина со дня первого кинопоказа в России.
3. Год российского кино был первым "тематическим" годом в России.
4. Указ о посвящении года определённой теме подписывает министр культуры Российской Федерации.
5. Одна из главных задач года кино в России – государственное финансирование зарубежных фильмов-дебютов.
6. Большая часть государственного финансирования идёт на модернизацию старых кинотеатров в больших городах.
7. Один из самых масштабных блокбастеров, выпущенных в 2016-м году, – это комедия Николая Лебедева "Экипаж".
8. Фильм "Экипаж" – очень дорогой масштабный проект, который был снят на деньги западных инвесторов.
9. В России нет ни одного отечественного фильма, снятого в формате IMAX.
10. "Союзмультфильм", крупнейшая российская студия мультипликационных фильмов, начал работать во времена Советского Союза.
11. В Год кино было выпущено несколько фильмов, бюджет которых 500,000,000 долларов и выше.
12. В Год кино количество российских релизов было значительно выше, чем количество фильмов, выпущенных в 2015-м году.

---

13 *Киноиндустрия Российской Федерации в 2000 – 2015 гг.* (Москва, 2016). С.7.

14 *Киноиндустрия Российской Федерации в 2000 – 2015 гг.* С.6.

15 Данные Фонда Кино: http://www.fond-kino.ru/news/sbory-rossijskih-filmov-po-itogam-goda-vpervye-mogut-prevysit-8-mlrd-rublej/

13. Фильм, снятый на английском языке, не считается "национальным фильмом", и потому не может получить субсидий от Российского Фонда Кино.

14. Государственное финансирование отечественного кино началось в России в 2016 г.

**Задание 10. А теперь проведите небольшое исследование в интернете и определите, какому социальному или культурному аспекту посвящён текущий год.** (Самую точную информацию вы найдёте на официальном сайте президента России, kremlin.ru).

**Задание 11. Ответьте на вопросы.**

1. Как вы узнали, одной из задач Года российского кино было государственное финансирование отечественного кинематографа, особенно режиссёров-дебютантов. Скажите, а как вы считаете, должно ли государство оказывать финансовую поддержку отечественной киноиндустрии?

   1) Если да, то какие кинопроекты должны получать государственное финансирование? Большие коммерческие проекты – блокбастеры? "Фестивальные" арт-хаусные фильмы? Фильмы молодых режиссёров-дебютантов? Фильмы для детей? Объясните своё мнение.

   | **неуме́стный** – inappropriate |
   | --- |

   2) Если нет, то почему? Может быть вы считаете, что кино – это коммерческая сфера и государственный бюджет в ней <u>неуместен</u>? Подробно поясните своё мнение.

2. Как вам кажется, если государство даёт фильму значительные субсидии, может ли государство контролировать режиссёра? (Например, сказать режиссёру, о чём снимать фильм?) Или у режиссёра всегда должна быть полная свобода творчества? А может ли государство-спонсор запрещать использование в фильме определённой лексики (например, нецензурную брань)? Объясните свою позицию.

3. Как вы думаете, должно ли государство выделять средства из бюджета на строительство новых кинотеатров? Почему вы так думаете? А кто финансирует строительство новых кинотеатров в вашей стране?

4. Как по-вашему, кто должен финансировать киноиндустрию: государство, частные корпорации, киностудии? Объясните, почему вы так думаете.

5. Как вам кажется, какие фильмы пользуются большим успехом у зрителей вашей страны – масштабные фильмы с большими бюджетами или недорогие картины? Почему вы так думаете? Если можете, приведите примеры конкретных фильмов.

6. Прочитайте, что говорит аналитик Олег Березин о выделении государственных средств на постройку новых кинотеатров в маленьких провинциальных городах России. Объясните, почему Березин называет "сельские" кинотеатры "некоммерческой историей".

"Сейча́с есть 1200 кинотеа́тров, бу́дет ещё 400. Но я ду́маю, что <u>в лу́чшем слу́чае</u> это даст три проце́нта, ма́ксимум пять проце́нтов <u>сбо́ров</u>... Это совсём некоммéрческая истóрия. Зрúтелю нýжен дóступ к россúйскому кинó, но он у них есть. У нас есть мáсса телевизиóнных канáлов, спýтниковых, HD. В прúнципе зрúтель сегóдня не имéет проблéм с дóступом к россúйскому кинó, поэтому я не óчень вéрю в эти хорóшие сéльские кинотеáтры".[16]

> **в лýчшем слýчае** – in the best case
> **сбор** – (here) box office return
> **дóступ** – access
> **мáсса** – (coll.) tons
> **сéльский** – rural

1. Скажите, а вы согласны с аналитиком, что сегодня зритель может смотреть фильмы, не ходя в кино? Где ещё можно смотреть сегодня фильмы? Есть ли фильмы, которые нужно обязательно смотреть на большом экране?

2. А как вы считаете, нужно ли строить кинотеатры в маленьких городах?

3. А как вы думаете, зачем люди ходят в кино (ведь и правда, сегодня фильмы можно посмотреть и по телевизору, и в интернете)?

4. Да или нет? Подробно прокомментируйте своё мнение.

   1) Просмотр фильма в кинотеатре – это ритуал. Дома такой атмосферы нет и быть не может.

   2) Серьёзное кино можно смотреть только дома, в тишине, когда никто рядом с тобой не ест попкорн.

   > **тишинá** – silence

   3) Кино – это произведение искусства, которое нужно обязательно смотреть на большом экране.

   4) Формат IMAX, 3D и другие сложные спецэффекты можно смотреть только в кинотеатре.

   5) Большой экран и хорошая акустика очень важны при просмотре любого фильма. Поэтому фильмы лучше смотреть в кинотеатре.

   6) Кино, особенно арт-хаусное кино – это элитарная форма искусства, которую многие люди просто не понимают.

5. Как вам кажется, может быть кинотеатры скоро станут вообще не нужны? Может быть люди скоро будут смотреть фильмы только на мобильных устройствах и по телевизору? Объясните свою позицию.

6. А вы часто ходите в кино? Если да, то почему вы идёте в кино, а не смотрите фильм дома?

**Задание 12. Скажите, вам понравилась идея проведения Года национального кино? Подробно объясните, почему да или нет.**

**Задание 13. Расскажите, что в материалах этой главы вас больше всего удивило или заинтересовало. Что нового вы узнали о российской киноиндустрии и о российской культуре?**

---

16 Дарико Цулая, Маша Токмашева. "Сельские кинотеатры и улыбка умирающего: Итоги Года кино". *КиноПоиск* (29 декабря, 2016 г.). https://www.kinopoisk.ru/article/2873322/

# 1

# Русский ковчег

Режиссёр Александр
Сокуров
2002

## ПЕРЕД ПРОСМОТРОМ ФИЛЬМА

Фильм "Русский ковчег" был снят в одном из крупнейших музеев мира, Эрмитаже. Скажите, а вы знаете, в каком городе находится этот музей? А вы когда-нибудь были в Эрмитаже? (Если да, то расскажите о том, что в этом музее вас больше всего удивило или заинтересовало).

Проведите небольшое исследование в интернете и ответьте на вопросы:

1. Сколько зданий в комплексе музея Эрмитаж?
2. Какой российский император начал собирать коллекцию музея?
3. Скажите, в коллекции музея можно увидеть больше <u>произведений искусства</u> российских или западных художников и скульпторов?

> **произведéние**
> **искýсства** – artwork

## ГОТОВИМСЯ СМОТРЕТЬ ФИЛЬМ – ЗАПОМНИТЕ ЭТИ СЛОВА И ВЫРАЖЕНИЯ

### Nouns

боло́то – swamp

век – century

восто́рг – delight, enthusiasm

гроб – coffin

жа́дность – greed

жесто́кость – cruelty

жи́вопись – pictorial art

за́пах – scent, odor

иску́сство – art

кадр – (in cinema) shot

карти́на – painting, picture (also referring to cinema)

любопы́тство – curiosity

нача́льство – bosses, administration

опера́тор – cameraman

па́мять – memory

пожа́р – fire

поко́й – calm, peace

посо́л – ambassador

предчу́вствие – premonition

прису́тствие – presence

путеше́ствие – travel

пыль – dust

ро́скошь – luxury, splendor

спу́тник – companion

су́дарь / суда́рыня – (old fashioned form of address) sir / ma'am

эски́з – sketch

### Other

благодаря́ (кому/чему) – thanks to, due to, owing to

входи́ть (войти́) в мо́ду / выходи́ть (вы́йти) из мо́ды – come into / get out of fashion

су́щности – in essence

изя́щные иску́сства – fine arts

на за́днем пла́не – in the background

на пере́днем пла́не – in the foreground

полтора́ (m., n.), полторы́ (f.) – one and a half

произведе́ние иску́сства – artwork

скоре́е всего́ – most likely, most probably

су́дя по (чему) – judging by

### Adjectives

ве́чный – eternal

возвы́шенный – sublime, elevated

глухо́й – deaf

заду́мчивый – pensive

круто́й – steep (e.g. stairs)

му́дрый – wise

неподража́емый – inimitable

оби́дчивый – touchy

полнометра́жный – full-length

самобы́тный – distinctive, original

слепо́й – blind

со́бственный – one's own

средневеко́вый – medieval

стари́нный – antique

### Verbs

бо́дрствовать – to be awake

вме́шиваться (вмеша́ться) в/во (что) – to interfere

возмуща́ться (возмути́ться) (чем) – to resent, to begrudge

возража́ть (возрази́ть) – to object, to protest, to contradict

восхища́ться (восхити́ться) (чем) – to admire

выдава́ть (вы́дать) – to betray

доверя́ть (дове́рить) (кому) – to trust

допуска́ть (допусти́ть) – to admit

заи́мствовать у (кого) – to borrow (from smo.)

изобража́ть (изобрази́ть) – to depict

любова́ться (чем) – to admire

мечта́ть о/об (ком/чём) – to dream about

молча́ть (замолча́ть) – to be silent

обожа́ть – to adore

олицетворя́ть (олицетвори́ть) – to embody

отстава́ть (отста́ть) от кого – to fall, lag behind

пуга́ть (напуга́ть или испуга́ть) (кого/чем) – to frighten (smo. with smth.)

разбира́ться (разобра́ться) – to sort out

спаса́ть (спасти́) – to save, to rescue

стесня́ться (кого) – to be shy around smo.

торопи́ться – to rush, to hurry

тоскова́ть (по кому) – to yearn, to long for

## Задание 1. Посмотрите на слова, приведённые выше, и закончите пары:

Возмущаться – возмущение; восхищаться – _____

Молчать – молчание; создать – _____

Изображать – изображение; возражать – _____; олицетворять – _____

Тосковать – тоска; мечтать – _____

Предчувствие – предчувствовать; присутствие – _____

Мудрый – мудрость; самобытный – _____; задумчивый – _____

## Задание 2. Слова в контексте. Вставьте подходящие по смыслу слова в правильной форме:

> В сущности, картина, крутой, неподражаемый, олицетворять, пожар, полюбоваться, посол, произведение искусства, режим, роскошь, старинный, творчество, эскиз

По словам режиссёра Александра Сокурова, Эрмитаж (embodies)_____ "абсолютно живую историю российской и европейской культуры"[1]. И ведь действительно, (in essence) _____ Эрмитаж – это дом, в котором жили русские цари. По (steep) _____ лестницам этого здания поднимались и Екатерина II, и Николай I, и Николай II... По (antique) _____ паркетам Эрмитажа ходили персидские (ambassadors) _____ и известные русские поэты. Эрмитаж – это здание, которое видело и царский (regime) _____, и советский. Кроме (splendor) _____ царских балов, этот дворец пережил (fires)_____, революцию 1917-го года, и блокаду Ленинграда. Ну и конечно, Эрмитаж – это огромнейшая коллекция (of artwork) _____, которые начала собирать ещё в восемнадцатом веке императрица Екатерина II. Следуя за кинокамерой, зрители могут (admire) _____ (paintings) _____ Рубенса и Рембрандта, (oeuvre) _____ ван Дейка и Эль Греко, а также (inimitable) _____ орнаментами, сделанными по (sketches) _____ Рафаэля.

---

1 In One Breath: Alexander *Sokurov's* Russian Ark (dir. Knutt Elstermann, 2003).

**Задание 3. Глаголы с приставками. Знаете ли вы эти глаголы? (Если нет, то определите их значение по словарю). Закончите предложения, употребив подходящие по смыслу глаголы в правильной грамматической форме.**

Выдавать/выдать, выговариваться/выговориться, заходить/зайти, обходить/обойти, подслушивать/подслушать, подходить/подойти, прослушивать/прослушать

1. Один из персонажей фильма "Русский ковчег" – шпион, чья задача – следовать за иностранцами и _____ их разговоры.
2. А ещё одна героиня картины – наша современница, балерина, которая утверждает, что приходит в Эрмитаж поговорить с картинами. По её словам, ей необходимо "_____".
3. Во время своей уникальной "экскурсии" по Эрмитажу, два попутчика _____ в странную тёмную комнату. Как они потом поймут, комната эта олицетворяет блокаду Ленинграда 1941 – 1944 годов.
4. Один из персонажей фильма просит своего попутчика не _____ близко к царям, особенно к Екатерине.
5. Бродя по залам Эрмитажа, персонажи фильма видят трёх директоров этого музея и слышат, как директора обсуждают _____ ли по-прежнему их телефоны.
6. Попутчики стараются быть осторожными и ничем не _____ своего присутствия.
7. Существует легенда, что русские цари каждое утро _____ свою коллекцию картин.

**Задание 4. Поставьте слова в правильную грамматическую форму и закончите предложения.**

1. Маркиз де Кюстин возмущается (неправильное расположение картин в музее).
2. Попутчики восхищаются (работы искусства и неподражаемая роскошь дворца).
3. Слепая женщина каждый день приходит в Эрмитаж полюбоваться (живопись средневековых мастеров).
4. Скажите, а если бы у вас была такая возможность, бы вы хотели вмешаться в (ход истории)?
5. Кюстин очень напугал (молодой человек) (свои странные рассуждения).
6. Маркиз де Кюстин утверждает, что в России никогда не было своих собственных идей. По его словам, все идеи в России позаимствованы из (Европа).
7. Хотя большинство русских царей были русофилами, иногда и им хотелось помечтать о (тёплая Италия).
8. Некоторые критики замечают, что в фильме "Русский ковчег" режиссёр фильма явно тоскует по (российская монархия).

9. В начале фильма Маркиз не доверяет (свой спутник) и относится к его словам с крайним скептицизмом.
10. Когда Маркиз и его спутник увидели трёх директоров Эрмитажа, им показалось, что эти талантливые люди немного стесняются (each other).

**Задание 5. Уточните по словарю значения следующих слов, а потом употребите подходящие по смыслу слова в правильной форме.**

> Искусство, искусственный, искусный, искусно;
> художник, художественный

1. "Русский ковчег" – это (feature film) _____, (masterfully) _____ снятый Александром Сокуровым.
2. Во время съёмок в Эрмитаже, специальные (artists) _____ работали с (artificial) _____ светом для создания уникальной атмосферы.
3. В мировом кино-сообществе у Александра Сокурова репутация талантливого и (masterful) _____ (artist) _____.
4. (Art) _____ Александра Сокурова – тема многих научных книг и конференций.

## КОРОТКО О ФИЛЬМЕ

Можно ли сконцентрировать несколько веков истории России в полутора часах реального времени? Можно ли совершить путешествие <u>вглубь</u> веков, не выходя из здания одного из крупнейших музеев России – Государственного Эрмитажа? Как, пройдя по залам Эрмитажа, побывать в эпохе Петра Первого, Екатерины Второй, и даже в блокадном Ленинграде? Именно этими <u>вопросами</u> и <u>задался</u> режиссёр Александр Сокуров, отправив двух своих персонажей на уникальнейшую "экскурсию" по полутора километрам Эрмитажных комнат. Кто эти люди? Один из них – европеец, который бывал в России и в Эрмитаже ещё в 19 веке. Второй персонаж – <u>невидим</u>, скорее всего это наш <u>современник</u>, которого мы узнаём только по голосу. Эти два человека из разных стран и времён переходят из зала в зал, из эпохи в эпоху, беседуя об истории и искусстве, России и Европе…

**вглубь** – deep into
**задаваться (задаться) вопросом** – to ask oneself a question
**невидимый** – invisible
**современник** – contemporary (noun)

Ну и конечно же, это грандиозное путешествие по трёхвековой истории уникально ещё и инновационной техникой съёмки. "Русский ковчег"

– это пе́рвый в исто́рии кинемато́графа полнометра́жный худо́жественный фильм, сня́тый одни́м ка́дром, без остано́вки ка́меры и без монтажа́, или, как говори́т Соку́ров, сде́ланный "на одно́м дыха́нии".[2] Вдоба́вок ко всему́, весь фильм снят цифрово́й видеока́мерой, так называ́емым стэ́дикамом.

**вдоба́вок к** – in addition to
**цифрово́й** – digital
**дворе́ц** – palace

Фильм был снят за 1 час 27 минут. А вот информа́ция для люби́телей мирово́го кино: опера́тором стэ́дикама был не́мец Ти́льман Бю́ттнер; вы его возмо́жно зна́ете по рабо́те над изве́стным неме́цким фи́льмом "Беги́, Ло́ла, беги́" (реж. Том Ты́квер, 1998 г.).

Почему́ съёмки проходи́ли и́менно в Эрмита́же? Соку́ров говори́т, что Эрмита́ж – "э́то дворе́ц-музе́й, где жи́ли лю́ди. Э́то ме́сто жило́е, челове́ческое".[3] Ита́к, пе́ред ва́ми фильм о росси́йской исто́рии, культу́ре, иску́сстве и вре́мени. А та́кже о лю́дях, кото́рые игра́ли и игра́ют ва́жную роль в культу́ре, иску́сстве и исто́рии Росси́и.

**В главных роля́х:**
Путеше́ственник-европе́ец – Серге́й Дре́йден (Донцов)
Екатери́на II – Мари́я Кузнецо́ва
Шпио́н – Леони́д Мозгово́й
**В фи́льме вы та́кже уви́дите:**
Михаи́л Пиотро́вский – дире́ктор
Госуда́рственного музе́я Эрмита́ж
Вале́рий Ге́ргиев – дирижёр орке́стра
А́лла Оси́пенко – балери́на
Алекса́ндр Соку́ров – закадро́вый го́лос одного́
из путеше́ственников

**дирижёр (орке́стра)** – orchestra conductor
**за ка́дром (зака́дровый)** – off screen

## О режиссёре фильма

*Алекса́ндр Никола́евич Соку́ров* – режиссёр, кото́рого хорошо́ зна́ют и росси́йские, и за́падные кинома́ны. Его́ фи́льмы ча́сто пока́зывают на прести́жных росси́йских и междунаро́дных кинофестива́лях, а в 1995 году́ Европе́йская Киноакаде́мия назвала́ Алекса́ндра Соку́рова одни́м из ста лу́чших режиссёров ми́ра. Роди́лся Соку́ров в 1951 году́, в семье́ вое́нного. Из-за вое́нной карье́ры отца́ семья́ Соку́ровых мно́го переезжа́ла,

**вое́нный** (noun) – someone on active duty in the military
**вое́нный** (adj.) – military
**и́з-за (кого/чего)** – because of

---

2 Алекса́ндр Соку́ров. "Исто́рия в интерье́ре". *Сеа́нс* №55–56 (2013). http://seance.ru/n/55-56/istoriya-v-interere/

3 Алекса́ндр Соку́ров. "Исто́рия в интерье́ре".

потому́ ма́ленький Алекса́ндр побыва́л в са́мых ра́зных города́х, респу́бликах и стра́нах, от По́льши до Туркме́нии.[4] По́сле оконча́ния шко́лы Соку́ров поступи́л в университе́т го́рода Го́рький на истори́ческий факульте́т. Там же в Го́рьком, Соку́ров рабо́тал на телеви́дении ассисте́нтом режиссёра.

В 1974 году́ Соку́ров зако́нчил университе́т и получи́л дипло́м исто́рика. А че́рез год молодо́й исто́рик Соку́ров поступа́ет во ВГИК и начина́ет занима́ться документа́льным кино́. Необы́чный ки́но-язы́к молодо́го Соку́рова не о́чень нра́вился администра́ции институ́та, его́ да́же обвиня́ли в антисове́тских настрое́ниях. Пе́рвая худо́жественная карти́на Соку́рова "Одино́кий го́лос челове́ка", кото́рую он снял, когда́ учи́лся во ВГИКе, была́ уничто́жена. Доба́вим, что Соку́ров спас оригина́л э́того фи́льма, и вско́ре его́ карти́на получи́ла не́сколько прести́жных награ́д на междунаро́дных фестива́лях (на сове́тские экра́ны э́тот фильм вы́шел то́лько во времена́ перестро́йки, в 1987 году́). Несмотря́ на то, что "Одино́кий го́лос челове́ка" вы́звал негати́вную реа́кцию у администра́ции ВГИКа, и́менно благодаря́ э́той рабо́те Соку́рова заме́тил изве́стнейший режиссёр Андре́й Тарко́вский, кото́рый назва́л молодо́го Соку́рова "настоя́щим ге́нием".[5] К сожале́нию, несмотря́ на подде́ржку

ВГИК (Всеросси́йский госуда́рственный институ́т кинематогра́фии) – oldest cinematography school in the world, est. 1919

обвиня́ть (обвини́ть) кого в чём – to accuse smo. of smth.

настрое́ние – mood, sentiment

уничтожа́ть (уничто́жить) – to destroy

несмотря́ на то, что – despite

"Одино́кий го́лос челове́ка" – The Lonely Voice of a Man (1979)

Тарко́вского, до конца́ 1980-х годо́в ни оди́н из фи́льмов Соку́рова не выхо́дит на экра́ны кинотеа́тров, а сам режиссёр уве́рен, что е́сли бы в 1985 году́ к вла́сти не пришёл Михаи́л Горбачёв, его́ бы до сих пор обвиня́ли в антисове́тской де́ятельности.[6]

Сего́дня Соку́ров – а́втор почти́ двадцати́ игровы́х фи́льмов и бо́лее тридцати́ документа́льных карти́н. Наве́рно потому́, что Соку́ров зако́нчил факульте́т исто́рии, мно́гие его́ фи́льмы об исто́рии и её персона́жах. Наприме́р, его́

"Мо́лох" – Moloch (1999)

"Теле́ц" – Taurus (2001)

---

4 "Остров Сокурова". http://www.sokurov.spb.ru/isle_ru/isle_bio.html

5 Илья Маршак. "10 легендарных фильмов Александра Сокурова". *Вечерняя Москва* (14 июня 2013 г.). https://vm.ru/news/200632.html; "Я не фанат кино. Я просто там работаю". *kultura.rf*. https://www.culture.ru/materials/118970/ya-ne-fanat-kino-ya-prosto-tam-rabotayu; Дополнительные материалы об Александре Сокурове можно найти на официальном сайте режиссёра, "Остров Сокурова". http://www.sokurov.spb.ru/index.html

6 Екатерина Сырцева. Интервью с Александром Сокуровым. "Я работаю за границей, потому что в России я не нужен". *Челябинск сегодня* (24 февраля 2016 г.). http://up74.ru/articles/kultura/83555/

изве́стная "тетрало́гия вла́сти" состои́т из фи́льмов "Мо́лох" (гла́вный геро́й э́того фи́льма – Адо́льф Ги́тлер), "Теле́ц" (о Влади́мире Ле́нине), "Со́лнце" (2005, о япо́нском импера́торе Хирохи́то) и "Фа́уст" (2011, сня́тый по траге́дии Гёте). Ну и коне́чно мно́го исто́рии и в фи́льме "Ру́сский ковче́г", кото́рый вы и собира́етесь смотре́ть.

## Об актёрах

В 2016 году уника́льному арти́сту из Са́нкт-Петербу́рга, *Серге́ю Дре́йдену (Донцо́ву)* испо́лнилось 75 лет. Дре́йден вы́рос в театра́льной семье́ (его мать была́ актри́сой, а оте́ц – театра́льным кри́тиком), но говори́т, что стал актёром соверше́нно случа́йно: в ю́ности он мечта́л о профе́ссии опера́тора кино́. На актёрский факульте́т

> случа́йно – by accident
> под давле́нием (кого) – under the pressure of
> случа́йный – accidental

Ленингра́дского театра́льного институ́та Дре́йден поступи́л под давле́нием друзе́й, кото́рые учи́лись в э́том институ́те.[7] Хотя́ вы́бор профе́ссии и был случа́йным, Дре́йден стал изве́стным актёром в не́скольких Ленингра́дских теа́трах. Несмотря́ на сцени́ческий успе́х, актёр не́сколько раз пыта́лся уйти́ из театра́льной рабо́ты: он рабо́тал шофёром, диза́йнером, и да́же съе́здил в не́сколько геологи́ческих экспеди́ций в Восто́чную Сиби́рь.[8] Всё это вре́мя, ещё с конца́ 1960-х годо́в, Дре́йден периоди́чески снима́лся в кино́. А вот в 1990-х года́х актёр сня́лся в гла́вной ро́ли в двух фи́льмах Ю́рия Ма́мина "Фонта́н" и "Окно́ в Пари́ж". Оба фи́льма ста́ли в како́й-то ме́ре си́мволами эпо́хи Бори́са Ельцина, а Дре́йден стал легко́ узнава́емым актёром. Кста́ти, а как вы ду́маете, почему́ у актёра две фами́лии? Донцо́в – это фами́лия его́ ма́мы, а Дре́йден – отца́. До фи́льма "Ру́сский ковче́г" актёр был Донцо́вым в кинофи́льмах, и Дре́йденом – в теа́тре. А вот в фи́льме Алекса́ндра Соку́рова актёр испо́льзует отцо́вскую фами́лию.[9]

## КАК ВЫ ПОНЯЛИ?

**Задание 6. Правильно или неправильно? Исправьте неверные утверждения и дополните правильные.**

1. Действие фильма "Русский ковчег" разворачивается в крупнейшем музее Москвы, Эрмитаже.
2. "Русский ковчег" – это символ эпохи Бориса Ельцина.
3. В фильме "Русский ковчег" показана только царская Россия; режиссёр не показывает никаких фрагментов советской истории.

---

7  "Сергею Дрейдену исполнилось 75 лет!" *Ленфильм* (14 сентября 2016 г.).
   http://www.lenfilm.ru/news/2016/09/Sergeyu_Dreydenu_%E2%80%94_75_let%21
8  Ян Смирницкий. "Упавший из окна в Париж". *МК.ru* (3 марта 2005 г.).
   https://www.mk.ru/editions/daily/article/2005/03/03/199188-upavshiy-iz-okna-v-parizh.html
9  Ян Смирницкий. "Упавший из окна в Париж".

4. Сергей Дрейден родился в семье актёров, потому мечтал поступить в театральный институт с самого детства.
5. Когда Сокуров учился во ВГИКе, администрация института обвиняла его в антисоветских настроениях.
6. Фильмы Александра Сокурова стали выходить в прокат только с началом перестройки Михаила Горбачёва.
7. Широкая известность пришла к кино-артисту Сергею Дрейдену еще в 1960-х годах.
8. Фильм "Русский ковчег" является частью известнейшей "тетралóгии власти" Александра Сокурова.
9. Сергей Дрейден много раз пытался уйти из театра.
10. Хотя "Русский ковчег" был снят одним кадром, в фильме всё равно использовался монтаж.
11. В "Русском ковчеге" сконцентрированы пять веков российской истории.
12. В качестве оператора своего фильма, Сокуров пригласил американского специалиста по работе со стэдикамами.

**Задание 7. Вспомните и подробно расскажите, как связаны с фильмом, его режиссёром и актёрами следующие цифрами и выражения.**

1. 100. *В 1995 году Европейская Киноакадемия назвала Сокурова одним из ста лучших режиссёров мира.*
2. 90 минут.
3. Полтора километра.
4. 2
5. 20 и 30
6. 1 час 27 минут.

**Задание 8. Ответьте на вопросы.**

1. Статья об Александре Сокурове начинается с такого комментария: "*Александр Николаевич Сокуров* – режиссёр, которого хорошо знают западные киномáны". Скажите, а как вы понимаете, кто такой "киноман"? Как вы думаете, вы – киноман? Объясните, почему вы так считаете.
2. Как вы поняли, в чем заключается уникальность техники съёмки фильма "Русский ковчег"?
3. Как объясняет сам режиссёр выбор такого необычного кино-языка?
4. Что такое стэдикам?
5. В каком известном русском музее проходили съёмки фильма? Объясните, почему съёмки фильма проходили именно в этом музее?
6. Как вы поняли, сколько в фильме персонажей? Кто они?
7. Объясните, почему путешествие двух персонажей фильма можно назвать "грандиозным" и "уникальным".
8. В заметке говорится, что одна из эпох, которую увидят персонажи-путешественники – блокадный Ленинград. Проведите небольшое исследование в интернете и узнайте, когда в Ленинграде была блокада. Как долго она длилась?

9. Скажите, почему в детстве Сокуров побывал в разных городах и странах, от Польши до Туркмении?

10. Вы узнали, что Александр Сокуров учился на историческом факультете университета в городе Горький. Проведите мини-исследование в интернете и узнайте, как этот город называется сегодня.

11. Судя по биографической справке об Александре Сокурове, можно ли назвать этого режиссёра диссидентом (по крайней мере, в советскую эпоху)? Объясните, почему вы так думаете.

12. Как вы узнали из прочитанного, Сокуров по своему первому образованию – историк. Как это первое образование режиссёра повлияло на выбор тем многих его картин? Приведите конкретные примеры из прочитанного.

13. В каком году родился Сергей Дрейден?

14. Объясните, почему у Дрейдена двойная фамилия (Дрейден и Донцов).

15. Как Сергей Дрейден стал актёром?

16. Когда (после выхода какого фильма или фильмов) к Дрейдену пришла популярность легко узнаваемого киноактёра?

**Задание 9. Исследование в Интернете.** В фильме появляется или упоминается целый ряд важных персонажей российской и мировой культуры и истории. Соедините имена в левой колонке с соответствующими описаниями в правой (если необходимо, проведите мини-исследование об этих персоналиях в интернете).

| | |
|---|---|
| 1. Антонис ван Дейк | А. Русский дипломат, автор пьесы "Горе от ума". Погиб в Персии в 1829 г. |
| 2. Михаил Глинка | Б. Директор музея Эрмитаж с 1934 по 1951 год. |
| 3. Рихард Вагнер | В. Известный русский композитор 19-го века. |
| 4. Александр Пушкин | Г. Итальянский скульптор восемнадцатого века, большинство работ которого находятся в петербургском Эрмитаже и Парижском Лувре. |
| 5. Александр Грибоедов | Д. Известнейший русский поэт, драматург и прозаик первой трети девятнадцатого века; многие считают его основоположником современного русского языка. |
| 6. Рафаэль | Е. Русский архитектор (1769 – 1848), построивший одно из зданий музейного комплекса Эрмитажа. |
| 7. Антонио Канова | Ж.Фламандский художник, который специализировался на портретах и религиозных сюжетах в стиле барокко; годы жизни: 1599 – 1641. |
| 8. Владимир Стасов | З. Немецкий композитор девятнадцатого века, теоретик искусства и реформатор оперы. |
| 9. Питер Пауль Рубенс | И. Великий итальянский художник и архитектор (1483 – 1520). |
| 10. Иосиф Орбели | К. Ещё один фламандский художник, чьи работы представлены в Эрмитаже (1577 – 1640). |

Скажите, о ком из этих людей вы слышали раньше? Чьи произведения вы читали, видели или слышали? Кратко расскажите, что вы ещё знаете об этих людях.

**Задание 10. Исследование в Интернете.** Как вы уже поняли, фильм "Русский ковчег" представляет путешествие по трём векам русской истории. Соедините имена российских царей, которые появятся в фильме, с правильными датами их правления (если требуется, проведите мини-исследование в интернете). Скажите, а какое из перечисленных событий не связано с имперской историей России? А этот вопрос для любителей истории: какие российские цари не появляются в фильме?

| | |
|---|---|
| 1. Пётр I | А. 1762 – 1796 |
| 2. Блокада Ленинграда | Б. 1825 – 1855 |
| 3. Николай I | В. 1682 – 1725 |
| 4. Екатерина I | Г. 1894 – 1917 |
| 5. Екатерина II | Д. 1725 – 1727 |
| 6. Николай II | Е. 1941 – 1944 |

А теперь, используя имена российских царей и даты их правления, составьте предложения по образцу: Елизавета I была российской императрицей с тысяча семьсот сорок первого по тысяча семьсот шестьдесят первый год.

**Задание 11. Причастия и деепричастия. Выберите правильный вариант и закончите предложения.**

1. Александр Сокуров создал уникальный фильм, (отправив, отправляющий) своих персонажей на экскурсию по Эрмитажу.
2. Фильм "Русский ковчег" о людях, (игравших и играющих, играя и сыграв) важную роль в культуре, искусстве и истории России.
3. Сокуров говорит, что "Русский ковчег" – это фильм, (сделавший, сделанный, делающий) "на одном дыхании".
4. Вместе с героями фильма зрители совершают путешествие вглубь веков, не (выходя, выходящий) из Государственного Эрмитажа.
5. (Проходящий, проходя) по залам Эрмитажа вместе с героями фильма, зрители видят эпоху Петра Первого и Екатерины Второй.
6. Персонажи фильма переходят из зала в зал, (беседующий, беседующие, беседуя) об истории, искусстве, российской и европейской культуре.
7. (Переходящие, переходив, переходя) из эпохи в эпоху, персонажи видят Петра Первого, Екатерину Вторую и даже блокадный Ленинград.
8. Тильман Бюттнер, который был оператором стэдикама в фильме "Русский ковчег", – это известный немецкий кинооператор, (работающий, работав, работавший) над фильмом "Беги, Лола, беги".

# КРУПНЫМ ПЛАНОМ: КУЛЬТУРОЛОГИЧЕСКИЕ ЗАМЕТКИ О ФИЛЪМЕ

Как вы ужé знáете, одúн из персонáжей фúльма "Рýсский ковчéг" – европéец, котóрый идёт по Эрмитáжу, разговáривая со вторы́м персонáжем, котóрого мы не вúдим (игрáет э́того европéйца Сергéй Дрéйден). Из фúльма вы поймёте, что э́тот европéец, скорéе всегó, жил в девятнáдцатом вéке и, навернякá, бывáл в Росси́и и в Эрмитáже. По словáм самогó Сокýрова, прототúп э́того европéйца – францýзский аристокрáт, маркúз Астóльф де Кюстúн, котóрый в 1839 годý три мéсяца éздил по Росси́и.[10] Он был и в Москвé, и в Санкт-Петербýрге, и в Ярослáвле, и в нéскольких другúх больши́х городáх. Де Кюстúн написáл о своéй поéздке в Росси́ю в кни́ге, котóрая вы́шла на францýзском языкé в 1843 годý (называлась кни́га "Росси́я в 1839 году"). В кни́ге маркúз описáл Росси́ю достáточно критúчески, сказáв, что Росси́я – э́то "<u>цáрство</u> фасáдов", странá "вáрваров" и "бюрократúческой тирани́и". Кни́га де Кюстúна былá запрещенá в цáрской Росси́и и былá <u>опубликóвана</u> в <u>сокращённом</u> вариáнте тóлько в 1930 годý (а пóлный перевóд кни́ги был опубликóван в 1996 годý).[11]

> **цáрство** – kingdom
> **раб** – slave
> **опубликовáть** – to publish
> **сокращённый** – abridged
> **производúть (произвести́) впечатлéние (на когó)** – to make an impression on someone
> **наблюдáтельный** – observant

Алексáндр Сокýров расскáзывает, что кни́га де Кюстúна <u>произвелá на негó огрóмное впечатлéние</u> потомý, что хотя́ маркúз и "не добр к Росси́и," он óчень "умён и <u>наблюдáтелен</u>", а то, что де Кюстúн описáл в 19 вéке, "óчень мáло изменúлось с тогó врéмени".[12]

## Задáние 12. Правильно или неправильно? Исправьте неправильные утверждения и подробно прокомментируйте правильные.

1. В фильме 3 главных персонажа.
2. Один из персонажей фильма – европеец, наш современник, который никогда не был в Эрмитаже.
3. Астольф де Кюстин - француз, который приезжал в Россию в 18-м веке.
4. Маркиз де Кюстин провёл несколько лет в России, а потом написал очень критическую книгу об этой стране.

---

10 Майя Пешкова. Интервью с А. Сокуровым "«Русский ковчег» – гуманитарное кино". *Радио Эхо Москвы* (9 ноября 2014 г.). http://echo.msk.ru/programs/time/1433546-echo/

11 Астольф де Кюстин. *Россия в 1839 году*. Пер. В. Мильчиной и И. Стаф. (Москва, 1996).

12 "«Русский ковчег» – гуманитарное кино".

5. Книга маркиза де Кюстина была опубликована в сокращённом варианте в царской России.
6. Маркиз написал книгу на русском языке. Во Франции книга вышла в переводе.
7. Полный перевод книги де Кюстина был опубликован в России после перестройки.
8. Сокуров говорит, что Россия сегодня не похожа на Россию, которую видел Маркиз де Кюстин.

## ПЕРЕД ПРОСМОТРОМ ФИЛЬМА

Многие критики интерпретируют название фильма "Русский ковчег" в контексте Ноева ковчега из Библии: Эрмитаж – это Ноев ковчег, который сохраняет в себе важнейшие аспекты русской культуры. Скажите, а если бы вы снимали фильм о ковчеге, собравшем в себе наиболее значительные элементы вашей родной культуры, какие исторические события, произведения музыки, литературы и искусства вы бы включили в свой "Ковчег"? Подробно объясните свой выбор.

## ПОСЛЕ ПРОСМОТРА ФИЛЬМА

**Задание 13. Ответьте на вопросы.**

пе́рвое впечатле́ние – first impression
восприя́тие – perception

1. <u>Первое впечатление</u>. Скажите:
   1) Вам понравился фильм? Почему да или почему нет?
   2) Скажите, повлияла ли те́хника съёмки одним ка́дром на ваше <u>восприятие</u> фильма? А если бы вы не знали, что фильм был снят одним ка́дром, вы бы сами заметили эту деталь?
   3) Если бы вы были режиссёром фильма "Русский ковчег", вы бы тоже использовали такую технику съёмки? Объясните.
   4) Игра каких актёров вам понравилась больше всего? Как вы думаете, какие актёры вашей страны могли бы сыграть роль путешественника-европейца?
   5) Как вы думаете, как бы изменились события фильма, если бы действие происходило в вашем городе?
   6) Как вы думаете, если бы фильм "Русский Ковчег" был сделан в Голливуде, что бы американские режиссёры сделали по-другому?
   7) Какие сцены фильма вам показались наиболее оригинальными и интересными? Кратко расскажите об этих сценах.

2. Давайте вспомним содержание фильма. Скажите:

   1) В каком веке, стране и городе происходит действие фильма?
   2) Что вы узнали о двух главных персонажах фильма? Кратко расскажите о каждом из них.
   3) Какого персонажа фильма – русского или европейца – мы не видим на экране?
   4) Бывал ли европеец раньше в России? А в Эрмитаже? Объясните, почему вы так решили.
   5) Как вам показалось, как европеец относится к России и к русской культуре? Аргументируйте свой ответ примерами из фильма. Меняется ли отношение европейца к России по ходу действия фильма? Если да, то как?

3. Во время "экскурсии" по Эрмитажу, главные персонажи фильма встречают самых разных людей – от российский царей до обычных петербуржцев. Давайте вспомним эти встречи:

   1) Эпизод с каким русским царём показался вам наиболее интересным? Объясните, что вас заинтересовало в этом эпизоде.
   2) А какая из сцен, в которой персонажи разговаривают с нашими современниками, запомнилась вам больше всего? Подробно расскажите об этом эпизоде фильма.
   3) Скажите, как вам показалось, кто симпатичнее режиссёру Сокурову: петербуржцы девятнадцатого века или его современники, сегодняшние россияне? Объясните, почему вы так решили.
   4) Можно ли сказать, что "Русский ковчег" – это ностальгия по русской монархии? Аргументируйте свой ответ примерами из фильма.

4. Скажите, согласны ли вы с кинокритиками, называющими "Русский ковчег" уникальной работой? Если да, то в чём, по-вашему, заключается уникальность этого фильма? Подробно объясните своё мнение и приведите конкретные примеры из фильма.

5. Как вы понимаете название фильма? Почему "ковчег"?

6. Как вам кажется, почему режиссёр выбрал местом действия своего фильма именно Государственный музей Эрмитаж? Можно ли было снять этот фильм в другом российском музее? Например, в Русском музее в Санкт-Петербурге или в Третьяковской галерее в Москве? Подробно объясните, почему вы так думаете.

7. А как вы понимаете финальный кадр фильма, в котором мы видим серые воды реки Невы? Подробно объясните.

8. Как вы думаете, почему в конце фильма невидимый автор говорит европейцу: "Прощай, Европа"?

9. Можно ли сказать, что "Русский ковчег" – это концентрированная история царской России? Если да, то как вы думаете, зачем режиссёр включает в фильм сцену о блокаде Ленинграда? Как вы думаете, почему режиссёр не включил в свой фильм никаких других эпизодов из советской истории?

10. А вот, что пишет о фильме кинокритик Сергей Кудрявцев: "[...] эту картину вполне можно было спокойно разбивать на меньшие части и монтировать более короткими эпизодами. Впечатление было бы практически то же!"[13] Сам Сокуров много раз объяснял, что его меньше всего интересовал сам прием съёмки одним кадром. Своей основной задачей режиссёр видел и видит создание фильма "на одном дыхании", он хотел создать иллюзию реального времени. Скажите, а как вам кажется: можно ли было создать фильм "на одном дыхании" без съёмки одним кадром?

**Задание 14. Кому принадлежат эти реплики? Вспомните, какой герой фильма сказал эти слова. Подробно расскажите, когда (в какой момент фильма) эти слова были сказаны.**

1. "Открываю глаза и ничего не вижу. Только помню, что случилась беда, и все стали спасаться, кто как может".
2. "Какой хороший и большой оркестр. Наверняка европейцы".
3. "Ах, как русские умеют всё хорошо скопировать, а почему? Потому что собственных идей нет. Ваше начальство не хочет, чтобы у вас были собственные идеи. В сущности, и ваше начальство, и все вы ленивы, сударь, ленивы".
4. "Дорогие мои друзья, да мог ли я подумать, что вы так не понравитесь друг другу? Я когда-нибудь вам всё объясню. Я попал в странную историю".
5. "Я благодарю вас, сударыня. Мнение такого человека, как вы, о творчестве ван Дейка мне крайне ценно".
6. "Я говорю с этой картиной, мне необходимо выговориться. А иногда я предпочитаю разговаривать сама с собой. У этой картины и у меня есть тайна".
7. "Почему в Эрмитаже гробы?"
8. "Сударь, как жалко, что вас нет рядом. Вы бы всё поняли. Смотрите, море вокруг. И плыть нам вечно, и жить нам вечно".

**Задание 15. Составьте 10 вопросов по содержанию фильма, на которые можно ответить односложно: *да* или *нет*.**

## КАДРЫ ИЗ ФИЛЬМА

**Задание 16. Посмотрите на фотографии и ответьте на вопросы.**

1. На фотографиях два помещения: Лоджии Рафаэля и Иорданская лестница. Найдите на сайте Эрмитажа (URI)

---

13 Сергей Кудрявцев. *3500 кинорецензий.* (Москва, 2008). Т. 2, с.310.

информацию об этих <u>помещениях</u>. Что интересного или нового вы узнали? Скажите:

1) Какое из этих помещений – копия галереи дворца Папы в Ватикане?
2) Какое помещение <u>сгоре́ло</u> во время пожара 1837 года?

2. Вы помните, какое из этих помещений появляется в фильме последним?

3. Вспомните и кратко расскажите, что происходит в сценах, снятых в этих помещениях.

4. Вы помните, в каком из этих помещений Маркиз говорит: "Россия – это не Италия"? Как вы поняли, почему он так сказал?

**помеще́ние** – room, location
**сгоре́ть** – to burn down

## ЧИТАЕМ О ФИЛЬМЕ

**Задание 17. Прочитайте, что пишет о фильме "Русский ковчег" кинокритик Андрей Плахов, и ответьте на вопросы:**[14]

"Режиссёр сде́лал <u>зре́лище</u>, кото́рое америка́нцы пе́рвые смогли́ оцени́ть. «Оди́н

**зре́лище** – spectacle
**захва́тывающий** – gripping, captivating
**за́висть** – envy

---

14 Андрей Плахов. "«Русский ковчег» приплыл в Россию". Коммерсант №69 (21 апреля 2003 г.). http://kommersant.ru/doc/378102

из са́мых <u>захва́тывающих</u> фи́льмов, кото́рые когда́-ли́бо бы́ли сня́ты», – написа́л в Chicago Tribune са́мый гла́вный кри́тик страны́ Ро́джер Иберт. Журна́л Time включи́л «Ру́сский ковче́г» в деся́тку кинособы́тий го́да, наряду́ с «Власте́лином коле́ц» и «Ба́ндами Нью-Йо́рка». А в Hollywood Reporter ска́зано, что, посмотре́в фильм Алекса́ндра Соку́рова, позелене́л бы от <u>за́висти</u> да́же тако́й изве́стный режиссёр-эксперимента́тор, как Майк Фи́ггис. Са́мое же удиви́тельное, что «Ру́сский ковче́г» за коро́ткое вре́мя собра́л в США бо́льше полу́тора миллио́нов до́лларов – что беспрецеде́нтно, во-пе́рвых, для ру́сского, во-вторы́х, для артха́усного фи́льма, и вошёл в официа́льный спи́сок ли́деров прока́та...»

1. Как вы понима́ете выражение "позелене́ть от зависти"? А что значит "беспрецеде́нтый"?

2. Как вы прочитали, американский критик Ро́джер Иберт назвал фильм "Ру́сский ковчег" "одни́м из са́мых <u>захва́тывающих</u> фи́льов, кото́рые когда́-ли́бо бы́ли сня́ты". Скажите, вы согласны с этим мнением? Объясните свою позицию. Скажите, какой фильм из тех, что вы видели за последние пять лет, вы можете назвать "самым захватывающим фильмом"? Объясните, почему именно этот фильм кажется вам захватывающим.

3. Андрей Плахов в своей рецензии упоминает несколько известных американских фильмов. Вы видели эти фильмы? А если бы у вас был выбор ещё раз посмотреть "Властелина колец" или "Русский ковчег", какой фильм бы вы пересмотрели и почему?

4. Скажите, вас удивил факт, что "Русский ковчег" вошел в список лидеров проката американского кино? Как вы думаете, что привлекло американских зрителей к этому арт-хаусному русскому фильму?

| | |
|---|---|
| **жили́ще** – dwelling, abode | |
| **умеща́ться (умести́ться)** – to fit in | |
| **простра́нство** – space | |
| **таи́ться** – to lurk | |
| **скрип** – squeak | |
| **ли́чностный** – individual | |
| **ощуще́ние** – perception | |

**Зада́ние 18. Прочита́йте отры́вок из интервью́ с режиссёром Светла́ной Проску́риной, кото́рая побыва́ла на съёмках фи́льма "Ру́сский ковче́г", и отве́тьте на вопро́сы.**[15]

Соку́рова "интересова́л скоре́е сам Эрмита́ж как дом, кото́рый до́лгое вре́мя был чьи́м-то <u>жили́щем</u>, и то, что мы мо́жем, пройдя́ че́рез э́тот дом, побыва́ть в эпо́хе Петра́, в эпо́хе Никола́я I, Никола́я II, в блока́дном Пи́тере. Всё э́то <u>умеща́ется</u> в одно́м <u>простра́нстве</u> с назва́нием Эрмита́ж. Про́шлое <u>таи́тся</u> в его угла́х, в его карти́нах, в коридо́рах, в <u>скри́пах</u> двере́й, в све́те... Поэ́тому

---

15 Ната́лья Сири́вля. Интервью со Светла́ной Проску́риной "Глаза́ми очеви́дца". *Иску́сство кино* №7 (ию́ль 2002).

ме́ньше всего́ фильм претенду́ет на то, что́бы быть «да́йджестом» ру́сской исто́рии… Фильм постро́ен на глубоко́ <u>ли́чностном ощуще́нии</u> и самого́ до́ма, и его значе́ния для нас, для го́рода, для на́шего вре́мени…"

1. Проскурина пишет, что для Сокурова "Эрмита́ж как дом, кото́рый до́лгое вре́мя был чьим-то <u>жили́щем</u>". Объясните, чьим "домом" был Эрмитаж и когда? Приведите конкретные примеры из фильма, где мы видим Эрмитаж как "жилище". А в каких эпизодах мы видим Эрмитаж как музей?

2. Вы согласны со Светланой Проскуриной, что "Русский ковчег" – это не "да́йджест" ру́сской исто́рии?" Аргументируйте свой ответ.

3. Светлана Проскурина говорит, что "Русский ковчег" построен на "<u>ли́чностном ощуще́нии</u>" того, как Сокуров видит Эрмитаж. Скажите, а если вы снимали бы фильм об истории вашего города и хотели бы снять фильм в одном здании или на одной улице, какое здание или улицу вы бы выбрали? Подробно объясните, почему. Расскажите, какие комнаты (в доме) или здание (на улице) вы бы обязательно показали в этом фильме.

**Задание 19. А вот немного статистики о фильме. Поставьте слова в правильную грамматическую форму и закончите предложения. Прочитайте этот параграф вслух, обращая внимание на формы числительных.**

Вот, что пишет исследователь Иен Кристи: "Своей гарантированной <u>славой</u> фильм <u>обязан</u> тому факту, что мы имеем здесь дело с одним кадром в 96 (минута)_____. Подготовка ко дню съёмки длилась несколько (год) _____, в фильме более восьмисот (актёр) _____, три (оркестр) _____, 22 (ассистент режиссёра) _____ и 30 (специальная осветительная "студия") _____. Сокуров говорит, что идея снять фильм "на одном дыхании" пришла к нему за 15 (год)_____ до того, как появились <u>соответствующие</u> технические средства".[16]

> **сла́ва** – fame
> **обя́зан (кому/чему)** – owes to
> **соотве́тствующий** – proper, suitable, appropriate
> **без остано́вки** – without stopping
> **пу́дра** – powder
> **грим** – theatrical make-up
> **ведро́** – bucket
> **пу́говица** – button
> **шту́ка** – piece

"Камера оператора весила 35 (килограмм) _____, и стоический немец Тильман Бюттнер вместе со всей историей России шёл по Эрмитажу <u>без остано́вки</u> все полтора (час)_____. Актёров было почти 900 (человек)_____,

---

16 Иен Кристи. "Русский ковчег (2002)". // Ноев ковчег русского кино: от "Стеньки Разина" до "Стиляг". *Глобус-Пресс* (2012). с.468–472.

пудры для гри́ма закуплено 3 (ведро)_____, а специальных "исторических" пу́говиц было изготовлено 6500 (шту́ка)_____".[17]

## ЗА РАМКАМИ ФИЛЬМА

**Задание 20. Ответьте на вопросы, аргументируя свою точку зрения.**

1. В одном из интервью Александр Сокуров говорит, что для него, прожившего в Петербурге – Ленинграде более 20 лет, Эрмитаж – это "самое главное место в Петербурге".[18] Почему? Потому что, по мнению режиссёра, "всё самое главное, что было в России, происходило именно здесь". Базируясь на том, что вы знаете об истории России, как вы понимаете слова Сокурова? Какие важные исторические события связаны с Эрмитажем? А теперь скажите, какое место в вашем городе – самое главное? Почему? А в вашей стране? Детально аргументируйте свой ответ.

2. Скажите, как вы думаете, меняется ли вместе с эпохой отношение к произведениям искусства? Каким образом? От чего это зависит? Приведите конкретные примеры из истории или из фильма, который вы только что посмотрели.

3. В ноябре 2016 г. центр исследования общественного мнения ВЦИОМ провёл опрос о том, на какие культурные мероприятия ходили россияне в 2016 г. Вот результаты. 45% опрашиваемых сказали, что они хотя бы один раз ходили в кино; 24% – что они хотя бы раз были на концерте; 21% – в театре. Только 13% россиян сказали, что они хотя бы один раз за год были в музее; 12% были на выставках. 6% россиян сказали, что они смотрели сайты музеев или виртуальные выставки.[19] Вас удивили эти результаты? Скажите, а если бы такой же вопрос был задан жителям вашей страны, как вы думаете, отличались бы их ответы от ответов россиян? Если да, то чем? Объясните, почему вы так думаете.

4. Скажите, а вы любите ходить в музеи? Если да, то как часто и в какие музеи вы ходите? Если бы у вас был выбор пойти в музей, театр или кино, что бы вы выбрали? Объясните, почему.

5. А как вам кажется, почему люди ходят в музеи? Можно ли сказать, что музеи, особенно музеи искусства – это элитарная форма, которую многие люди просто не понимают?

6. Как вы думаете, будут ли нужны музеи (например, музей Эрмитаж или Лувр) через 30 – 50 лет? Или их полностью заменят виртуальные музеи?

---

17 Адаптировано со статьи Екатерина Барабаш "Миссия Сокурова" (23 апреля 2003 г.). https://www.film.ru/articles/missiya-sokurova

18 Светлана Проскурина. "Александр Сокуров. «Остается только культура»". *Искусство кино* №7 (июль 2002 г.). http://kinoart.ru/archive/2002/07/n7-article2

19 "Культурный фронт: запросы и возможности". *ВЦИОМ,* пресс-выпуск №3298 (1 февраля 2017 г.). http://wciom.ru/index.php?id=236&uid=116048

## ТЕМЫ ДЛЯ СОЧИНЕНИЙ И ДАЛЬНЕЙШЕГО ОБСУЖДЕНИЯ

1. Представьте, что вы собираетесь взять интервью у создателей фильма "Русский ковчег". Составьте список вопросов, которые вы хотели бы им задать. Обсудите эти вопросы в классе; почему вас заинтересовали именно эти аспекты фильма?

2. Посоветуйте посмотреть "Русский ковчег" своим русско-говорящим друзьям, которые ещё не видели этого фильма, и расскажите об этом фильме так, чтобы они обязательно захотели посмотреть эту картину.

3. Детально опишите (устно или письменно) одну из сцен фильма.

# 2

# Возвращение

Режиссёр Андрей
Звягинцев
2003

## ПЕРЕД ПРОСМОТРОМ ФИЛЬМА

На этом кадре из фильма "Возвращение" – два главных героя фильма. Скажите, как вы думаете, сколько им лет? Пофантазируйте, куда они смотрят и о чём думают. А вы видели какие-нибудь ещё фильмы (не только русские), речь в которых идёт о <u>подростках</u>? Кратко расскажите об одном таком фильме.

> **подро́сток** –
> teenager

## ГОТОВИМСЯ СМОТРЕТЬ ФИЛЬМ – ЗАПОМНИТЕ ЭТИ СЛОВА И ВЫРАЖЕНИЯ

### Nouns

весло́ (pl. вёсла) – oar
ве́тка – branch
водопа́д – waterfall
высота́ – height
вы́шка – tower (also: diving board)
дневни́к – diary
ерунда́ – nonsense
испыта́ние – test, trial
колесо́ – wheel
костёр – bonfire
кула́к – fist
ми́ска – bowl
о́стров – island
пала́тка – tent
подро́сток – teenager
простра́нство – space, area, expanse
страх – fear
сцепле́ние – clutch
топо́р – axe, hatchet
трус – coward
у́дочка – fishing rod
фона́рик – flashlight
червь – worm
я́щик – box, chest

### Adjectives

злопа́мятный – spiteful
мёртвый – dead
сы́тый – well-fed
упря́мый – stubborn

### Other

единогла́сно (единоду́шно) – unanimously
из-за (кого/чего) – because of
кака́я ра́зница? – What difference does it make?

### Verbs

болта́ть – to chatter
боя́ться (кого/чего) – to be afraid of
вести́ дневни́к – to keep a diary
возвраща́ться (верну́ться) – to return
врать (совра́ть) – to tell a lie
грести́ – to row
загля́дывать (смотре́ть) в рот (кому) – to buy into smo.'s every word
заде́рживать (задержа́ть) дыха́ние – to hold one's breath
запреща́ть (запрети́ть) – to forbid, to ban
застрева́ть (застря́ть) – to get stuck
издева́ться (над кем) – to taunt, to insult
испуга́ться (кого) – to get frightened by
му́чить – to torture
ненави́деть – to hate
ожида́ть – to expect
поднима́ться (подня́ться) (по ле́стнице) – to go up the stairs
поража́ть (порази́ть) (кого/чем) – to amaze, to astound (smo. with smth.)
разува́ться (разу́ться) – to take off one's shoes
рвать – to rip, to tear
спуска́ться (спусти́ться) (по ле́стнице) – to go down the stairs
тащи́ть – to drag, to pull
толка́ть (толкну́ть) – to push
тону́ть (утону́ть) – to drown
убива́ть (уби́ть) – to kill
уча́ствовать – to take part (to participate)

**Задание 1. Как вы думаете, если "единогласно" означает "unanimously", то что означают следующие слова и словосочетания с префиксом едино-? (Если затрудняетесь с ответом, то проконсультируйтесь со словарём).**

Единовластный; единомышленник; единокровный брат; единоличник

**Задание 2. Объясните по-русски значение следующих слов, фраз и предложений:**

1. трус
2. злопамятный человек
3. упрямый ребёнок
4. мальчик заглядывает в рот своему старшему брату
5. разуться
6. ерунда
7. дневник (вести дневник)

**Задание 3. Поставьте слова в правильную грамматическую форму и закончите предложения.**

1. Мальчик боится (многое), например (черви и костры), но самое главное он боится (свой отец).
2. Младший брат всегда заглядывает в рот (старший брат и отец).
3. Братья стесняются (свои родители и бабушка).
4. Ребята думают, что отец уехал от них 12 лет назад из-за (деньги и проблемы на работе).
5. Ваню называют трусом, потому что он испугался (высота).

**Задание 4. Слова в контексте. Вставьте подходящие по смыслу слова в правильной форме.**

Бояться, вести дневник, высота, вышка, испугаться, испытание, костёр, палатка, подросток, подниматься, спуститься по лестнице, трус, упрямый

В начале фильма "Возвращение" (teenagers) _____ прыгают в воду с (diving tower) _____. Один из мальчиков, которого зовут Иван прыгать (is afraid) _____. Брат Ивана, Андрей, прыгает, а Иван (got frightened of) _____ (height) _____. Но и (go down the stairs) _____ он тоже (is afraid)_____: он знает, что если он не

прыгнет, то все начнут называть его (coward) _____. Потому (stubborn) (teenager) _____ так и сидит на (diving tower)_____, пока за ним не приходит мать. Прыжок с (height) _____ – это лишь первое (trial) _____, которое стоит перед мальчиком. Скоро он поедет в поход с отцом и братом, будет спать в (tent) _____, (keep a diary) _____, ловить рыбу, жечь (bonfire) _____…
А в конце фильма Иван очень символично (will go up) _____ на новую вышку, которая радикально изменит и события фильма, и жизнь его персонажей.

## КОРОТКО О ФИЛЬМЕ

Фильм "Возвраще́ние", вы́шедший на экра́ны в 2003 году́, был пе́рвой полнометра́жной рабо́той Андре́я Звя́гинцева. Тогда́, в 2003 году́ Звя́гинцев был неизве́стным режиссёром-дебюта́нтом без профессиона́льного режиссёрского образова́ния. Никому́ не изве́стными бы́ли и актёры, сня́вшиеся в карти́не. Вот что говори́т сам Звя́гинцев о своём фи́льме: "Наша карти́на сде́лана дебюта́нтами: худо́жник по костю́мам, компози́тор, продю́сер – это была́ их пе́рвая рабо́та в кино́; актёры то́же.

**благотво́рный** – beneficial
**си́ла** – force
**скро́мный** – modest
**мгнове́нно** – instantly

Исполни́тель ро́ли отца́ уча́ствовал как-то в съёмках в 1984 году́, но уже забы́л об э́том. Мне ка́жется, что эне́ргия дебюта́нтов, эне́ргия люде́й, кото́рые хотя́т сде́лать что-то но́вое, о́чень <u>благотво́рная си́ла</u>. Эти лю́ди не тре́буют к себе́ мно́го внима́ния, больши́х гонора́ров – они́ про́сто хотя́т снима́ть кино́!"[1]

И вот э́та дебю́тная ле́нта со <u>скро́мным</u> бюдже́том <u>мгнове́нно</u> ста́ла сенса́цией го́да. Фильм был приглашён на четы́ре крупне́йших мировы́х фестива́ля: в Монреа́ль, Лока́рно, Торо́нто и Вене́цию. Пое́хать реши́ли в Вене́цию.[2] Там, на 60-м Междунаро́дном Венециа́нском кинофестива́ле фильм "Возвраще́ние" получи́л два "Золоты́х льва́". Пе́рвый "лев" – за лу́чший режиссёрский дебю́т. А второ́й – оди́н из прести́жнейших призо́в в ми́ре, "Золото́й лев" за лу́чший фильм. Это был тре́тий "Золото́й лев" за всю исто́рию сове́тского и росси́йского кинемато́графа: в 1962 г. э́той кинонагра́ды был удосто́ен фильм Андре́я Тарко́вского "Ива́ново де́тство", а по́зже, в 1991 "Золото́го Льва́" получи́ла карти́на Ники́ты Михалко́ва "Урга – террито́рия любви́".[3] А чтобы оди́н фильм получи́л не одного́, а сра́зу двух "Львов" – тако́е случи́лось в

1 И. Мусский. *100 Великих отечественных кинофильмов*. (Москва, 2005). С.22.
2 Валерий Кичин. "На старейшем кинофестивале смотрят русское кино". *Film.ru* (3 сентября 2003 г.). https://www.film.ru/articles/chernye-loshadki-venecii
3 "Советские и российские лауреаты Венецианского кинофестиваля". *РИА новости* (27 августа 2014 г.). https://ria.ru/20140827/1021511809.html

истóрии фестивáля впервы́е. Кстáти, пóсле фестивáльного покáза фи́льма зал аплоди́ровал, стóя, 15 мину́т.[4]

Пóсле Венéции, путь фи́льма по экрáнам ми́ра был триумфáльным. Карти́на была́ ку́плена бóлее чем в семи́десяти стра́нах, и почти́ вездé занялá пéрвые местá в рéйтингах. Мировы́е кинокри́тики почти́ едиоду́шно призна́ли, что Андрéй Звя́гинцев – нóвый огрóмный талáнт мировóго кинó. Дебю́тная

> **единоду́шно** – unanimously

рабóта Звя́гинцева получи́ла не только бóлее тридцати́ нагрáд на мировы́х фестивáлях кинó, но и два прести́жных росси́йских при́за – "Ни́ку"и "Золотóго орлá".[5]

Что же объя́сняет такóй грóмкий успéх дебю́тной лéнты никому́ не извéстного режиссёра? Вы, навéрно, смóжете отвéтить на э́тот вопрóс сáми пóсле просмóтра фи́льма. А вот, как сам режиссёр отвéтил на вопрóс о послáнии, котóрый фильм несёт зри́телям: "[…] мéньше всего́ я хотéл бы говори́ть пéред фи́льмом; да и пóсле негó я не хотéл бы говори́ть, о чём он. Я бы хотéл остáвить

> **ние** – message
> **зарóк** – vow, promise
> **смысл** – meaning
> **разрушáть (разру́шить)** – to ruin

зри́теля оди́н на оди́н с фи́льмом и ви́деть там то, что он уви́дит. Я себé дал зарóк, что не бу́ду говори́ть о смы́слах фи́льма. Не хочу́ разрушáть тóнкую матéрию, котóрая возникáет мéжду зри́телем – его́ понимáнием, интеллéктом и культу́рой – и тем, что он уви́дит на экрáне. Не хочу́ вмéшиваться в э́тот контáкт".[6]

**В главных ролях:**
Отец – Константин Лавроненко
Иван, младший брат – Иван Добронравов
Андрей, старший брат – Владимир Гарин
Мать – Наталья Вдовина

## О режиссере фильма

Ка́ждый фильм Андрéя Звя́гинцева – собы́тие на кру́пных междунарóдных кинофестивáлях. Вы ужé знáете, что егó дебю́тная рабóта "Возвращéние" (2003) буквáльно взорвалá мир кинофестивáлей: у фи́льма оказáлось сра́зу два венециáнских "Львá", две "Ни́ки" и два "Золоты́х орлá". "Изгнáние" (2007) принеслó зóлото на фестивáле в Ка́ннах исполни́телю глáвной

---

4 "Основные претенденты на «Золотого льва» Венецианского кинофестиваля". *NewsRu.com* (5 сентября 2003 г.). https://www.newsru.com/cinema/05sep2003/venice.html

5 *Дыхание камня. Мир фильмов Андрея Звягинцева* (Сборник статей и материалов). (Москва, 2014).

6 А. Долин. Интервью с А. Звягинцевым. "Мы полагаем, что мы нравственная нация". *Газета* (27 августа 2003 г.).

ро́ли Константи́ну Лавроне́нко. "Еле́на" (2011) получи́ла росси́йскую "Ни́ку" и приз жюри́ ко́нкурсной програ́ммы "Осо́бый взгляд" на Ка́ннском кинофести́вале. "Левиафа́н" (2014) был росси́йским номина́нтом на "Оскара", а та́кже пе́рвым фи́льмом в исто́рии постсове́тского кино́, получи́вшим "Золото́й гло́бус" за лу́чший фильм на иностра́нном языке́.

Интере́сно, что сам Звя́гинцев в де́тстве мечта́л быть актёром. Учи́лся в театра́льном учи́лище в Новосиби́рске, а в 1986 году́ перее́хал в Москву́ и поступи́л на актёрский факульте́т ГИТИСа.[7] Вспомина́я свою́ актёрскую карье́ру, режиссёр говори́т, что в той карье́ре "бы́ло ма́ло тво́рчества" и что ту часть свое́й биогра́фии он "про́сто <u>выреза́ет</u>" из па́мяти.[8] В теа́тре Звя́гинцев так почти́ и не рабо́тал, зато́ уча́ствовал в <u>незави́симых</u> театра́льных прое́ктах, а та́кже снима́лся в <u>эпизоди́ческих роля́х</u> в телесериа́лах. С 1993 го́да на́чал снима́ть рекла́мные ро́лики, а в 2000 году́ дебюти́ровал как режиссёр игрово́го кино́: снял три теленове́ллы в ра́мках телепрое́кта "Чёрная ко́мната". И ме́жду про́чим <u>сотру́дничество</u> с продю́сером "Чёрной ко́мнаты", Дми́трием Лесне́вским, оказа́лось ва́жным собы́тием для Звя́гинцева, ведь и́менно Лесне́вский и стал продю́сером нашуме́вшего "Возвраще́ния".

**выреза́ть (вы́резать)** – to cut out
**незави́симый** – independent
**эпизоди́ческая роль** – extra (background actor)
**сотру́дничество** – collaboration

## Об актёрах

*Константин Лавроненко* – еди́нственный актёр в исто́рии росси́йского кино́ (по кра́йней ме́ре, на 2018 год), удосто́енный гла́вного при́за Ка́ннского кинофестива́ля за лу́чшую мужску́ю роль.[9] При э́том Лавро́ненко пришёл в кино́ доста́точно по́здно, в во́зрасте 42 лет, сня́вшись и́менно в фи́льме Звя́гинцева "Возвраще́ние". <u>Точне́е</u>, в кино́ Лавро́ненко дебюти́ровал ещё в студе́нческие го́ды: в 1984 году́ он сыгра́л роль в фи́льме "Ещё люблю, еще наде́юсь" режиссёра Никола́я Лы́рчикова. Но по́сле э́того кинодебю́та, серьёзных приглаше́ний в кино́ не бы́ло, потому́ рабо́тал Лавроненко в моско́вских теа́трах и да́же ду́мал о том, что́бы совсе́м <u>бро́сить</u> актёрскую рабо́ту (наприме́р, в конце́

**точне́е** – to be more precise
**броса́ть (бро́сить)** – to abandon
**завора́живать (заворожи́ть)** – to mesmerize
**как бу́дто** – as if, as though
**прибавля́ть (приба́вить)** – to add
**си́ла** – strength

---

7 "Андрей Звягинцев: История шелкопряда". *Православие и мир* (12 мая 2011 г.). https://www.pravmir.ru/istoriya-shelkopryada/

8 Фёдор Бондарчук. Интервью с А. Звягинцевым в программе "Кино в деталях" (24 мая 2011 г.).

9 Эхо-кино. "Советские и российские фильмы-лауреаты Каннского фестиваля". *Блог Радио Эхо Москвы* (20 мая 2018 г.). https://echo.msk.ru/blog/echocinema/2205996-echo/

девяно́стых Лавро́ненко да́же про́бовал рабо́тать в рестора́нном би́знесе).[10] Вспомина́я пе́рвые встре́чи со Звя́гинцевым, Лавро́ненко расска́зывает, что его́ порази́л сцена́рий фи́льма: "В нём была́ така́я эне́ргия. Ещё <u>заворожи́ла му́зыка</u>. Она́ <u>как бу́дто прибавля́ла си́лы</u>. Мне так захоте́лось снима́ться, не вообще́, а конкре́тно в э́том фи́льме…"[11] По́сле "Возвраще́ния" актёр сня́лся бо́лее чем в 25 фи́льмах и телепрое́ктах, в том числе́ в популя́рнейшем крими́нальном телесериа́ле 2016 г. "Клим" режиссёра Каре́на Оганеся́на ("Клим" – э́то адапти́рованная ве́рсия брита́нского сериа́ла "Лю́тер").

Оба ма́льчика, кото́рые сыгра́ли в фи́льме (*Ва́ня Добронра́вов и Воло́дя Га́рин*) ста́ли изве́стными и узнава́емыми по́сле "Возвраще́ния". Константи́н Лавро́ненко вспомина́ет, что <u>про́бы</u> на ро́ли сынове́й шли до́лго, почти́ полго́да, отсмотре́ли со́тни кандидату́р. А в како́й-то моме́нт Звя́гинцев сказа́л, что е́сли не уда́стся найти́ двух гениа́льных ма́льчиков, то фи́льма про́сто не бу́дет.[12] Ива́на Добронра́вова, кото́рому тогда́ бы́ло 13 лет, порекомендова́л на роль в фи́льме и́менно Лавро́ненко, кото́рый мно́го лет рабо́тал в теа́тре "Сатирико́н" с отцо́м ма́льчика. Пи́терского

> **про́ба** – audition, try-out
> **исполни́тель** – performer, actor
> **погиба́ть (поги́бнуть)** – to perish, to die
> **тону́ть (утону́ть)** – to drown

шко́льника Воло́дю Га́рина (а ему́ тогда́ бы́ло 16 лет) Звя́гинцев нашёл сам. Вспомина́я по́иски <u>исполни́телей</u> гла́вных де́тских роле́й, режиссёр расска́зывает: "[…] когда́ я их пе́рвый раз уви́дел, у меня́ бы́ло тако́е ощуще́ние, что э́то не они́ у меня́ на ка́стинге, а я у них. Почу́вствовал взро́слые ду́ши. Ва́ня жил в Москве́, Воло́дя – в Петербу́рге…"[13] Ива́н Добронра́вов продолжа́ет мно́го рабо́тать в кино́ и сего́дня, а вот Влади́мир Га́рин траги́чески <u>поги́б</u> за не́сколько ме́сяцев до премье́ры фи́льма в Вене́ции – он утону́л в о́зере, так и не узна́в о триу́мфе "Возвраще́ния".

## КАК ВЫ ПОНЯЛИ?

**Зада́ние 5. Поставьте слова в правильную грамматическую форму и закончите предложения.**

1. Фильм "Возвращение" был (первая полнометражная работа Андрея Звягинцева).

---

10 Константин Лавроненко. "Биография актёра". *РИА Новости* (28 мая 2007 г.). https://ria.ru/20070528/66185372.html; Светлана Соколова. "«Лютер» с ростовскими корнями". *Нация* (2 марта 2016 г.). https://nationmagazine.ru/events/lyuter-s-rostovskimi-kornyami/

11 Татьяна Петренко. Интервью с Константином Лавроненко "«Возвращение» считаю своим дебютом". *Культура* №13 (7421) (1–7 апреля 2004 г.).

12 Татьяна Петренко. Интервью с Константином Лавроненко.

13 И. Мусский. *100 Великих отечественных кинофильмов*. С.22.

2. Эта дебютная лента быстро стала (громкая сенсация года).

3. "Возвращение" было сделано (звукооператор, художник по костюмам, композитор, продюсер, актёры и другие профессионалы), каждый из которых был (дебютант в кино).

4. Любой фильм Звягинцева становится (значительное событие) на крупных международных фестивалях.

5. Фильм Звягинцева "Левиафан" был (российский номинант на премию "Оскар"; первый российский фильм, получивший "Золотой глобус").

6. Ваня Добронравов и Володя Гарин стали (по-настоящему известные и узнаваемые) после фильма "Возвращение".

7. Работа с Дмитрием Лесневским оказалась (переворотное событие в карьере Звягинцева).

### Задание 6. Правильно или неправильно? Исправьте неверные утверждения и дополните правильные информацией из текста.

1. Когда Звягинцев снимал фильм "Возвращение", он уже был известнейшим режиссёром.

2. С самого детства Андрей Звягинцев мечтал стать режиссёром кино.

3. Как и юные актёры фильма "Возвращение", Константин Лавроненко начал сниматься в кино с детских лет, ещё в школьные годы.

4. Константин Лавроненко никогда не снимался в телесериалах.

5. На 2018 год три российских актёра получили главный приз Каннского кинофестиваля за лучшую мужскую роль.

6. Фильм "Возвращение" был первым фильмом за всю историю российского и советского кино, получившим венецианского "Льва".

7. Фильм "Возвращение" был российским номинантом на кинопремию Оскар, а также первым российским фильмом, получившим "Золотой глобус".

8. Хотя фильм "Возвращение" мгновенно стал сенсацией мирового кинематографа, в России этот фильм не получил ни одного приза.

9. "Клим" – это адаптация французского сериала "Лютер".

10. Звягинцев по образованию актёр, а в кино он пришёл после долгих лет работы в московских и петербургских театрах.

11. Актёров на главные детские роли нашли очень быстро.

### Задание 7. Ответьте на вопросы.

1. Подробно объясните, почему Андрей Звягинцев говорит, что его картина "Возвращение" сделана дебютантами.

2. Какие призы получил фильм "Возвращение" на 60-м Венецианском кинофестивале?

3. Почему работа в рамках телепроекта "Чёрная комната" оказалась переворотным событием в карьере Андрея Звягинцева?

4. Сколько было лет Константину Лавроненко, когда он начал много сниматься в кино? А где актёр работал до этого?

5. Почему можно сказать, что фильм "Возвращение" стал своеобразным возвращением Константина Лавроненко в кино?

6. Почему судьбу Володи Гарина, исполнителя роли старшего брата в фильме "Возвращение" можно называть "трагической"?

7. В 2011 году ещё один российский фильм получил "Золотого льва" на кинофестивале в Венеции. Проведите мини-интернет исследование и узнайте, что это был за фильм. Вы видели этот фильм?

## ПЕРЕД ПРОСМОТРОМ ФИЛЬМА

"Возвращение" рассказывает об отце и сыновьях, давно не видевших друг друга, которые вместе едут в путешествие на автомобиле. Фильм-путешествие (так называемый "роуд-муви") – это, конечно, очень популярный жанр кино. Скажите, а вы видели какие-нибудь ещё фильмы этого жанра? Если да, то кратко расскажите об одном таком фильме. Скажите, а что вы ожидаете увидеть в российском роуд-муви начала двадцать первого века?

## ПОСЛЕ ПРОСМОТРА ФИЛЬМА

**Задание 8. Ответьте на вопросы.**

1. Первое впечатление. Скажите:

   1) Вам понравился фильм? Почему да или почему нет?

   2) Игра каких актёров вам понравилась больше всего? Как вы думаете, какие актёры вашей страны могли бы сыграть роли отца и двух мальчиков?

   3) Как вы думаете, как бы изменились события фильма, если бы действие происходило в Америке?

   4) Как вы думаете, если бы фильм "Возвращение" был сделан в Голливуде, что бы американские режиссёры сделали по-другому?

   5) Какие сцены фильма вам показались наиболее оригинальными и интересными? Кратко расскажите об этих сценах.

   6) Некоторые зрители, наверно, назовут фильм Звягинцева "медленным": в фильме много природы и мало диалогов. Скажите, а какое впечатление произвёл на вас ритм и темп "Возвращения"?

2. Давайте вспомним содержание фильма. Скажите:

   1) Кто из братьев, старший или младший, боится прыгнуть с вышки в начале фильма? Он прыгает? Если нет, то как мальчику удается спуститься вниз?

   2) Почему мальчик не хочет спускаться с вышки по лестнице?

   3) Мальчики удивлены приезду отца? Как вы думаете, чем можно объяснить их реакцию? Сколько лет они не видели отца?

4) Что мы знаем о семье Андрея и Ивана? Знаем ли мы что-нибудь о прошлом их отца? О матери? Бабушке? Как вам кажется, эта информация необходима для понимания фильма?

5) Вы поняли, почему отец вернулся? Как вам кажется, эта информация важна для понимания фильма?

6) Братья рады приезду отца? Объясните, почему вы так решили.

7) Куда отец везёт братьев на утро после своего приезда?

8) Чем в поездке планируют заниматься мальчики?

9) А какие планы у отца? Он хочет ловить рыбу?

10) Как вы поняли, зачем отцу нужно было попасть на остров? Как отец с сыновьями перебираются на этот остров?

11) Кто из братьев чаще конфликтует с отцом? Приведите пример одного такого конфликта.

12) Разрешает ли отец мальчикам ловить рыбу с лодки, когда они приезжают на остров? Во сколько мальчики должны вернуться?

13) Как отец реагирует на то, что мальчики вернулись с рыбалки с опозданием? Чем заканчивается этот конфликт?

14) Как вы думаете, что было в ящике, который отец откопал на острове?

15) Удаётся ли мальчикам вернуться с острова?

16) Как вам кажется, изменились ли характеры и поведение мальчиков к концу фильма? Если да, то как? Приведите конкретные примеры из фильма.

17) Вы, наверно, помните, что отец дал Андрею свои часы; Иван же украл у отца нож. Важна ли эта информация для понимания смысла фильма?

18) Кроме мамы и бабушки в начале фильма, а также официантки, в фильме почти нет женских персонажей. Как вы думаете, почему?

19) Как вы понимаете название фильма? О чьём "возвращении" идёт речь? Подробно объясните своё мнение.

20) Как вы думаете, почему фильм заканчивается рядом черно-белых фотографий? Вспомните, что было изображено на этих фотографиях? А что мы увидели на самой последней фотографии?

21) Какая сцена или эпизод фильма вам запомнились больше всего? Почему? Подробно расскажите, что в этой сцене происходит.

## Задание 9. Кому принадлежат эти реплики? Вспомните, какой герой фильма сказал эти слова. Когда (в какой момент фильма) эти слова были сказаны?

1. "А мало ли взрослых? Любому слову его веришь. В рот заглядываешь. А он – неизвестно кто. Может, бандит. Возьмёт и прирежет нас где-нибудь в лесу".

2. "Скажи, зачем ты приехал? Зачем? Зачем взял нас с собой? Мы тебе не нужны. Нам было хорошо без тебя, с мамой, с бабушкой. Зачем ты приехал? Зачем взял нас с собой?"

3. "Гребите по моей команде! Подняли вёсла. Я сказал, подняли вёсла! Начали! И раз! Давай, давай, Андрей".

4. "Стой, не подходи! Не подходи! Стой! Я бы мог любить тебя, если бы ты был другим. Но ты хуже всех. Я ненавижу тебя! Не смей мучить нас! Ты никто! Понял? Ты никто!"

5. "У тебя осталось 30 секунд. Ты съешь суп и хлеб".

6. — Ты фотоаппарат взял,

   — Взял, взял. И тетрадь взял.

   — Уроки будешь делать, что ли?

   — Дневник будем вести, дурень.

**Задание 10. Кого – Андрея (старшего брата), Ивана (младшего брата) или отца – можно описать, используя приведённые ниже слова? (Если необходимо, проконсультируйтесь со словарём). Приведите конкретные примеры из фильма, чтобы аргументировать свой ответ.**

Агрессивный, бунтарь, властный, единоличник, жестокий, злопамятный, искренний, конформист, лидер, молчаливый, смелый, мягкий, нелюдимый, подозрительный, тиран, трус, упрямый, уступчивый

Скажите, а кто из этих трёх персонажей вам наиболее симпатичен? Объясните, почему.

**Задание 11. Составьте 10 вопросов по содержанию фильма, на которые можно ответить односложно: *да* или *нет*.**

## КРУПНЫМ ПЛАНОМ: КУЛЬТУРОЛОГИЧЕСКИЕ ЗАМЕТКИ О ФИЛЬМЕ

Важную роль в интерпретации фильма "Возвращение" играет известная картина Андреа Мантеньи "Мёртвый Христос". Скажите, а вы помните, в какой момент фильм "цитирует" эту картину? Какой персонаж фильма "Возвращение" лежит в той же позе, что и Христос Мантеньи?

**цити́ровать** – to quote

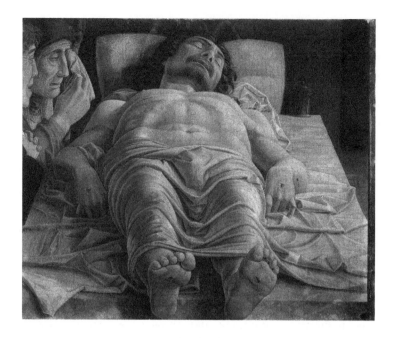

А теперь проведите небольшое исследование в интернете и узнайте:

1. В какой стране родился и работал Мантенья?
2. В каком веке Мантенья написал эту картину? А в каком году?

Андрей Звягинцев объясняет, что первый раз увидел картину Мантеньи ещё в 1981-м или 82-м году, когда слушал курс по изобразительному искусству.[14] А через 20 лет, когда он работал над фильмом "Возвращение", он вспомнил эту картину.[15] По его словам, образ Христа был необходим в фильме "Возвращение" для того, чтобы зритель подумал о том, что "перед нами не просто материальный отец. Это другая фигура.

изобразительное
искусство – fine arts
образ – image
самопожертвование –
self-sacrifice
во имя (кого/чего) – in
the name of

Для меня то, что происходит с отцом в финале «Возвращения», — это самопожертвование во имя мальчика, своего сына".[16]

14 Максим Марков. Стенограмма встречи с Андреем Звягинцевым 28 апреля 2012 г. на московской выставке "Тарковский. Space". http://www.filmz.ru/blogs/mumluk/1139/

15 Олеся Позднякова. Интервью с А. Звягинцевым "Быть человеком – это быть верным себе, своим идеям". *Newslab.ru* (12 июля 2015 г.). http://newslab.ru/article/664883

16 Галина Переверзева. Интервью с Андреем Звягинцевым. "Реальность – миф". *Искусство кино* №8 (август 2007 г.). http://kinoart.ru/archive/2007/08/n8-article10

**Задание 12. Прочитайте, что пишет о фильме "Возвращение" кинокритик Андрей Плахов в журнале "Искусство кино" (№1, январь 2004 г.) и ответьте на вопросы.**

"Внима́тельный зри́тель обрати́т внима́ние на то, что в день прие́зда отца́ ма́льчики открыва́ют иллюстра́цию к Би́блии: "Авраа́м <u>прино́сит в же́ртву</u> Исаа́ка". Де́йствие фи́льма происхо́дит в тече́ние "библе́йских" семи́ дней <u>творе́ния</u> – от воскресе́нья до суббо́ты. Сыновья́ впервы́е ви́дят отца́ спя́щим – сло́вно мёртвым, и в э́той сце́не, а та́кже в фина́ле фи́льма он вы́глядит, как мёртвый Христо́с со знамени́того <u>полотна́</u> Андре́а Манте́ньи [...] Мо́жно продолжа́ть мифологи́ческие паралле́ли, а мо́жно вполне́ <u>обойти́сь</u> без них, про́сто получа́я удово́льствие от фи́льма как <u>безупре́чного</u> психотри́ллера".

| |
|---|
| **приноси́ть (принести́) в же́ртву** – to sacrifice |
| **творе́ние** – creation |
| **полотно́** – canvas, painting |
| **обходи́ться (обойти́сь)** – to manage |
| **безупре́чный** – flawless |

1. Какие "мифологические параллели" фильма заметил критик? А какие ещё мифологические параллели и символы вы сами заметили в фильме? (Подумайте, например, об именах мальчиков; как вам кажется, почему главных героев зовут Иван и Андрей?).
2. А как вам кажется, "Возвращение" – это психологический триллер? Объясните, почему вы так думаете, аргументируйте свой ответ конкретными примерами из фильма.
3. Скажите, изменила ли информация о картине Мантеньи и о библейских контекстах фильма то, как вы понимаете фильм Звягинцева? Объясните, почему да или нет.

## КРИТИКИ О ФИЛЬМЕ

**Задание 13. Прочитайте отрывок из рецензии на фильм "Возвращение" критика Татьяны Москвиной, опубликованной в газете "Московские новости" (22 ноября 2003 года), и ответьте на вопросы:**

"В мифи́ческом простра́нстве "Возвраще́ния" Росси́я – страна́ без люде́й. Страна́ огро́мных простра́нств, <u>враждебных</u> челове́ку. Зо́на молча́ния [...] Никого́ нет. Никто́ не придёт. Возвраще́ние отца́ дли́лось ро́вно одну́ неде́лю – в конце́ карти́ны он исчеза́ет даже со ста́рой фотогра́фии. Остаю́тся его <u>ре́зко повзросле́вшие</u> сыновья́ [...]"

| |
|---|
| **враждебный** – hostile |
| **молча́ние** – silence |
| **ре́зкий** – abrupt |
| **взросле́ть** – to grow up, to mature |

1. Вы согласны с Татьяной Москвиной, что Россия в фильме показана как "страна без людей" и даже как "враждебное" пространство? Аргументируйте свой ответ примерами из фильма.
2. Скажите, а как вам показалось, сыновья в конце фильма действительно "повзрослели"? Объясните, почему вы так думаете.

**Задание 14. Прочитайте отрывок из рецензии на фильм Андрея Звягинцева критика Виктории Лысенко и ответьте на вопросы.**

"Если бы фильм снима́л голливу́дский режиссёр, то и́менно на вы́шке и произошло́ бы примире́ние Отца́ и Сы́на:

- «Па́па!»
- «Сын!»
- «Прости́ меня́!»
- «Нет э́то ты прости́ меня́!»

I love you,… I am proud of you – и́ли ещё что-то в э́том ро́де.

Обняли́сь и, скрыва́я друг от дру́га мужски́е слёзы, уткну́лись друг дру́гу в плечо́. Зал бы то́же всплакну́л и разошёлся с чу́вством, что «тепе́рь у э́тих парне́й всё бу́дет ОК».

Но Звя́гинцев, Сла́ва Бо́гу, не ма́стер голливу́дских happy end-ов. Геро́и его́ фи́льма несомне́нно лю́бят друг дру́га, но ва́жно не э́то [...]"[17]

| |
|---|
| **вы́шка** – tower |
| **примире́ние** – reconciliation |
| **в э́том ро́де** – of this sort, of this kind, along these lines |
| **скрыва́ть (скрыть)** – to hide, to conceal |
| **слеза́** – tear |
| **утыка́ться (уткну́ться)** – to bury one's head in… |
| **несомне́нно** – undoubtedly |

1. Вы согласны с критиком, что герои фильма "Возвращение" "несомненно любят друг друга"? Можно ли сказать, что мальчики любят отца? А что отец любит своих сыновей? Аргументируйте свой ответ примерами из фильма.
2. А какие фильмы Голливуда о детях и родителях вы видели? Кратко расскажите об одном таком фильма. Скажите, чем фильм Андрея Звягинцева отличается от фильмов, сделанных в Голливуде?

---

17 Виктория Лысенко. "Смертельные игры с вертикалью". (2004). http://az-film.com/ru/Publications/341-Smertelnie-igri-s-vertikalju.html

## КАДРЫ ИЗ ФИЛЬМА

**Кадр 1.** Подробно расскажите, что происходит в этом эпизоде. Вспомните, как мальчик оказался на мосту. Скажите, какая погода в этой сцене? А где в это время его брат и отец? Что произошло после этой сцены? Расскажите о событиях этой сцены от лица мальчика.

**Кадр 2.** Подробно расскажите, что происходит в этом эпизоде. Мальчики плывут на остров или обратно с острова? Объясните, почему вы так думаете. Кратко расскажите о том, что произошло в фильме после этой сцены.

## ЗА РАМКАМИ ФИЛЬМА

**Задание 15. Прочитайте заметку об опросе ВЦИОМ и ответьте на вопросы.**

По результа́там опро́са, кото́рый провёл ВЦИОМ в декабре́ 2016 г., 68% россия́н уве́рены, что конфли́кта "отцо́в и дете́й" не существу́ет, и что совреме́нные молоды́е лю́ди легко́ <u>нахо́дят о́бщий язы́к со</u> ста́ршим поколе́нием. При э́том то́лько 5% молодёжи оцени́ли свой отноше́ния с роди́телями как "<u>прохла́дные</u>"; все остальны́е нахо́дятся с роди́телями в

**находи́ть (найти́) о́бщий язы́к (с кем)** – to find common ground with smo.
**прохла́дный** – lukewarm, tepid
**зави́симость (от чего)** – dependency, addiction
**руково́дство** – leadership

"дру́жеских, тёплых" отноше́ниях. Каки́е, по мне́нию ста́ршего поколе́ния, пробле́мы у совреме́нной молодёжи? 77% росси́ян счита́ет, что э́то <u>зави́симость</u> от компью́терных игр; 75% ду́мает, что э́то негати́вное влия́ние се́ти; на тре́тьем ме́сте алкоголи́зм и наркома́ния (64%). Кста́ти, росси́йские молоды́е лю́ди то́же счита́ют компью́терные и́гры и социа́льные се́ти пробле́мой (72 и 69 проце́нтов).[18]

А вот в 2015 г. ВЦИОМ спроси́л росси́ян, о чём они́ ча́ще всего́ разгова́ривают со свои́ми роди́телями. 24% опра́шиваемых сказа́ли, что одна́ из гла́вных тем разгово́ров – <u>руково́дство</u> страны́; ка́ждый пя́тый россия́нин (20% опра́шиваемых) отве́тил, что роди́тели бесе́дуют с ним о росси́йской эконо́мике. (Кста́ти, во времена́ перестро́йки, за не́сколько лет до распа́да Сове́тского Сою́за, об эконо́мике "отцы́" и "де́ти" говори́ли ча́ще: в 1989 г. э́то бы́ло 37% опра́шиваемых).[19] А вот ещё интере́сный факт: 15% росси́ян не могли́ вспо́мнить, о чём с ни́ми бесе́довали роди́тели.

1. Скажите, а каковы были бы результаты, если бы такой опрос провели в вашей стране или в вашем университете?
2. Как бы вы сами ответили на вопрос о конфликте "отцов и детей"? Как вам кажется, какие отношения складываются у ваших ровесников и их родителей?
3. С какими главными проблемами, по вашему мнению, сталкивается молодёжь вашей страны? Объясните, почему вы так думаете?
4. А как вы считаете, компьютерные игры и социальные сети действительно могут оказывать негативное влияние на людей? Если да, то каким образом? Скажите, вас удивило, что 72% российских молодых людей считают компьютерные игры проблемой?
5. Вас удивило, что 69% молодых людей относят социальные сети к проблемной категории? Как вам кажется, социальные сети – это необходимая форма общения в современном мире? А может быть социальные сети вообще не нужны? Подробно прокомментируйте свою позицию.
6. Вас удивило, что в 2015 году многие родители и дети говорили о политике и экономике страны? Как вам кажется, дети и родители в вашей стране часто обсуждают эти темы?
7. В группах. Составьте список вопросов об отношении молодёжи и родителей в вашей стране. Задайте эти вопросы друзьям и знакомым; потом сообщите результаты в классе и обсудите их.

---

18 ВЦИОМ, выпуск №3265 "Поколение Selfie: пять мифов о современной молодежи" (13 декабря 2016 г.). http://wciom.ru/index.php?id=236&uid=115996

19 ВЦИОМ, выпуск №2844 "Чему нас учат родители?" (29 мая 2015 г.). https://wciom.ru/index.php?id=236&uid=44

# ИЗ ИСТОРИИ РОССИЙСКОГО КИНЕМАТОГРАФА

**Задание 16. Прочитайте заметку и ответьте на вопросы.**

Андре́я Звя́гинцева, режиссёра фи́льма "Возвраще́ние", ча́сто сра́внивают с други́м ку́льтовым сове́тским режиссёром Андре́ем Тарко́вским. Хотя́ эти режиссёры рабо́тали в ра́зное вре́мя (Тарко́вский де́лал свои́ фи́льмы в эпо́ху о́ттепели и засто́я; Звя́гинцев – режиссёр 21-го ве́ка), фи́льмы обо́их режиссёров изве́стны свои́ми филосо́фскими, мисти́ческими и христиа́нскими те́мами. И Тарко́вский, и Звя́гинцев получи́ли "Золото́го льва́" на прести́жнейшем Венециа́нском кинофестива́ле: Тарко́вский за свой пе́рвый полнометра́жный фильм "Ива́ново де́тство" ещё в 1962 году́, Звя́гинцев – та́кже за свою́ дебю́тную рабо́ту "Возвраще́ние" в 2003.

1. Как вы поняли, почему критики называют Звягинцева "современным Тарковским"?
2. А вы видели какие-нибудь фильмы Андрея Тарковского? Если да, то кратко расскажите об одном его фильме. А если нет, то посмотрите один из фильмов Андрея Тарковского (например, фильм-призёр Венецианского фестиваля "Иваново детство").
3. Проведите небольшое исследование в интернете и скажите, кто (Андрей Звягинцев или Андрей Тарковский) – режиссёр этих фильмов.

| Фильм | Режиссёр | Год выпуска |
| --- | --- | --- |
| "Возвращение" | Андрей Звягинцев | 2003 |
| "Иваново детство" | Андрей Тарковский | 1962 |
| "Нелюбовь" | | |
| "Сталкер" | | |
| "Елена" | | |
| "Андрей Рублёв" | | |
| "Солярис" | | |
| "Левиафан" | | |
| "Зеркало" | | |
| "Изгнание" | | |

## ТЕМЫ ДЛЯ СОЧИНЕНИЙ И ДАЛЬНЕЙШЕГО ОБСУЖДЕНИЯ

1. Представьте, что вы собираетесь взять интервью у режиссёра фильма "Возвращение". Подготовьте вопросы, которые вы хотели бы ему задать. Обсудите эти вопросы в классе; почему вас заинтересовали именно эти аспекты фильма?

2. Посоветуйте посмотреть "Возвращение" своим русско-говорящим друзьям, которые ещё не видели этого фильма, и расскажите об этом фильме так, чтобы они обязательно захотели его посмотреть.

3. Детально опишите (устно или письменно) одну из сцен фильма.

# 3 Итальянец

## Режиссёр Андрей Кравчук
## 2005

## ПЕРЕД ПРОСМОТРОМ ФИЛЬМА

Скажите, кто изображен на этом кадре? Подробно опишите этого персонажа: что он делает, во что одет? Как вам кажется, о чём в этом фильме пойдёт речь?

# ГОТОВИМСЯ СМОТРЕТЬ ФИЛЬМ – ЗАПОМНИТЕ ЭТИ СЛОВА И ВЫРАЖЕНИЯ

**Nouns**

ава́нс – advance payment

бу́ква – letter (of the alphabet)

вокза́л – train station

врун – liar

вы́года – gain, profit

де́тский дом (детдо́м) – orphanage

же́ртва – victim

замо́к – lock

Под замко́м – under lock and key, locked up

иностра́нец – foreigner

коне́чная, кольцо́ – last stop (of a bus, train, etc.)

кру́пный план – close-up

лётчик – pilot

ли́чное де́ло – personnel file

подки́дыш – foundling, "doorstep baby"

престу́пник – criminal

приёмные роди́тели – adoptive parents

призы́в к (кому/чему) – appeal to

пья́ница – drunk (noun)

ре́льсы – railroad tracks

роди́тельские права́ – parental custody

синя́к – bruise

сирота́ – orphan

со́весть – conscience

штраф – fine (noun)

**Other**

во что бы то ни ста́ло – at any price, no matter what

хотя́ – although

**Verbs**

броса́ть (бро́сить) – to throw, to abandon

броса́ться (бро́ситься) под по́езд – to jump under a train

вка́лывать – (slang) to work hard

ворова́ть (укра́сть) – to steal

души́ть (задуши́ть) – (fig.) to stifle

зави́довать (кому) – to be jealous of smo.

заправля́ться (запра́виться) бензи́ном – to fill up a car's gas tank

зараба́тывать (зарабо́тать) – to earn

иска́ть – to look for

лиша́ть (лиши́ть) роди́тельских прав – to revoke custody of a child

лиша́ться (лиши́ться) роди́тельских прав – to lose custody of a child

морга́ть (моргну́ть) – to blink

находи́ть (найти́) – to find

презира́ть – to despise

усыновля́ть (усынови́ть)/удочеря́ть (удочери́ть) – to adopt a son/daughter

**Adjectives**

безду́шный – heartless

ка́ссовый (фильм) – box office hit

настоя́щий – real

тро́гательный – touching

упо́рный – persistent

челове́чный – humane

## Задание 1. Объясните по-русски значение следующих слов:

*Например*: врун – *человек, который говорит неправду*

1. Штраф
2. Короткометражный фильм
3. Подкидыш

4. Иностранец
5. Полнометражный фильм
6. Аванс
7. Конечная
8. Личное дело
9. Пьяница

**Задание 2. Слова в контексте.** Вставьте подходящие по смыслу слова в правильной форме:

> Бросить, буква, детский дом, завидовать, иностранцы, лишиться родительских прав, найти, подкидыш, удочерить, усыновить

Ваня Солнцев – (foundling) _____ и потому он живёт в (orphanage) _____. В этом доме живут дети, которых (abandoned) _____ или потеряли, когда они были ещё совсем маленькими. А некоторые родители просто (lost custody of their children) _____. Все дети очень надеются на то, что их (adopt)_____ или _____. Ване повезло: его хочет (adopt) _____ семейная пара из Италии. Конечно же, все дети ему (envy) _____. Вот только Ваня очень хочет (find) _____ свою настоящую маму. А может всё же лучше ему поехать с (foreigners) _____? Как бы то ни было, для начала Ване придётся выучить (letters) _____. Зачем? А вот об этом вы и узнаете из фильма "Итальянец".

**Задание 3. Дополните предложения, употребив подходящие по смыслу глаголы в правильной грамматической форме.**

> Бросать – бросаться (бросить – броситься); заправлять – заправляться (заправить – заправиться); лишать – лишаться (лишить – лишиться); пугать – пугаться (испугать – испугаться)

1. В детском доме живут подкидыши, которых _____ родители.
2. За алкоголизм суд _____ отца и мать ребёнка родительских прав.
3. Биологическая мать одного из подкидышей в фильме "Итальянец" _____ под поезд.
4. Мальчики _____ друг друга рассказами о том, что иногда детей "покупают" на пересадку органов.

5. В машине закончился бензин, потому перед поездкой машину нужно
   _____.
6. Мальчик увидел сердитого директора детского дома и _____.
7. Во время войны герой повести Валентина Катаева "Сын полка"
   _____ обоих родителей.

## КОРОТКО О ФИЛЬМЕ

"Италья́нец" – дебю́тный худо́жественный фильм режиссёра Андре́я Кравчука́. Фильм расска́зывает о шестиле́тнем ма́льчике, Ва́не Со́лнцеве, кото́рый живёт в де́тском до́ме в ма́леньком провинциа́льном росси́йском городке́. Ва́ню хо́чет усынови́ть семе́йная па́ра из Ита́лии, и ка́жется, что ма́льчик ско́ро уе́дет из Росси́и, где "дождь и лёд на лу́жах", и пое́дет жить в страну́, где "апельси́ны расту́т на дере́вьях". Но Ва́ня во что бы то ни ста́ло хо́чет найти́ свою́ настоя́щую ма́му, кото́рая отказа́лась от него́ при рожде́нии – а что е́сли и она́ то́же и́щет его́? А как отреаги́рует на Ва́нины по́иски ма́мы Мада́м, кото́рой италья́нцы уже́ заплати́ли за усыновле́ние Ва́ни?

Премье́ра фи́льма в Росси́и состоя́лась 22 сентября́, 2005 го́да. Фильм о шестиле́тнем ма́льчике из росси́йского де́тского до́ма был вы́двинут от Росси́и на пре́мию "Оскар" в катего́рии "Лу́чший зарубе́жный фильм".

> лу́жа – puddle
> **выдвига́ть (вы́двинуть) на (что)** – to nominate

**В главных ролях:**
Ваня – Коля Спиридонов
Мадам – Мария Кузнецова
Гриша – Николай Реутов
Ирка – Ольга Шувалова

## О режиссёре фильма

*Андре́й Кравчу́к* стал режиссёром случа́йно. В 1984 г. он око́нчил факульте́т матема́тики и меха́ники Ленингра́дского госуда́рственного университе́та, поступи́л в аспиранту́ру, писа́л диссерта́цию и хоте́л стать профе́ссором матема́тики. И вот когда́ кандида́тская диссерта́ция уже́ была́ почти́ зако́нчена, Кравчу́к познако́мился с изве́стным режиссёром, Алексе́ем Ге́рманом. Ге́рман рассказа́л молодо́му аспира́нту-матема́тику о своём колле́ге, кото́рый рабо́тал над но́вым фи́льмом и ему́ тре́бовался ассисте́нт.[1] Бу́дущий профе́ссор матема́тики согласи́лся порабо́тать ассисте́нтом режиссёра и с тех пор увлёкся кино́. Вско́ре Кравчу́к оста́вил то́чные нау́ки

---

1 Андрей Кравчук в программе "Кино с Лошаком". *Говорит Москва* (14 января 2017 г.). https://govoritmoskva.ru/interviews/1581/

и на́чал серьёзно занима́ться кинемато́графом. В 1997 г. он да́же зако́нчил Санкт-Петербу́ргский институ́т кино́ и телеви́дения, со специализа́цией по режиссу́ре документа́льного и худо́жественного фи́льма.

Фильм "Италья́нец" был пе́рвой полнометра́жной рабо́той Кравчука́. Дебю́тная рабо́та режиссёра сра́зу же оказа́лась доста́точно успе́шной и в 2005 году была́ вы́двинута от Росси́и на пре́мию "Оскар". Че́рез четы́ре го́да по́сле "Италья́нца" Кравчу́к снял оди́н из са́мых ка́ссовых фи́льмов пост-сове́тского кинемато́графа, истори́ческую дра́му "Адмира́лъ" о судьбе́ Алекса́ндра Колчака́. А че́рез во́семь лет по́сле "Адмира́ла" на экра́ны вы́шла тре́тья полнометра́жная рабо́та режиссёра – фильм "Ви́кинг", посвящённая ещё одно́й изве́стной истори́ческой <u>ли́чности</u>, <u>кня́зю</u> Влади́миру.

> **ли́чность** – personality
> **князь** – prince

## Об актёрах

Андре́й Кравчу́к расска́зывает, что ма́льчика на роль Ва́ни иска́ли о́чень до́лго и смотре́ли со́тни дете́й.[2] Петербу́ржец *Ко́ля Спиридо́нов,* кото́рый в то вре́мя учи́лся во второ́м кла́ссе, им понра́вился сра́зу. Но ма́льчик снача́ла о́чень боя́лся ка́меры, говори́л ти́хо и не мог запо́мнить текст. Режиссёр смотре́л други́х кандида́тов, но постоя́нно возвраща́лся к Коле. Как говори́т Кравчу́к: в Ко́ле бы́ло что-то, чего́ не́ было у други́х.[3] В результа́те, за роль Ва́ни в фи́льме Андре́я Кравчука́ ма́льчик получи́л огро́мное коли́чество росси́йских и междунаро́дных призо́в и награ́д. А по́сле "Италья́нца" он сня́лся бо́лее чем в 10 карти́нах, в том числе́ в популя́рнейшем телевизио́нном детекти́вном сериа́ле "Ликвида́ция" (2007).

*Мари́я Кузнецо́ва* (Мада́м) – актри́са теа́тра и кино́ из Санкт-Петербу́рга. Бо́лее 30 лет снима́ется в эпизоди́ческих роля́х в са́мых ра́зных фи́льмах и телеспекта́клях. Вы возмо́жно по́мните Мари́ю Кузнецо́ву по ро́ли Екатери́ны Второ́й в фи́льме Алекса́ндра Соку́рова "Ру́сский ковче́г".

# КАК ВЫ ПОНЯЛИ?

**Задание 4. Правильно или неправильно? Исправьте неправильные утверждения и дополните правильные.**

1. До выпуска "Итальянца" режиссёр Андрей Кравчук много работал в игровом кино и снял несколько полнометражных фильмов, которые стали лауреатами на премию Оскар.

---

2 Андрей Сулькин. Интервью с Андреем Кравчуком "Ваня Солнцев ищет маму". *MIGnews* (13 апреля 2005 г.). http://mignews.com/news/interview/cis/130409_173855_05282.html

3 Андрей Сулькин. Интервью с Андреем Кравчуком.

2. Для сегодняшних россиян имя Андрея Кравчука связано с крупными блокбастерами "Адмиралъ" и "Викинг".

3. Ни один из актёров фильма не работал с Александром Сокуровым.

4. И режиссёр, и актёры фильма – москвичи.

5. Коля Спиридонов снялся в кино только один раз, именно в картине Кравчука "Итальянец".

6. С раннего детства Андрей Кравчук мечтал стать кино-режиссёром и сразу после школы поступил в Ленинградский институт Кино и Телевидения.

7. "Итальянец" – один из самых кассовых фильмов пост-советского кинематографа.

8. Недавний блокбастер Кравчука "Викинг" рассказывает о судьбе Александра Колчака, руководителя Белого движения во время Гражданской войны в России.

9. Как только Андрей Кравчук увидел Колю Спиридонова, он сразу же взял мальчика на роль Вани.

**Задание 5. Поставьте слова в правильную грамматическую форму и закончите предложения.**

1. Учась в университете, Кравчук планировал стать (профессор математики), но однажды познакомился с (известный советский режиссёр) и согласился поработать (ассистент на съёмках). С тех пор Кравчук серьёзно увлёкся (кинематограф).

2. Фильм "Итальянец" был (первая игровая полнометражная работа Кравчука).

3. Россияне связывают имя Кравчука с (кассовые блокбастеры), а имя Александра Сокурова с (философское авторское кино).

4. Фильм "Викинг" был (третья полнометражная картина) Кравчука.

## ПЕРЕД ПРОСМОТРОМ ФИЛЬМА

В нескольких интервью режиссер Андрей Кравчук говорит, что "Итальянец" повторяет мотивы романов Чарльза Диккенса. Вы читали какие-нибудь книги Диккенса? А кино- или теле-адаптации его произведений видели? Если можете, расскажите о типичных героях книг Диккенса. Где они обычно живут? Где работают? А теперь скажите, что вы ожидаете увидеть в русском фильме о детском доме?

# ПОСЛЕ ПРОСМОТРА ФИЛЬМА

**Задание 6. Ответьте на вопросы.**

1. Первое впечатление. Скажите:

   1) Вам понравился фильм? Почему да или почему нет?

   2) Игра каких актёров вам понравилась больше всего? Как вы думаете, какие актёры вашей страны могли бы сыграть роль Вани? А Мадам?

   3) Как вы думаете, как бы изменились события фильма, если бы действие происходило в Америке? Как вы думаете, если бы фильм "Итальянец" был сделан в Голливуде, что бы американские режиссёры сделали по-другому?

   4) Какие сцены фильма вам показались наиболее оригинальными и интересными? Кратко расскажите об этих сценах.

2. Давайте вспомним содержание фильма. Скажите:

   1) Зачем семейная пара из Италии приехала в Россию?

   2) Когда (в какое время года) они приезжают в Россию? Как вы думаете, какое первое впечатление на них произвел провинциальный российский городок?

   3) Какого возраста дети в детском доме? Как дети реагируют на подарки (игрушки и конфеты), которые им привозит итальянская пара?

   4) Судя по фильму, как живётся детям в детском доме? Как вам показалось, они хорошо питаются? А возможность учиться в школе у них есть? Детям приходится работать? Где и кем? (Например, кем работает Ирка? А шестилетнему Ване приходится работать?)

   5) Ване шесть лет и он не умеет читать. Как вы думаете, что этот факт говорит о качестве школьного образования в детском доме?

   6) Почему дети называют Ваню "итальянцем"?

   7) Кто такой Алеша Мухин? Почему дети в детском доме так много о нём спрашивают и говорят?

   8) Зачем мама Алеши Мухина приезжает в детский дом? Как на её приезд реагирует директор детского дома?

   9) Что случилось с мамой Мухина после того, как её выгоняют из детского дома?

   10) Почему Ваня хочет научиться читать? Какую информацию он хочет найти в своем личном деле?

   11) Кого Ваня просит научить его читать?

   12) Ваня хочет ехать в Италию? Как вы думаете, почему?

   13) Ване удается найти информацию о матери в своем личном деле?

   14) Зачем Ирка и Ваня едут в Зареченск?

   15) Почему Ваня оказывается в поезде один? Что случилось с Иркой?

   16) Почему Мадам и директор детского дома пытаются догнать Ваню и вернуть его в детский дом?

   17) Ване удается найти маму? А мы, зрители, видим её? Как вы думаете, почему?

   18) Судя по фильму, кем работает мама Вани? Почему вы так решили?

   19) Кто в конце фильма едет в Италию?

3. В отличие от фильма "Возвращение" (который начинается с возвращения отца после 12-летнего отсутствия), в "Итальянце" у Вани отца нет совсем. Как вы думаете, почему? Почему Ваня ищет именно маму, а про отца даже не задумывается? Как вам кажется, это символично?

4. Расскажите о том, как режиссер изображает детский дом. Какие цвета он использует, яркие или приглушенные (muted)? Как вы думаете, почему? Детский дом, в котором живет Ваня, – это яркое, радостное место?

5. Проанализируйте фильм "Итальянец" как фильм-аллегорию:

   1) Почему мальчик Ваня решает остаться в России и не уезжает в Италию? Как вы думаете, можно ли рассматривать этот фильм как призыв к российскому чувству патриотизма?

   2) Жестокая бизнес-леди Мадам, которая зарабатывает себе на жизнь тем, что торгует детьми. Можно ли её рассматривать как капиталиста, думающего исключительно о своей выгоде? Или она помогает детям, отправляя их в финансово-стабильные семьи и страны из голодного российского детского дома?

   3) Можно ли сказать, что детский дом – это модель российского общества? Он стоит за высоким забором, и доехать до него можно только по грязному шоссе или железной дороге. Можно ли рассматривать фильм "Итальянец" как аллегорию о России и россиянах? Подробно объясните свою позицию.

   4) Дети, живущие в детском доме, создали свою систему или своё "мини-государство". У них свои законы, свои правила, своя иерархия. Скажите, можно ли сказать, что "неофициальное" "государство" детей функционирует более эффективно, чем "официальный" мир взрослых? Подробно объясните, почему вы так думаете и приведите примеры из фильма.

6. В одном из интервью Андрей Кравчук сказал, что ему хотелось рассказать историю Вани почти документальными методами. Потому <u>излишняя</u> мелодраматизация (например, использование <u>душещипательной</u> музыки или обилие <u>крупных планов</u>) была бы "<u>убийством сюжета</u>". По словам режиссёра: "Может, зрители плакали бы сильнее, но у меня было бы ощущение, что мы <u>торгуем</u> родиной как <u>нищие</u>, продающие туристам матрёшки".[4] Скажите, а как вам показалось, у фильма "Итальянец" действительно "документальный" стиль? А как вы думаете, фильм сделан скорее для русской аудитории или для иностранной? Объясните, почему вы так думаете.

| | |
|---|---|
| **изли́шний** – excessive | |
| **душещипа́тельный** – tear-jerking | |
| **кру́пный план** – close-up | |
| **уби́йство** – murder | |
| **сюже́т** – plot | |
| **торгова́ть** – to sell, trade | |
| **ни́щий** (noun) – beggar | |

---

4 Андрей Сулькин. Интервью с Андреем Кравчуком.

## Задание 7. Кому принадлежат эти реплики? Вспомните, какой герой фильма сказал эти слова. Когда (в какой момент фильма) эти слова были сказаны?

1. "Зачем моргнула, сказала же: не моргать!"
2. "Ладно, ты мне пришли оттуда что-нибудь, чтобы я знал, что с тобой все в порядке".
3. "Ты понимаешь, что тебе здесь все завидуют? У тебя появился шанс жизнь свою устроить… Что здесь? Будешь вкалывать за копейки или сгниешь за решеткой. Не дури, парень, понял? Такой шанс человеку один раз в жизни выпадает. Я вот свой упустил. Мог бы летчиком стать. Истребителем".
4. "Два билета до Заречинска, один детский, один – взрослый".
5. "Мальчик, ты меня ищешь?"
6. "Я не знал, что у вас апельсины растут на деревьях. А у нас дождь и лёд на лужах. Но дома тепло".

## Задание 8. Подробно опишите следующих персонажей фильма. Кто они, чем занимаются? Каких из этих героев фильма можно назвать бездушными людьми? А кого можно охарактеризовать как доброго и человечного? Можно ли сказать, что старшие дети в детском доме – бездушные? А как бы вы охарактеризовали взрослых персонажей? Какие эпизоды фильма с участием каждого из этих персонажей вам запомнился больше всего? Расскажите об этом эпизоде.

1. Мадам
2. Ваня
3. Директор детского дома
4. Мама Мухина
5. Мальчики в детском доме
6. Ирка

## Задание 9. Расставьте эти события фильма в правильном хронологическом порядке.

_____ Итальянская пара выбирает мальчика Ваню на усыновление
_____ Ирка помогает Ване сесть на поезд в город Фрунзе
_____ Ваня Солнцев пишет письмо своему другу в Италию
_____ Мать Алёши Мухина бросается под поезд
_____ Мадам и её водитель пытаются догнать мальчика
_____ Итальянская пара приезжает в Россию, чтобы усыновить ребёнка
_____ Ваня находит свою настоящую мать
_____ Ваня Солнцев хочет научиться читать, чтобы узнать, кто его настоящая мама

**Задание 10. Составьте 10 вопросов по содержанию фильма, на которые можно ответить односложно: _да_ или _нет_.**

**Задание 11. Вспомните ещё раз содержание фильма и закончите каждый параграф, добавив 3–4 предложения.**

1. Семейная пара из Италии приехала в Россию для того, чтобы усыновить русского мальчика. Они…
2. Ваня хочет найти информацию о своей настоящей маме. Он думает, что эта информация может быть в его личном деле. Но Ваня не умеет читать. Он…
3. Ирка хочет помочь Ване найти маму. Она…
4. Если Ваня не хочет ехать в Италию, то его друг Антон очень хочет! Антон…
5. "Мадам" волнуется, что у неё могут быть проблемы с Ваней. Она…

**Задание 12. Расскажите о событиях фильма от лица…**

1. Мадам
2. Вани
3. друга Вани, Антона

## КАДРЫ ИЗ ФИЛЬМА

**Кадр 1.** Где происходит действие этой сцены? Кто этот человек и кто эти дети? Расскажите, этот мужчина – симпатичный персонаж? Объясните, почему вы так думаете.

**Кадр 2.** Кто эти мальчики? or Вы помните, кто эти мальчики? Вы помните, что произошло до и после этой сцены? Расскажите как можно подробнее.

**Кадр 3.** Что происходит в этой сцене? Почему Ваня прячется? Расскажите, что произошло до и после этой сцены.

## КРУПНЫМ ПЛАНОМ: КУЛЬТУРОЛОГИЧЕСКИЕ ЗАМЕТКИ О ФИЛЬМЕ

Как вы, конечно, знаете, маленького мальчика, главного героя фильма "Итальянец", зовут Ваня Солнцев. Имя это неслучайно: точно так же зовут главного героя книги "Сын полка", написанной известным советским писателем, Валентином Катаевым, в 1945 году. Эта книга, написанная почти в самом конце Великой Отечественной войны, рассказывает о подростке, Ване Солнцеве, у которого погибли все родные. Мальчика нашли солдаты советской артиллерийской батареи и сначала хотели

> полк – regiment
> погибать
> (погибнуть) – to die, to perish
> изгой – outcast
> в честь (кого) – in honor of

отправить его в детский дом. Но мальчик каждый раз убегал из детского дома и возвращался к артиллеристам, которые в конце концов решили "усыновить" Ваню. Так, Ваня Солнцев у Катаева становится "сыном полка": хотя по трагическим обстоятельствам его биологические родители погибли, у него теперь есть новая семья – большой советский армейский полк.

Отвечая на вопрос об имени своего персонажа, режиссёр фильма "Итальянец", Андрей Кравчук, говорит, что в отличие от "сына полка", Ваня в фильме "Итальянец" – изгой. У Катаева герою взрослые дарили шоколад, а Ваня в "Итальянце" один против всех.[5]

1. Скажите: а вы помните, почему директор Дома Малютки думает, что Ваня получил своё имя в честь героя книги Катаева? Вспомните, а Ваня Солнцев – настоящее имя мальчика, которое ему дала мама, или это имя придумал для него директор Дома Малютки?
2. Вы согласны с режиссёром фильма, что мальчик – главный герой фильма "Итальянец" – изгой и "один против всех"? Подробно объясните почему и приведите конкретные примеры из фильма.

---

5 Андрей Сулькин. Интервью с Андреем Кравчуком "Ваня Солнцев ищет маму". MIGnews (13 апреля 2005 г.). http://mignews.com/news/interview/cis/130409_173855_05282.html

Помимо Вани Солнцева, в фильме упоминаются имена других известных советских литературных персонажей. Например, вы слышали имена Павла Корчагина и Алексея Мересьева, двух популярных героев советской литературы эпохи социалистического реализма. Павел Корчагин – революционный романтик, центральный персонаж романа Николая Островского "Как закалялась сталь" (1932) а также фильмов, снятых по этой книге. А Алексей Маресьев – советский военный лётчик, который продолжал воевать на фронте несмотря на ампутацию обеих ног. Лёша Мересьев стал персонажем книги Бориса Полевого (1946) и фильма Александра Столпера "Повесть о настоящем человеке" (1948).

1. Вы, наверно, помните, что директор детского дома считал имена этих советских героев "сильными" и часто давал подкидышам именно такие "сильные" имена. А как вы думаете, почему в фильме используются имена героев советской литературы, а не имена из современного кинематографа (например Джеймс Бонд)? Или имена известных российских писателей или музыкантов? (например, Фёдор Достоевский)?

## КРИТИКИ О ФИЛЬМЕ

**Задание 13. Прочитайте, пишет критик Елена Болотовская в журнале TimeOut, 24 ноября 2014 г. и ответьте на вопросы.**

**захолустье** – out-of-the-way place, in the sticks
**вполне** – completely
**чудо** – miracle

В малобюджетном фильме Кравчука серый мир, серае одежда на детдомовцах, провинциальное захолустье, пара домов и электричка, дорогая шуба на бизнесменше, её же джип – вот и вся декорация к истории. Но этого вполне достаточно, и именно лаконичность превращает потенциально душещипательную историю [...] в совсем не дидактическую драму о том, что мир вокруг не так уж плох и в нём всегда есть место чуду, в которое, правда, способны поверить только дети.

1. Как вы понимаете фразу "малобюджетный фильм"? Объясните по-русски. Как вам кажется, бюджет фильма влияет на его качество? Если вы знаете, что в кинотеатре идёт малобюджетный фильм, вы пойдёте его смотреть? Или вас не интересуют малобюджетные картины? Объясните свою позицию.
2. Скажите, а как вам показалось, в фильме "Итальянец" есть элементы дидактики? Если да, то какие?
3. А как вам показалось, можно ли фильм Кравчука называть "душещипательной" историей? Объясните, почему вы так думаете. А вы видели какие-нибудь другие фильмы, которые можно называть "душещипательными"? Подробно расскажите об одном таком фильме.

**Задание 14. А теперь прочитайте отрывок из рецензии критика Татьяны Иенсен, опубликованной в журнале Искусство кино в ноябре 2005 г. и ответьте на вопросы:**

"Наве́рное, фина́л фи́льма не для всех представля́ется однозна́чно счастли́вым. Быть мо́жет, жизнь в Ита́лии с апельси́нами, бассе́йном, анти́чными ста́туями оказа́лась бы для Ва́ни Со́лнцева куда́ бо́лее ра́достной и свобо́дной, чем здесь в деревя́нном бара́ке с ма́терью-одино́чкой, медсестро́й."

1. Скажите, а вам финал фильма показался счастливым? Как вы думаете, жизнь Вани была бы лучше (радостнее и свободнее) в Италии? Детально поясните своё мнение.
2. В одном из интервью режиссёр Андрей Кравчук говорит, что многие зрители хотели бы увидеть более "жёсткий" финал. По его мнению, "хэппи-энд" часто воспринимается как "американизация", нечто нехарактерное российскому кинематографу.[6] А как думаете вы, похож ли фильм Кравчука на фильмы Голливуда? Почему да или нет? Подробно объясните своё мнение и приведите примеры из фильма.

**Задание 15. А вот критик Лидия Маслова из газеты "Коммерсантъ" предложила свой вариант финала фильма (21 ноября 2005 г.) . Прочитайте, что пишет критик, и ответьте на вопросы:**

"«Итальянец» мог бы <u>приподня́ться над</u> стереоти́пами и прояви́ть не <u>принадле́жность</u> к <u>тро́гательным</u> исто́риям про сиро́ток, а показа́ть свой индивидуа́льный хара́ктер — при ме́нее караме́льной конце́вке. Наприме́р, подки́дыш посмотре́л бы в глаза́ ма́тери и сказа́л: «Бро́сила меня́, зна́чит, да? Ну и сиди́ в свое́й больни́чке медсестро́й, а я в Ита́лию пое́хал» — по́сле чего́ разверну́лся бы и <u>с высоко́ по́днятой головой</u> ушёл навстре́чу своему́ заграни́чному сча́стью. Но а́вторы «Итальянца» — сли́шком позити́вно мы́слящие лю́ди, что́бы призна́ть за шестиле́тним ребёнком таку́ю <u>мсти́тельность</u>."

> **приподнима́ться (приподня́ться) над (чем)** — to raise above
> **принадле́жность к** — belonging to
> **развора́чиваться (разверну́ться)** — to turn around
> **с высоко́ по́днятой головой** — with head held high
> **мсти́тельный** — vindictive

1. Лидия Маслова называет конец фильма "карамельным". Как вы понимаете её слова? Вы согласны, что финал "Итальянца" "карамельный"?
2. Скажите, какой вариант финала вам нравится больше: вариант Лидии Масловой или финал самого фильма? Объясните, почему.
3. Как вам кажется, мать Вани должна быть наказана за то, что бросила своего сына? Почему Ваня счастлив, что нашёл свою мать, и не хочет ей мстить?

---

6 Андрей Сулькин. Интервью с Андреем Кравчуком.

# ЗА РАМКАМИ ФИЛЬМА

## Задание 16. Ответьте на вопросы, аргументируя свою точку зрения.

1. Как вы думаете, почему люди решают усыновить или удочерить ребенка? А по каким причинам, по-вашему, биологические родители отказываются от своих детей?

2. Как вы считаете, должен ли быть установлен официальный минимальный возраст для усыновления ребенка? Обязательно ли дети должны быть усыновлены семейной парой? А может ли усыновить ребенка, например, незамужняя женщина или неженатый мужчина? А как вы относитесь к усыновлению детей однополыми парами (например, две мамы или два папы)?

3. Как по-вашему, в каком возрасте лучше усыновлять (удочерять) детей? (в грудном, в подростковом, от одного до трех лет, и т.д.). Объясните, почему вы так думаете.

4. Ваню, русского мальчика, хочет усыновить семейная пара из Италии. А как вы относитесь к вопросу усыновления детей иностранными гражданами? Если ребенок переезжает к новым родителям в новую страну, должны ли приемные родители постараться сохранить культурные и языковые корни рёбенка?

5. Что вы думаете по поводу тайны усыновления? Должен ли ребенок знать, что его (её) усыновили (удочерили)? Нужно ли ребенку знать, кто его (её) биологические родители? Имеют ли право биологические родители отказаться от встречи со своим биологическим ребенком?

6. Как вы думаете, кто такие "настоящие родители"? Биологические или приёмные?

7. Как бы вы прореагировали, если бы вы узнали, что ваши родители вас усыновили (удочерили)? В этой ситуации, вы бы хотели найти своих биологических родителей? Почему да или нет?

8. О каких проблемах (психологических, морально-этических или легальных), связанных с приемными детьми или родителями, вы слышали или читали?

9. В одном из эпизодов фильма директор Дома Малютки говорит Ване: "Знаешь, сколько у нас грудничков сейчас? Почти два десятка. Два десятка матерей отказались быть матерями. И как дальше жить будем?" А как вы думаете, отказ биологических матерей от своих детей – это личный выбор или социальная проблема для всей страны?

## Задание 17. Исследование в Интернете. Фильм "Итальянец" вышел во время активных дискуссий в Российской Думе об ограничении усыновления за рубеж (особенно в США). А в конце 2012 г. российский президент подписал так называемый "Закон Димы Яковлева", запрещающий усыновление российских сирот в США. Проведите небольшое исследование в интернете и узнайте, почему

> **ограниче́ние** – restriction

Россия решила принять такой закон. Действует ли этот закон сегодня? Какую реакцию в России и в Америке вызвал этот закон?

## ТЕМЫ ДЛЯ СОЧИНЕНИЙ И ДАЛЬНЕЙШЕГО ОБСУЖДЕНИЯ

1. Представьте, что вы собираетесь взять интервью у режиссёра фильма "Итальянец". Подготовьте вопросы, которые вы хотели бы ему задать. Обсудите эти вопросы в классе; почему вас заинтересовали именно эти аспекты фильма?
2. Посоветуйте посмотреть "Итальянец" своим русско-говорящим друзьям, которые ещё не видели этого фильма, и расскажите об этом фильме так, чтобы они обязательно захотели посмотреть эту кинокартину.
3. Детально опишите (устно или письменно) одну из сцен фильма.

# Русалка

## Режиссёр Анна Меликян
## 2007

## ПЕРЕД ПРОСМОТРОМ ФИЛЬМА

Проконсультируйтесь со словарём и определите, что означает название фильма "Русалка". Скажите, а вы знаете другие фильмы или мультфильмы с похожим названием? Кратко расскажите, о чём идёт речь в этих фильмах.

# ГОТОВИМСЯ СМОТРЕТЬ ФИЛЬМ – ЗАПОМНИТЕ ЭТИ СЛОВА И ВЫРАЖЕНИЯ

**Nouns**

ананáс – pineapple
бáнка – can, jar
вóдоросли – seaweed
вы́бор – choice
дар – gift
дéтство – childhood
духóвность – spirituality
желáние – wish
зóлото – gold
корáбль – ship
мертвéц – dead person
моря́к – sailor
мясни́к – butcher
непредскáзуемость – unpredictability
отли́чник (f. отли́чница) – "A"-student
плакáт – placard, poster
победи́тель – winner
повéрхность – surface
позóр – shame
предáтель (f. предáтельница) – traitor
претендéнт (f. претендéнтка) – candidate
примéта – superstition
причáл – dock, mooring (of a watercraft)
причи́на – reason
растéние – plant
реклáма – advertisement
сдéлка – business deal
случáйность – accident, coincidence
сóбственник – owner
совершеннолéтие – coming of age (usually turning 18 years old)
спосóбность – capability
судьбá – fate
сюжéт – plot
темнотá – darkness
толпá – crowd
труп – corpse
убóрщица – house maid
учáсток – lot, parcel (of land)

фóкус – trick
хор – choir

**Verbs**

выживáть (вы́жить) – to survive
загáдывать (загадáть) желáние – to make a wish
исполня́ть (испóлнить) желáние – to make a wish come true
исцеля́ть (исцели́ть) – to heal, to cure
общáться – to communicate, to converse
приворáживать (приворожи́ть) – to bewitch, to put a spell on smo.
принадлежáть – to belong
притворя́ться (притвори́ться) – to pretend
пря́тать (спря́тать) – to hide
случáться (случи́ться) – to happen
смеши́ть (рассмеши́ть) – to make smo. laugh
соболéзновать – to express condolences
спотыкáться (споткнýться) – to trip
стáлкиваться (столкнýться) – to collide
считáть (досчитáть) до – to count to
трóгать – to touch
улыбáться (улыбнýться) – to smile

**Adjectives**

бесцвéтный – colorless
везýчий – lucky
ви́димый – visible
волшéбный – magical
закóнный – legal, legitimate
живопи́сный – picturesque
мýтный – murky
отврати́тельный – disgusting

**Other**

в связи́ с (чем) – due to
Да лáдно! – No way!
конéц свéта – end of the world, apocalypse
попадáть (попáсть) под маши́ну – to get hit by a car

**Задание 1. Скажите:**

1. Если "совершеннолетие" означает "coming of age", то что означает слово "совершеннолетний"? А "несовершеннолетний"?
2. Если "вода" означает "water", то что означает слово "подводный"?
3. Если "море" означает "sea", то что означает прилагательное "приморский"?

Составьте предложения с этими словами.

**Задание 2. Объясните по-русски значение следующих слов:**

*Например*: зарплата – *деньги, которые человек получает за сделанную работу*

1. уборщица
2. толпа
3. собственник
4. мертвец
5. отличник
6. совершеннолетие
7. конец света

**Задание 3. Слова в контексте. Вставьте подходящие по смыслу слова в правильной форме.**

> Везучий, дар, загадать желание, исполнять желания, попасть под машину, претендент, приворожить, примета, случиться, случайность

Скажите, вы верите в (superstitions) _____? А что если вы бы умели (make wishes come true)_____? Именно таким (gift) _____ обладает девочка Алиса. Например, если она очень сильно захотела поступить в университет, то другой (candidate) _____ сразу (got hit by a car)_____. А если она (made a wish)_____, чтобы её семья переехала в Москву, именно это вскоре и (happened) _____. А может быть девочка просто (lucky)_____ и всё это – просто (coincidence)_____? А вот сможет ли Алиса (put a spell on)_____ молодого человека, с которым она встретится в Москве?

**Задание 4. Дополните следующие предложения, употребив подходящий по смыслу глагол в правильной грамматической форме (если затрудняетесь с выбором глагола, то проконсультируйтесь со словарем).**

> Исполнять/исполнить, исполняться/исполниться, наполнять/наполнить, заполнять/заполнить, переполнять/переполнить, недовыполнять/недовыполнить

1. У главной героини фильма, Алисы, есть дар: она умеет _____ желания.
2. Когда Саша купил золотую рыбку, он решил не покупать аквариум. Он просто _____ водой ванну и запустил рыбку плавать там.
3. Несмотря на активную рекламную кампанию, фирма серьёзно _____ план.
4. Алиса уверена, что если очень сильно захотеть, то все желания обязательно _____.
5. При устройстве на новую работу в Москве, Алисе пришлось _____ анкету.
6. После экзамена коридор был _____ студентами: все ждали результатов.

**Задание 5. Составьте словосочетания со следующими глаголами:**

Соболезновать (*кому*): невезучий человек; семья человека, который попал под машину

Притворяться (*кем/чем*): мертвец; невидимый; законные собственники; уборщица

Улыбаться (*кому*): моряки; толпа; победитель; мясник

Случиться с (*кем*): каждый; корабль; золото бабушки; моряки

Прятать от (*кого*): родители; законный собственник; предательница

В связи с (*чем*): конец света; позор российских футболистов; совершеннолетие Алисы

Досчитать (*до*): двадцать; сто; тысяча; пять; десять

## КОРОТКО О ФИЛЬМЕ

"Русáлка" – вторóй полнометрáжный фильм Анны Меликя́н. Этот фильм – необы́чная интерпретáция извéстной скáзки Гáнса Христиáна Андерсена "Русáлочка". Хотя́ Меликя́н говори́т, что "с Андерсеном э́та истóрия свя́зана óчень усло́вно, э́та связь – для тех, кто поймёт… Вот ну́жен был какóй-то минимáльный сюжéт, и Андерсен пришёл мне на пóмощь. Не бóлее – то есть, это не экранизáция Андерсена". Нéкоторые крúтики назвáли "Русáлку" "рýсской Амели́", а нéкоторые срáвнивают глáвную герои́ню фильма с Лóлой из немéцкого фи́льма "Беги́, Лола, беги́".[1]

> **усло́вно** – relatively
> **связь** – connection
> **приходи́ть (прийти́) на пóмощь** – to come to the rescue
> **экранизáция** – screen adaptation

---

1 Напримéр, Станислáв Ростóцкий. "Брéмя желáний". *Искусство кино* 8 (áвгуст 2007 г.).

Герои́ня фи́льма Мелика́н живёт <u>отню́дь не</u> в подво́дном <u>ца́рстве</u>. Фильм расска́зывает о де́вочке Али́се, кото́рая живёт с ма́мой и ба́бушкой в ма́леньком примо́рском городке́. Ещё в де́тстве Али́са поняла́, что мо́жет исполня́ть жела́ния. Точне́е, е́сли она́ чего́-то о́чень-о́чень си́льно захо́чет, то её жела́ние всегда́ исполня́ется. И вот одна́жды Али́са о́чень захоте́ла уе́хать из своего́ ма́ленького городка́… Перее́дет ли семья́ де́вочки в Москву́? И е́сли да, то как адапти́руется де́вочка с волше́бными спосо́бностями к жи́зни в большо́м мегапо́лисе? По слова́м режиссёра фи́льма, "Руса́лка" расска́зывает о жи́зни "ма́ленького челове́ка в большо́м го́роде", где лю́ди ча́сто обща́ются не друг с дру́гом, а с рекла́мой и плака́тами.[2]

| | |
|---|---|
| **отню́дь не** – not at all, far from | |
| **ца́рство** – kingdom | |

**В главных ролях:**
Алиса – Мария Шалаева
Алиса в детстве – Настя Донцова
Саша – Евгений Цыганов
Мама – Мария Сокова
Рита – Ирина Скриниченко

## О режиссёре фильма

*Анна Мелика́н* родила́сь в го́роде Баку́ (в Азербайджане) в 1976 году́. Де́тство она́ провела́ в Ерева́не (это в Арме́нии), а пото́м, как и её герои́ня из фи́льма "Руса́лка", перее́хала в Москву́, когда́ ей бы́ло 17 лет.[3] Здесь она́ поступи́ла во ВГИК и учи́лась у изве́стного сове́тского режиссёра, Серге́я Алекса́ндровича Соловьёва. Вспомина́я об учёбе во ВГИКе, Мелика́н расска́зывает, что пе́рвым зада́нием, кото́рое она получи́ла от Соловьёва, бы́ло купи́ть <u>блокно́т</u> и фотоаппара́т и нача́ть запи́сывать <u>наблюде́ния</u>. По слова́м Мелика́н, она, "как

**блокно́т** – notebook
**наблюде́ние** – observation
**послу́шный** – obedient
**всё подря́д** – everything
**заня́тный** – curious

<u>послу́шная</u> учени́ца, действи́тельно, приобрела́ фотоаппара́т и блокно́т", и с тех пор постоя́нно фотографи́рует и запи́сывает "<u>всё подря́д</u>".[4] Да́же сего́дня режиссёр продолжа́ет собира́ть "<u>заня́тные дета́ли</u>", а пото́м писа́ть с ни́ми исто́рии – и́менно так Мелика́н сама́ пи́шет сцена́рии почти́ ко всем свои́м фи́льмам.[5]

2 "«Кинотавр»": Анна Меликян о своей «Русалке». *Радио Культура* (выпуск 9 июня 2007 г.). http://old.cultradio.ru/doc.html?id=121392&cid=44

3 Вадим Верник. Интервью с Анной Меликян "Облако любви Анны Меликян". *Журнал ОК* (1 сентября 2017 г.). http://www.ok-magazine.ru/stars/interview/62999-oblako-lyubvi-anny-melikyan

4 Интервью с Анной Меликян: Anon. "«Русалка» Анны Меликян: «Смешно, смешно, а потом очень грустно»" (21 ноября 2007 г.). http://www.liveinternet.ru/users/mumluk/post57871361/

5 Тамара Дондурей. Интервью с Анной Меликян "Все вопросы – к Андерсену". *Исскуство кино* №4 (апрель 2008 г.). http://kinoart.ru/archive/2008/04/n4-article14

Ещё учась во ВГИКе, Меликян сняла несколько успешных короткометражных фильмов, а её первой полнометражной работой стал фильм "Марс" (2004). "Русалка" – вторая полнометражная работа режиссёра; эта картина получила приз за лучшую режиссуру на фестивале Sundance, а в 2008 году была номинантом от России на премию "Оскар". А вот ещё интересный факт: в 2008 году американский журнал Variety включил Меликян в десятку самых <u>перспективных</u> режиссёров мира.[6] В 2005 году Меликян создала кинокомпанию "Магнум", которая занимается производством фильмов и телесериалов, а также продюсированием новых талантов. Фильм "Русалка" был первой картиной, выпущенной этой компанией.

Сама Меликян говорит, что её работы – это "комедийное кино с <u>грустными</u> глазами".[7] Почему? Это вы наверняка поймёте, посмотрев фильм "Русалка".

> **перспективный** – promising
> **грустный** – sad

## Об актёрах

*Мария Шалаева* родилась в Москве и после окончания школы поступила во ВГИК. Кинокарьера молодой актрисы была успешной ещё с университетских времён: она много снималась в кино с самого начала учёбы во ВГИКе. <u>Зато</u> ВГИК Мария не закончила. Через год после поступления её <u>отчислили</u> из института за "<u>неспособность</u> учиться в <u>высшем учебном заведении</u>". Дело в том, что из-за частых съёмок, Мария <u>пропускала</u> много занятий и плохо училась.[8] А ещё, именно во ВГИКе Мария познакомилась с режиссёром

> **зато** – but then, but on the other hand
> **отчислять (отчислить)** – to be expelled
> **способность** – ability
> **высшее учебное заведение (вуз)** – institution of higher education
> **пропускать (пропустить)** – to miss, to skip

Анной Меликян. Как вспоминает актриса, ещё тогда, во время учёбы во ВГИКе, Меликян пообещала снять Марию в своём новом фильме.[9] И кстати, Анна Меликян и правда писала сценарий фильма "Русалка" специально для Марии Шалаевой, и Мария сразу же планировалась на роль Алисы.[10]

Сегодня Мария Шалаева – самобытная актриса, которая снимается в огромном количестве фильмов и телесериалов. За работу в фильме "Русалка" актриса получила приз "Ника", а также приз фестиваля "Кинотавр"

6 Matthew Ross. "Anna Melikyan. 10 Directors to Watch." Variety (Jan. 16, 2008). http://variety.com/2008/film/markets-festivals/anna-melikyan-1117979138/

7 Вадим Верник. Интервью с Анной Меликян.

8 Вадим Верник. Интервью с Марией Шалаевой. "Мне хочется всего и сразу". *Журнал ОК* (12 июля 2012 г.). http://www.ok-magazine.ru/stars/interview/6088-mariya-shalaeva

9 Елена Ардабацкая. "Трусы сними или В Москву! В Москву!". *Московский комсомолец* (14 июня 2007 г.). https://www.mk.ru/old/article/2007/06/14/99264-trusyi-snimi-ili-v-moskvu-v-moskvu.html

10 Анна Андрушевич. "«Русалка»: история девочки с зелеными волосами". https://www.kleo.ru/items/news/2007/11/21/rusalka.shtml

за лу́чшую же́нскую роль. А вот что говори́т о Мари́и Шала́евой изве́стный актёр, режиссёр и продю́сер Фёдор Бондарчу́к: Мари́я Шала́ева "остаётся Шала́евой в любо́м жа́нре. Её ни с кем не <u>спу́таешь</u>, та́кже как и <u>го́лос</u> её ни с чем не спу́таешь. А э́то больша́я <u>ре́дкость</u>".[11]

*Евге́ний Цыгано́в* – оди́н из популя́рнейших актёров сего́дняшнего росси́йского кино́ и телеви́дения. Его́ да́же называ́ли "звездо́й поколе́ния".[12] Роди́лся Цыгано́в в Москве́, учи́лся в музыка́льной шко́ле и игра́л де́тские ро́ли в Теа́тре на Тага́нке.[13] В конце́ 90-х годо́в вме́сте с дру́гом со́здал рок-гру́ппу "Гре́нки", кото́рая мно́го выступа́ла по клу́бам Москвы́ (кста́ти, Цыгано́в неда́вно <u>возроди́л</u> свою́ гру́ппу и иногда́ выступа́ет с конце́ртами).[14] В 2001 году́ Цыгано́в зако́нчил режиссёрский факульте́т Росси́йского Институ́та Театра́льных Иску́сств в Москве́, по́сле чего́ на́чал рабо́тать в одно́м из Моско́вских теа́тров, где сыгра́л о́коло деся́тка роле́й. В 2014 году́ он дебюти́ровал в э́том теа́тре в ка́честве режиссёра.

Вдоба́вок к уда́чной театра́льной карье́ре, Цыгано́в – одно́ из са́мых узнава́емых лиц росси́йского кинемато́графа. Пе́рвую роль в кино́ Цыгано́в сыгра́л ещё в 2001 году́ (актёр вспомина́ет, что свой пе́рвый гонора́р потра́тил на за́пись альбо́ма свое́й гру́ппы "Гре́нки").[15] Ну а с тех пор актёр сня́лся бо́лее чем в пятидесяти фи́льмах и телесериа́лах, включа́я гла́вные ро́ли в таки́х популя́рные прое́ктах, как фильм "Прогу́лка" (2003), "Ко́смос как предчу́вствие" (2005), "Пи́тер FM" (2006) и сериа́л "Оттепель" Вале́рия Тодоро́вского (2013). На его́ счету́ приз фестива́ля "Кинота́вр", а та́кже "Золото́й Орёл", "Ника" и Пре́мия Прави́тельства Росси́йской Федера́ции в о́бласти культу́ры (2015 г. за рабо́ту в сериа́ле "Оттепель").

**пу́тать (спу́тать) (с чем)** – to confuse with something else, to mix up
**го́лос** – voice
**ре́дкость** – rarity
**гре́нки** – toast, toasted bread
**возрожда́ть (возроди́ть)** – to revive
**"Прогу́лка"** – *Stroll* (dir. Alexei Uchitel')
**"Космос как предчувствие"** – *Dreaming of Space* (dir. Alexei Uchitel')
**"Питер FM"** – *Piter FM* (dir. Oksana Bychkova)
**"Оттепель"** – *The Thaw* (dir. Valery Todorovsky)

---

11 "Мария Шалаева". *Кино в деталях* (24 мая 2018 г.). https://www.youtube.com/watch?v=JbWAx-LDdfBk
12 "Мизанроп. История Евгения Цыганова". *TimeOut* (16 декабря 2004 г.). http://www.timeout.ru/msk/feature/1295
13 "Евгений Цыганов". Страничка актёра на сайте театра Мастерская Петра Фоменко. http://fomenko.theatre.ru/director/actor/tsyganov/
14 "Как жарят "Гренки": актер Евгений Цыганов дал рок-концерт в Сочи в составе возрождённой группы". *Hello.ru* (3 мая 2015 г.). https://ru.hellomagazine.com/zvezdy/novosti-o-zvezdakh/9515-kak-zharyat-grenki-akter-evgeniy-tcyganov-dal-rok-kontcert-v-sochi-v-sostave-vozrozhdennoy-gruppy.html
15 Вероника Комарова. Интервью с Евгением Цыгановым "Люблю, когда мне все не очень понятно". *Rolling Stone* (31 марта 2015 г.). http://www.rollingstone.ru/cinema/interview/21616.html

## КАК ВЫ ПОНЯЛИ?

### Задание 6. Правильно или неправильно? Исправьте неверные утверждения и добавьте детали к правильным.

1. Режиссёр фильма "Русалка", Анна Меликян, родилась в Азербайджане и переехала с семьёй в Москву, когда была совсем маленькой.
2. "Русалка" – второй короткометражный фильм Анны Меликян.
3. Анна Меликян сама пишет сценарии почти ко всем своим фильмам.
4. Анна Меликян и Мария Шалаева учились в одном вузе.
5. Актриса Мария Шалаева – выпускница (graduate) ВГИКа.
6. Анна Меликян – лауреат многочисленных премий крупнейших мировых кинофестивалей.
7. Сценарий фильма "Русалка" писался специально для актёра Евгения Цыганова, который к тому времени был уже узнаваемым лицом российского кино.
8. Евгений Цыганов – актёр кино и театра, а также театральный режиссёр.
9. Евгений Цыганов играл в рок-группе и даже записал музыкальный альбом.
10. "Русалка" – экранизация сказки Андерсена "Русалочка".

### Задание 7. Ответьте на вопросы.

1. Как вы поняли, чем занимается кинокомпания "Магнум", которую Анна Меликян открыла в 2005 году? Проведите мини-исследование в интернете и узнайте, работает ли эта компания сейчас.
2. Вспомните, что такое короткометражный фильм. А полнометражный? Скажите, с каких фильмов начинала свою карьеру режиссёр Анна Меликян.
3. Интерпретацию какой известной сказки представляет собой фильм "Русалка"? Вы читали эту сказку? Кратко расскажите, о чём она.
4. А теперь скажите, что вы ожидаете увидеть в российском фильме-интерпретации сказки о русалочке?
5. Меликян говорит, что "Руса́лка" рассказывает о жизни "маленького человека в большом городе", где люди часто общаются не друг с другом, а с рекламой и плакатами. Скажите, вы согласны с мнением режиссёра о том, что люди, живущие в больших городах чаще "общаются" с рекламой, чем друг с другом?
6. Анна Меликян говорит, что первым заданием, которое она получила во ВГИКе, было завести фотоаппарат и блокнот и начать записывать туда наблюдения. Как вы думаете, почему Сергей Александрович Соловьёв дал своим студентам такое задание? Как вы поняли из прочитанного, пригодилась ли Анне Меликян привычка собирать и записывать "занятные детали"? Если да, то как?
7. Скажите, а вы знакомы с фильмом "Амели" (2001) французского режиссера Жан-Пьера Жёне? А фильм "Беги, Лола, беги" (1998) немецкого режиссёра Тома Тыквера вы видели? Если да, то коротко

расскажите, о чём эти фильмы. Какие характерные черты фильма вы можете вспомнить? (например, анимационные кадры, необычные яркие краски и аккордеонная музыка в "Амели"; или динамичный саундтрек и уникальная героиня в фильме "Беги, Лола, беги"). А теперь скажите, что вы ожидаете увидеть в фильме 2007 года, который получил название "русской Амели" или "русской Лолы"?

8. Как вы узнали, Евгения Цыганова иногда называют "звездой поколения". А вы можете назвать одного актёра (или актрису), "звезду" вашего поколения? Объясните, почему вы выбрали именно его или её.

## ПЕРЕД ПРОСМОТРОМ ФИЛЬМА

**Задание 8. Как вы увидите, важную роль в фильме "Русалка" играет реклама. Прочитайте следующие слоганы и придумайте, что они могут рекламировать:**

1. Исполняем мечту с гарантией!
2. Победитель получает все
3. Все в твоих руках
4. Не бойся своих желаний
5. Другая жизнь! Как изменить себя за 4 недели
6. Следуй своей звезде
7. Будущее зависит от тебя
8. Хорошо быть дома
9. Навстречу вашим желаниям
10. Прогресс зависит от тебя
11. Живи с блеском
12. Заведи себе пару
13. Лучшее – возможно!
14. Ты – особенная

Какие из этих слоганов вы заметили во время просмотра фильма? Что они рекламируют на самом деле?

## ПОСЛЕ ПРОСМОТРА ФИЛЬМА

**Задание 9. Ответьте на вопросы.**

1. Первое впечатление. Скажите:

1) Вам понравился фильм? Почему да или почему нет?

2) Игра каких актёров вам понравилась больше всего? Как вы думаете, какие актёры вашей страны могли бы сыграть роль Алисы-русалки? А Саши?

3) Как вы думаете, как бы изменились события фильма, если бы действие происходило в Америке?

4) Как вы думаете, если бы фильм "Русалка" был сделан в Голливуде, что бы американские режиссёры сделали по-другому?

5) Какие сцены фильма вам показались наиболее оригинальными и интересными? Кратко расскажите об этих сценах.

2. Давайте вспомним содержание фильма. Скажите:

1) Алиса когда-нибудь видела своего папу? А кем был по профессии её папа?

2) Почему Алиса ждёт корабль и часто бегает на причал?

3) На какие прослушивания хочет пойти Алиса? А её мама хочет вести её на эти прослушивания?

4) Алисе удаётся попасть в балетную школу? А вы помните, куда мама отдала её вместо балета?

5) Почему Алиса перестаёт говорить? Доктор может определить, что с девочкой?

6) В хоре заметили немоту девочки? Она продолжала заниматься в хоре, после того, как перестала говорить?

7) Какому "фокусу" научилась Алиса в школе?

8) Куда переезжает семья Алисы, когда девочке исполняется 17 лет?

9) Алиса смогла найти работу в Москве? Это было сложной задачей? Назовите несколько мест её работы. А куда устроилась работать мама Алисы?

10) Почему в день своего совершеннолетия Алиса попала в милицию? Какие проблемы у неё возникли после этого на работе?

11) Где и как Алиса познакомилась с Сашей? Какую работу Саша предлагает девушке?

12) Когда Алиса заговорила? Как вы думаете, почему?

13) Какой питомец есть у Саши? Что Алиса думает по поводу того, правильно ли Саша содержит своего питомца? Как относится к этому питомцу девушка Саши, Рита?

14) Кто Саша по профессии? Расскажите, что он обычно делает на работе.

15) В чём заключаются правила игры "Рассмеши мертвеца"? Научите играть в эту игру своего русско-говорящего друга, который никогда не слышал об этой игре.

16) В какой цвет Алиса красит волосы? Как её новая прическа помогает ей получить работу в рекламе Сашиной фирмы?

17) Почему Саше надо улететь из Москвы? Он планирует лететь надолго? А почему Алиса хочет его остановить?

18) Что Алиса говорит Саше, чтобы он не улетал из Москвы? Какую трагедию ей удаётся предотвратить?

19) Что случается с Алисой в конце фильма? Вы ожидали такую концовку? Объясните почему. А что случается в конце фильма с Сашей?

3. Как вы думаете, почему фильм называется "Русалка"?

4. Вспомните ещё раз, о чём идёт речь в сказке Андерсена "Русалочка". Скажите, а какие элементы сказки сохранила А. Меликян в своём фильме? А что она изменила? Какие еще кино-адаптации "Русалочки" вы можете вспомнить? Чем они похожи (или чем они отличаются) от фильма А. Меликян?

5. Имя главной героини фильма (Алиса) напоминает имя ещё одного известного персонажа мировой литературы – Алисы из книг Льюиса Кэрролла. Скажите, а вы читали книги Кэрролла "Алиса в стране чудес"

и "Алиса в зазеркалье"? А может быть вы видели киноадаптации этих книг? Скажите, кроме имени главных героинь, есть ли ещё какие-нибудь параллели между работами Кэрролла и Меликян? Если можете, приведите конкретные примеры.

6. На вопрос о том, к какому жанру можно отнести её фильм, Меликян ответила, что это скорее "трагикомедия и трагифарс – это такой жанр, когда смешно, смешно, а в конце очень грустно. Хотелось, чтобы было и весело, и грустно, и можно было бы и подумать о чём-нибудь в конце фильма".[16] Скажите, а как бы вы определили жанр фильма "Русалка"? Что в фильме вам показалось смешным, а что грустным? Фильм заставил вас о чём-нибудь задуматься?

7. Рассказывая о "Русалке", Меликян говорит, что ей хотелось сделать фильм, у героини которого будут и положительные и отрицательные черты.[17] Как вы думаете, это ей удалось? Какие черты или действия Алисы можно назвать положительными? А какие – отрицательными? Приведите конкретные примеры из фильма.

8. Проанализируйте фильм с позиции гендерного критика. Как вы думаете, "Русалка" утверждает или отрицает гендерные стереотипы?

9. Одна из интересных фраз фильма: "Это большой город, тут каждый выживает в меру своего таланта и способностей". Скажите, а как фильм изображает капитализм и идею о том, что все продаётся и покупается?

10. Перед просмотром фильма вы узнали, что, по словам Анны Мелиаян, "Русалка" рассказывает о жизни "маленького человека в большом городе", где люди часто общаются не друг с другом, а с рекламой и плакатами. Вы согласны с этим мнением? Объясните, почему вы так думаете и аргументируйте свой ответ конкретными примерами из фильма.

11. Рассмотрите фильм как аллегорию: если вы помните, благодаря новой работе, которую Алиса находит в Москве, девушка смотрит на мир через телефонную трубку. А можно ли рассмотреть эту трубку (костюм, маску) как метафору о человеческом мире и об одиночестве человека в этом мире? Подробно аргументируйте своё мнение.

**Задание 10. Кому принадлежат эти реплики? Вспомните, какой герой фильма сказал эти слова. Когда (в какой момент фильма) эти слова были сказаны?**

1. "Это случилось давным-давно, когда меня еще не было. Мама говорила, что сначала я была рыбкой и жила у неё в животе. Но появился папа и я стала человеком".

2. "А вы посадили её в эту банку, ей же там тесно, не развернутся. И вода мутная какая. Сами бы могли жить в такой воде? Ни растений, ни камушек, ни водорослей. Вода холодная, ни подогревается. Думаете, посадили её в эту банку, и все, достаточно?"

---

16 Интервью с Анной Меликян. "«Русалка» Анны Меликян. «Смешно, смешно, а в конце очень грустно»". (21 ноября 2007 г.). https://www.liveinternet.ru/users/mumluk/post57871361/

17 "«Русалка» Анны Меликян. «Смешно, смешно, а в конце очень грустно»".

3. "Нью-Йорк был тоже продан за три доллара. Это абсолютно законная сделка. С 1980 года агентством продано более миллиона участков только лишь на луне. Более 500 тысяч на Марсе и Венере. За двадцать лет не возникло ни одной юридической проблемы. Собственниками участков являются крупнейшие деятели спорта, политики, кино, а также руководители крупнейших банков, казино и ресторанов".

4. "Это большой город, милая моя, тут каждый выживает в меру своего таланта и способностей. И неважно, что ты продаешь: носки, трусы или луну. Главное – продать".

5. "Когда-нибудь я заставлю его съесть эту рыбу. Вот дожили! Я ревную мужика к рыбе. Как тебе? А ему кроме неё никто не нужен. Я для него пустое место. Как сядет напротив, уставится, может весь вечер просидеть…"

6. "Такое часто случается в мегаполисе. В Москве на дорогах каждый год погибает две тысячи человек. Это нормально. Просто судьба".

**Задание 11. Подробно опишите следующих персонажей фильма. Подумайте, меняются ли эти персонажи на протяжении фильма.**

1. Алиса
2. Саша
3. Рита
4. Мама Алисы
5. Алисин босс

**Задание 12. Как вы, конечно, поняли, "Русалка" объединяет элементы сказки и реальности. Вспомните, что в фильме больше похоже на сказку-фантазию, а что напоминает реальную жизнь. Заполните таблицу.**

| Сказка | Реальность |
| --- | --- |
| *Алиса умеет исполнять желания* | *В Москве у Алисы есть работа: она моёт туалеты и работает телефонной трубкой.* |
| | |
| | |
| | |

**Задание 13. Составьте 10 вопросов по содержанию фильма, на которые можно ответить односложно: *да* или *нет.***

**Задание 14. Что или чтобы? Закончите предложения.**

1. Алиса очень хочет, _____ её семья переехала в Москву.
2. Алисина мама рассказывает, _____ до рождения Алиса была рыбкой и жила у мамы в животе.
3. Алиса сказала Саше, _____ он купил аквариум для рыбы.
4. Известный модельер Пако Рабан заявил, _____, в связи с концом света, он завершает творческую деятельность.
5. В детстве Алиса была уверена, _____ она будет балериной.
6. Алиса надеялась, _____ мама отведёт её в балетную школу. А мама предпочла, _____ Алиса ходила в хор: хоровые занятия проходили недалеко от их дома.
7. Алиса попросила, _____ Саша не улетал из Москвы.

**Задание 15. Расскажите о событиях фильма от лица...**

1. Саши
2. Риты
3. Мамы Алисы

## КАДР ИЗ ФИЛЬМА

Скажите, кто эта девочка? Опишите её. Вы помните, куда она бежит?

## КРИТИКИ О ФИЛЬМЕ

**Задание 16. Прочитайте, что пишет К. Алёхин в журнале TimeOut (4 сентября 2007 г.) о фильме "Русалка" и ответьте на вопросы:**

"[…] тон для трагéдии вы́бран удивúтельный. Крáски я́ркие, монтáж бóйкий… <u>Нахóдка</u> на нахóдке: напримéр, все жúзненные урóки Русáлка <u>извлекáет</u> из лóзунгов на реклáмных билбóрдах. Многó городскóй ромáнтики и афорúзмов врóде "Когдá лю́дям нéкуда девáться, они едýт в Москвý". Игрáет весёлый вальс, Алúса хóдит в кóфте в крáсную полóску, крáсит вóлосы в зелёный цвет и ведёт полноцéнную духóвную жизнь <u>инопланéтного существá</u>: платонúчески

**бóйкий** – lively, brisk
**нахóдка** – a find
**извлекáть (извлéчь)** – to extract, to get
**инопланéтный** – extrater-restrial
**существó** – creature
**гля́нцевый** – glossy
**безнадёжный** – hopeless

лю́бит Цыганóва и пускáется в разговóры с егó принцéссой. Кто-то назовёт э́то худóжественным контрáстом (за <u>гля́нцевым</u> фасáдом комéдии – осéнняя <u>безнадёга</u> и совершéнно áндерсеновский финáл). Самá Алúса предлагáет отнестúсь к «Русáлке» филосóфски: «Такóе чáсто случáется в мегапóлисе»".

1. Критик называет финал фильма "совершенно андерсеновский" – как вы понимаете, что он имел в виду? А вы согласны с этим комментарием?

2. Алёхин пишет о "контрасте" в фильме Меликян: с одной стороны, в фильме "глянцевый фасад комедии", а с другой – "осенняя безнадёга". Вы согласны с этим комментарием? Какие элементы фильма делают его глянцевой комедией? А какие элементы фильма можно интерпретировать как "безнадёжные"?

3. Скажите, если "Русалка" – это действительно сказка, то почему режиссёр не закончила фильм более оптимистично? Или хэппи-энд не подходит для этой истории? Объясните, почему вы так думаете.

**Задание 17. Прочитайте фрагмент рецензии Станислава Ростоцкого "Бремя желаний" ("Искусство кино" №8, август 2007 г.) и ответьте на вопросы:**

"В совремéнном кинематóграфе óбраз дéвушки с <u>ры́бьим хвостóм</u> (настоя́щим úли <u>подразумевáющимся</u>) свя́зан в пéрвую óчередь с жáнром романтúческой комéдии úли фантастúческой мелодрáмы… Почтú всегдá испóльзуется однá и та же сюжéтная схéма, <u>свóйственная</u> урбанистúческому фэ́нтези: необы́чное существó окáзывается в реáльном мúре и <u>вы́нуждено постигáть</u> егó закóны, а

**ры́бий хвост** – fish tail
**подразумевáть** – to imply
**свóйственный (кому/чему)** – characteristic of
**вынуждáть (вы́нудить)** – to force
**постигáть (постúчь)** – to grasp

ча́ще всего́ – адапти́роваться к ним. В да́нной ро́ли мо́гут выступа́ть существа́ из ины́х цивилиза́ций, фолькло́рные существа́ и́ли, к приме́ру, обре́тшие <u>ра́зум</u> ро́боты. [...] Во всей э́той иди́ллии существу́ет и <u>обра́тная сторона́</u>. [...] как бы ни была́ <u>обая́тельна</u> Али́са, <u>вреда́ она́ прино́сит</u> нема́ло, так как <u>потусторо́нних</u> сил у неё хвата́ет".[18]

> **ра́зум** – intelligence
> **обра́тная сторона́** – reverse side
> **обая́тельный** – charming
> **приноси́ть (принести́) вред** – to cause harm
> **потусторо́нний** – otherworldly

1. Станислав Ростоцкий пишет, что в фильмах жанра "урбанистическая фэнтези" часто одна и та же сюжетная схема. Как вы поняли, что это за схема? А вы видели какие-нибудь ещё фильмы этого жанра? Если да, то расскажите об одном таком фильме.

2. Помимо фэнтези, критик упоминает ещё два киножанра: романтическая комедия и фантастическая мелодрама. Скажите, а фильмы этих двух жанров вы видели? Расскажите об одном таком фильме.

3. Как вам кажется, какой из трёх жанров, упомянутых Ростоцким, лучше всего подходит фильму "Русалка"? Подробно объясните, почему вы так думаете, и приведите конкретные примеры из фильма.

4. Ростоцкий пишет, что Алиса принесла немало вреда. Вы согласны с этим утверждением? Подробно объясните своё мнение.

## ЗА РАМКАМИ ФИЛЬМА

**Задание 18. Ответьте на вопросы, аргументируя свою точку зрения.**

1. Как вы видели, в фильме "Русалка" важную роль играет реклама. А как вы думаете, реклама действительно играет важную роль в современной жизни? Почему? Объясните свою точку зрения.

2. Вы наверняка видите много рекламных роликов по телевизору или рекламных объявлений на улице. Какие рекламные кампании вы считаете эффективными? А какие – неэффективными?

3. Какой вид рекламы кажется вам наиболее и наименее эффективным: реклама на улице или в транспорте? Реклама по телевидению? Реклама в интернете и социальных сетях? Подробно аргументируйте свой ответ.

4. В одном из недавних опросов эксперты спросили россиян, считают ли они, что реклама приносит больше <u>пользы</u> или <u>вреда</u>. 41% опрошенных ощущает от рекламы больше вреда́, а пользу в рекламе увидели лишь 27% российских граждан.[19] А как бы вы ответили на этот вопрос? Какую по́льзу и какой вред приносит реклама с вашей точки зрения? Объясните свое мнение.

> **по́льза** – good, benefit
> **вред** – harm

18  http://kinoart.ru/archive/2007/08/n8-article5

19  Anon. "Россияне считают рекламу вредной". Sostav.ru (9 сентября, 2015 г.). http://www.sostav. ru/publication/rossiyane-ne-lyubyat-bannery-i-tv-reklamu-18616.html

5. Опишите одно из рекламных объявлений, которое вы недавно видели. Что оно рекламировало? А теперь вспомните самое смешное объявление. Опишите его.

6. Какое рекламное объявление из фильма "Русалка" вам запомнилось больше всего? Что оно рекламировало? Опишите его.

**Задание 19. Поставьте слова в правильную форму и закончите параграф. Прочитайте параграф вслух, обращая внимание на форму числительных.**

По мнению (эксперты) из (Всероссийский центр изучения общественного мнения) и опроса, (проведённый) в 2012 (год), 61 (процент) (россияне) не доверяют (реклама). Если по (телевизор) показывают (реклама), 43 (процент) (опрошенные) переключают канал.[20] А в (конец) 2016 (год), 72 (процент) (российские граждане) сказали, что не хотят, чтобы их дети работали в рекламе или пиаре.[21]

Скажите, вас удивили результаты этого опроса? А как бы вы ответили на вопросы: (1) Доверяете ли вы рекламе? (2) Смотрите ли вы рекламу по телевизору? (3) Как вы относитесь к работе в сфере рекламы и пиара? Подробно объясните свою позицию.

## ТЕМЫ ДЛЯ СОЧИНЕНИЙ И ДАЛЬНЕЙШЕГО ОБСУЖДЕНИЯ

1. Представьте, что вы собираетесь взять интервью у авторов фильма "Русалка". Подготовьте вопросы, которые вы хотели бы им задать. Обсудите эти вопросы в классе; почему вас заинтересовали именно эти аспекты фильма?

2. Посоветуйте посмотреть "Русалку" своим русско-говорящим друзьям, которые ещё не видели этого фильма, и расскажите об этой кинокартине так, чтобы они обязательно захотели её посмотреть.

3. Детально опишите (устно или письменно) одну из сцен фильма.

---

20 ВЦИОМ, пресс-выпуск №2142 "Реклама: смотрим, но не доверяем" (19 октября 2012 г.). https://wciom.ru/index.php?id=236&uid=1261

21 ВЦИОМ, пресс-выпуск №3261 "ПР как профессия: престиж, доходность, моральный уровень" (8 декабря 2016 г.). http://wciom.ru/index.php?id=236&uid=115989

## ПЕРЕД ПРОСМОТРОМ ФИЛЬМА

Скажите, судя по приведённому кадру, в какое время разворачивается действие фильма? А в какой стране? Объясните, почему вы так решили. А теперь подробно опишите, как выглядят молодые люди, изображённые в этом кадре. Что они делают? Во что они одеты?

# ГОТОВИМСЯ СМОТРЕТЬ ФИЛЬМ – ЗАПОМНИТЕ ЭТИ СЛОВА И ВЫРАЖЕНИЯ

## Nouns

во́лосы – hair

враг – enemy

вы́зов – challenge, dare

граждани́н (f. гражда́нка, pl. гра́ждане) – citizen

движе́ние – movement

единообра́зие – uniformity, sameness

кость – bone

молодёжь – youth

нож – knife

но́жницы – scissors

о́бщество – society

отсу́тствие – absence

пе́сня – song

поколе́ние – generation

преда́тельство – treason, betrayal

преклоне́ние – admiration, adulation

причёска – hairdo

равнопра́вие – equality

ребро́ – rib

рентге́н – X-ray

стри́жка – haircut

та́нец – dance

цепь – chain

шпио́н (f. шпио́нка) – spy

## Adjectives

бере́менный – pregnant

ве́чный – eternal

де́рзкий – daring, bold

насты́рный – persistent

образцо́вый (приме́рный) – model, exemplary

ра́зный – diverse, varied

целеустремлённый – focused on a goal

эпата́жный – shocking, scandalous

## Other

благодаря́ (кому/чему) – thanks to, due to, owing to

в свою́ о́чередь – in its (one's) turn

в том числе́ и – including

включа́я – including

для нача́ла – to begin with, for starters

идти́ в но́гу – to march in step

коро́че говоря́ – in short, to sum it up

с одно́й стороны́ – on the one hand

с друго́й стороны́ – on the other hand

совсе́м не – not at all, not in the least

## Verbs

боро́ться (impf.) с кем/чем – to struggle, to fight with

броса́ть (бро́сить) вы́зов (кому) – to challenge

выпуска́ть (вы́пустить) – to release, to put out

высме́ивать (вы́смеять) кого – to mock, to ridicule

запи́сывать (записа́ть) – to record, to burn (music)

идти́ (плыть) по тече́нию – go with the flow

идти́ (плыть) про́тив тече́ния – to go against the flow

исключа́ть (исключи́ть) из чего – to expel

лови́ть (пойма́ть) – to catch

обижа́ться (оби́деться) – to take offense

отверга́ть (отве́ргнуть) – to reject

отпуска́ть (отпусти́ть) – to let go, to release

подража́ть (кому/чему) – to imitate

позо́рить (опозо́рить) (кого) – to disgrace, to shame smo.

походи́ть (impf.) на (кого) – to look like, to resemble smo.

представля́ть (предста́вить) себе́ – to imagine, to picture

ре́зать – to cut

ско́вывать (скова́ть) – to shackle, to chain

стричь (обстри́чь, подстри́чь) – to cut (hair)

## Задание 1. Сопоставьте фразы и их определения.

| | |
|---|---|
| 1. Дерзкий человек | А. человек, у которого есть конкретная цель и который активно стремится к её достижению |
| 2. Настырный человек | Б. человек шокирующего поведения, привлекающий внимание окружающих |
| 3. Образцовый гражданин | В. смелый человек, нон-конформист |
| 4. Целеустремлённый человек | Г. упорный, слишком настойчивый человек (например, ребёнок, который со скандалом требует в магазине игрушку) |
| 5. Эпатажный человек | Д. образец для подражания |
| 6. Конформист | Е. пассивный человек, следующий образцу других людей или групп |

Скажите, какие из этих характеристик вы считаете положительными, а какие отрицательными. Объясните, почему. А какие из этих характеристик описывают вас?

## Задание 2. Слова в контексте. Вставьте подходящие по смыслу слова в правильной форме:

> Бросать вызов, в свою очередь, враг, движение, для начала, единообразие, исключать, молодёжь, общество, отвергать, позорить, предательство, преклонение, стричь, причёски, танцы

(For starters)_____ немного истории. За основу сюжета фильма "Стиляги" взята ситуация реального конфликта советской (youth) _____ с идеологическим режимом Советского Союза конца 40-х – начала 60-х годов. Появление стиляг совпало с началом Холодной войны, когда Запад стал (enemy) _____, а (admiration) _____ врагу считалось (treason) _____. Стиляги (challenged) _____ советскому (society) _____ своими (hairdos)_____, одеждой и (dances)_____. Стиляги не были политическими диссидентами. Они просто (rejected)_____ (uniformity) _____ в музыке, стиле, интересах. (In its turn) _____, советское государство старалось "перевоспитать" нон-конформистов. Их (shamed) _____ на студенческих собраниях, (expelled) _____ из комсомола, ловили и (cut) _____ волосы... Скажите, а в истории вашей страны были радикальные молодёжные (movements) _____?

## Задание 3. Составьте словосочетания со следующими глаголами:

Обидеться на (кого): настырный ребёнок, иностранный гражданин, зарубежное общество

Идти в ногу с (кем/чем): советское общество, целеустремлённая молодёжь, примерные студенты

Исключить из (чего): коммунистическая партия, престижный университет, комсомол

Опозорить (кого): родители, факультет, советское общество, молодёжное движение

Бросить вызов (кому): советская система, комсомольская организация, общество, конформизм

Походить на (кого): образцовый гражданин, американская шпионка, дерзкий подросток

Бороться с (кем): враги СССР, неконформисты, дерзкая молодёжь

Подражать (кому/чему): американский образ жизни; западные танцы; эпатажная молодёжь

# КОРОТКО О ФИЛЬМЕ

Для начала немного истории. Фильм Валерия Тодоровского "Стиляги" рассказывает об эпатажной молодёжной контркультуре, возникшей в Советском Союзе в конце 40-х – начале 50-х годов. Стиляги появились сначала в Москве и Ленинграде, а потом и в других крупных советских городах. Молодые люди, называвшие себя стилягами, идеализировали "капиталистический запад" (особенно США) и старались имитировать стиль, который им казался "настоящим" американским стилем и

> **образ жизни** – life style
> **высмеивать (высмеять) (кого)** – to make fun of, to mock
> **потребность** – need, demand

образом жизни. Стиляги слушали джаз и рок-н-ролл, танцевали буги-вуги, носили яркую одежду и делали себе дерзкие причёски. Короче говоря, стиляги были самыми настоящими нонконформистами, которые бросали вызов советской идеологии, отвергали единообразие и совсем не походили на образцовых граждан СССР. В свою очередь, советское общество боролось со стилягами: их высмеивали в газетах, на них рисовали карикатуры, исключали из университетов и комсомола, а специальные комсомольские бригады даже ловили стиляг, стригли им волосы и резали их яркую одежду.[1]

---

[1] James von Geldern. "Stilyaga". *Seventeen Moments in Soviet History.* http://soviethistory.msu.edu/1954-2/stilyaga/; Кристин Рот-Ай. "Кто на пьедестале, а кто в толпе? Стиляги и идея советской «молодежной культуры» в эпоху «оттепели»". *Неприкосновенный запас* 4 (36), 2004. http://magazines.russ.ru/nz/2004/4/ra4.html; Анна Швецова. Записи лекции Татьяны Никольской "«Невский проспект мы называли Бродвеем!»: как жили ленинградские стиляги?". *Sobaka.ru* (18 октября 2018 г.). http://www.sobaka.ru/fashion/heroes/80056; "Сузим брюки, утолщим подошву, удлиним пиджак". *Радио Свобода* (24 февраля 2010 г.). https://www.svoboda.org/a/1966933.html

Ита́к, вернёмся к фи́льму. Сове́тский Сою́з, 1955 г. Образцо́вый студе́нт и комсомо́лец Мэлс (чьё и́мя – э́то аббревиату́ра имён Ка́рла Ма́ркса, Фри́дриха Э́нгельса, Влади́мира Ле́нина и Ио́сифа Ста́лина) стано́вится стиля́гой… Вале́рий Тодоро́вский говори́т, что гла́вная те́ма его́ фи́льма – "ве́чная <u>потре́бность</u> челове́ка быть свобо́дным. Быть не таки́м, как все. Идти́ про́тив тече́ния".[2] В 2009 году́ фильм получи́л пре́мию "Ни́ка" в четырёх номина́циях, в том числе́ в катего́рии "Лу́чший игрово́й фильм"; и четы́ре пре́мии "Золото́й орёл", в том числе́ и статуэ́тку за лу́чший игрово́й фильм.

**В главных ролях:**
Мэлс – Антон Шагин
Полли (Польза) – Оксана Акиньшина
Катя – Евгения Брик
Фред – Максим Матвеев
Боб – Игорь Войнаровский
Отец Мэлса – Сергей Гармаш
Отец Фреда – Олег Янковский
Отец Боба – Леонид Ярмольник
Мать Пользы – Ирина Розанова

## О режиссёре фильма

Вале́рий Тодоро́вский (род. 1962 г.) – <u>пото́мственный</u> режиссёр, сын изве́стного сове́тского режиссёра, Петра́ Тодоро́вского. (Возмо́жно вы слы́шали о таки́х ку́льтовых карти́нах Тодоро́вского-отца́, как "Интердéвочка" [1989 г.] или "<u>Вое́нно-полево́й рома́н</u>", кото́рый был одни́м из номина́нтов на пре́мию Оскар в 1985 г.). В 14 лет Вале́рий сня́лся в пе́рвом фи́льме, а в 1984 году́ око́нчил сцена́рное отделе́ние ВГИКа. Режиссёрским дебю́том Тодоро́вского-сы́на ста́ла карти́на "Катафа́лк", кото́рую он вы́пустил в 1990 г.

> **пото́мственный** – coming from a family of…
> **"Вое́нно-полево́й рома́н"** – *Wartime Romance*
> **четы́режды** – four times
> **кино́шники** (coll.) – filmmaker
> **стари́к** – old man

Сего́дня Вале́рий Тодоро́вский – изве́стный сценари́ст, режиссёр и продю́сер о́коло шести́десяти прое́ктов, включа́я таки́е изве́стные фи́льмы, как "Страна́ глухи́х" (1998), "Любо́вник" (2002) и популя́рнейший двена́дцати-сери́йный телесериа́л "Оттепель" (2013). Тодоро́вский <u>четы́режды</u> (в 1994, 1998, 2002 и 2008 года́х) номини́ровался на пре́мию "Ни́ка" в катего́рии "За лу́чшую рабо́ту режиссёра" (в том числе́ и за фильм "Стиля́ги"). О лю́дях кино́ Тодоро́вский говори́т: "<u>Кино́шники</u> не старе́ют. Они́ молоды́е, а пото́м про́сто в како́й-то моме́нт умира́ют. Мой па́па не был ста́рым никогда́, ни одного́ дня он не был

---

2 Валерий Кичин. "«Стиляги» Тодоровского". *Российская газета* (17 декабря 2008). http://www.rg.ru/2008/12/17/stilyagi.html

старико́м. И кино́шники не ухо́дят на пе́нсию – они́ до са́мого после́днего дня пыта́ются писа́ть, снима́ть".[3]

## Об актёрах

Фильм "Стиля́ги" расска́зывает о двух поколе́ниях сове́тских люде́й: молодёжи (стиля́гах и комсомо́льцах) и их роди́телях. Потому́ и актёры в фи́льме – как "ста́рая гва́рдия" масти́тых арти́стов, так и их начина́ющие колле́ги.

**масти́тый** – seasoned, veteran
**деся́ток** – dozen
**отбира́ть (отобра́ть)** – to select, to pick out
**боеви́к** – thriller

Наприме́р, для молодо́го театра́льного актёра *Анто́на Ша́гина* (исполни́теля ро́ли Мэ́лса) рабо́та в "Стиля́гах" была́ второ́й киноро́лью (свою́ пе́рвую роль в кино́ Анто́н испо́лнил в друго́м фи́льме Вале́рия Тодоро́вского "Тиски́"). Изве́стность к Ша́гину пришла́ по́сле фи́льма "Стиля́ги": сего́дня у Анто́на уже́ не́сколько прести́жных театра́льных пре́мий и деся́ток роле́й в кино́. А в росси́йской пре́ссе Ша́гина ча́сто называ́ют "ру́сским" Шо́ном Пе́нном[4].

А вот *Окса́на Аки́ньшина* начала́ снима́ться в кино́ ещё в де́тстве: когда́ де́вочке бы́ло 13 лет, её отобра́ли на ка́стинге кримина́льного боевика́ "Сёстры" Серге́я Бодро́ва-мла́дшего.

**"Ли́ля навсегда́"** – *Lilya 4-Ever*

Междунаро́дную изве́стность актри́са получи́ла по́сле вы́хода дра́мы "Ли́ля навсегда́" (2002 г.) шве́дского режиссёра Лу́каса Му́диссона. А в 2004 году́ актри́са снялась в да́тско-нидерла́ндской дра́ме "Юг" (реж. Ма́ртин Колхо́вен) и да́же в не́скольких голливу́дских карти́нах: "Превосхо́дство Бо́рна" (реж. Пол Грингра́сс, 2004 г.) и "Москва́ Ноль" (реж. Мари́я Ли́дон, 2006 г.).

Роль отца́ Фре́да в фи́льме "Стиля́ги" – одна́ из после́дних кинороле́й *Оле́га Янко́вского* (1944 – 2009). Актёр сыгра́л свою́ пе́рвую большу́ю роль в кино́ ещё в 1968 г. в фи́льме о Вели́кой Оте́чественной войне́ "Щит и меч", и сра́зу стал одни́м из са́мых популя́рных актёров страны́. Блиста́тельная кинематографи́ческая

**блиста́тельный** – brilliant
**распа́д** – collapse
**присва́ивать (присво́ить)** – to give, to award
**зва́ние** – title

карье́ра Янко́вского включа́ет почти́ сто роле́й и рабо́ту с таки́ми мастера́ми сове́тского кино́, как Андре́й Тарко́вский, Марк Заха́ров и Па́вел Лунги́н. Он лауреа́т огро́много коли́чества пре́мий, награ́д и да́же не́скольких ордено́в, в том числе́ две "Ни́ки" за лу́чшую мужску́ю роль (2003 и 2010) и два "Золоты́х

---

3 Валерий Тодоровский, интервью программе "На ночь глядя" (28 ноября 2013 г.). http://www.1tv.ru/sprojects_edition/si5711/fi27320

4 Григорий Заславский. Интервью с Антоном Шагиным "Спектакли становятся короче". *Вести.ru* (6 марта 2011 г.). https://www.vesti.ru/doc.html?id=434176. Официальный сайт Антона Шагина: http://antonshagin.ru/

орла" (2003 и 2006). А в 1991 году, за неделю до распада Советского Союза, Янковскому было присвоено звание "Народный артист СССР".[5] Сам актёр часто шутил, что Константин Станиславский был первым артистом, получившим это звание, а он – последним.[6]

## КАК ВЫ ПОНЯЛИ?

**Задание 4. Правильно или неправильно? Исправьте неверные утверждения и детально прокомментируйте правильные.**

1. Режиссёр фильма "Стиляги" – Пётр Тодоровский.
2. Валерий Тодоровский – потомственный режиссёр.
3. Действие фильма "Стиляги" происходит в 2009 году.
4. Валерий Тодоровский получил четыре премии "Ника" в категории "За лучшую работу режиссёра".
5. Эпатажная молодёжная контркультура стиляги возникла в СССР в 30-х годах двадцатого века.
6. Стиляги идеализировали "американский образ жизни". Они слушали классическую музыку американских композиторов и любили смотреть и танцевать балет.
7. Стиляги были образцовыми советскими гражданами.
8. Роль Мэлса в фильме "Стиляги" была дебютом Антона Шагина в кино.
9. Российская пресса часто называет Антона Шагина (исполнителя роли Мэлса) "русским Шоном Пенном".
10. За время своей блистательной карьеры известный актёр Олег Янковский успел поработать со многими гениальными режиссёрами, в том числе с Андреем Тарковским.
11. Олег Янковский получил звание "Народный артист СССР" за несколько лет до распада СССР.

**Задание 5. Ответьте на вопросы.**

1. Кто такие стиляги? Когда эта контр-культура возникла в Советском Союзе?
2. Как стиляги имитировали "западный стиль"?
3. Можно ли сказать, что стиляги были образцовыми гражданами Советского Союза? Объясните, почему вы так решили.
4. В фильме "Стиляги" показаны два поколения советских людей. Что это за поколения?
5. Все ли актёры фильма – дебютанты кино? Приведите конкретные примеры из прочитанного.
6. Фильм "Стиляги" был хорошо принят на российских кинофестивалях? Приведите примеры.

---

5 Роман Должанский. "Звание – сила". *Коммерсантъ власть* №35 (4 сентября 2006 г.).

6 Ольга Шаблинская. "Олег Янковский: звезда, которой «везло»". *Аргументы и факты* (15 июня 2012 г.). http://www.nn.aif.ru/tv-guide/tv-guide-content/107324

7. В биографии режиссёра Валерия Тодоровского говорится, что он – "потомственный режиссёр". Объясните, что это значит.

8. Одна из актрис фильма "Стиляги" снялась в двух известных голливудских фильмах. Вы поняли, что это за фильмы? Как они называются по-английски? А вы видели эти фильмы? Если видели, то скажите, они вам понравились? Объясните, почему да или нет.

9. Антона Шагина иногда сравнивают с Шоном Пенном. А вы знаете, кто такой Шон Пенн? Какие фильмы с участием этого актёра вы видели?

10. Как вы узнали, в 1991 году Олег Янковский получил звание "Народный артист СССР". А какое важное историческое событие произошло в СССР в 1991 году? Почему Янковский говорит, что он был "последним народным артистом"?

11. Как вы узнали из заметки, стиляги имитировали стиль, который они представляли себе как "настоящий" американский образ жизни. А как вы думаете, если бы кто-нибудь попытался имитировать стиль сегодняшних американцев, какую бы одежду эти люди носили? А какую музыку слушали?

# КРУПНЫМ ПЛАНОМ: КУЛЬТУРОЛОГИЧЕСКИЕ ЗАМЕТКИ О ФИЛЬМЕ

**I. МУЗЫКА НА КОСТЯХ. Прочитайте заметку и выполните задания.**

Сегодня большинство из вас скачивает музыку на телефоны, айпады и компьютеры. А думали ли вы когда-нибудь о том, как записывали и слушали музыку ваши бабушки и дедушки? А граждане СССР середины двадцатого века? Представьте себе Советский Союз 50-х годов. В то время монополистом в советской индустрии записи музыки была фирма "Мелодия". Конечно, репертуар музыки, которую записывала фирма "Мелодия", был под строгим идеологическим контролем советского государства. Например, пластинки с западной музыкой (джазом или роком), которую любила молодёжь, "Мелодия" не выпускала почти совсем. Как же тогда

> **скачивать (скачать)** – to download
> **записывать (записать)** – to record
> **запись** – (here) recording
> **доступный** – accessible
> **качество** – quality
> **звук** – sound
> **ребро (pl. рёбра)** – rib

стиляги слушали джаз и рок-н-рол? Пластинки с американской и британской музыкой можно было купить у туристов, приехавших в СССР с Запада. А копии этих пластинок энтузиасты записывали (нелегально!)… на пластины рентгеновских снимков. Рентгеновские снимки были недорогим материалом, легко доступным в больницах. Качество звука, конечно, было очень низким, но зато́ и цена́ на э́ти ди́ски была́ невысо́кой. Пласти́нки, запи́санные на рентге́новских пласти́нах, называ́ли "рок на <u>костя́х</u>" или "му́зыка на <u>рёбрах</u>".[7]

Когда́ Вале́рий Тодоро́вский начина́л рабо́тать над фи́льмом "Стиля́ги", он хоте́л назва́ть фильм "Бу́ги на костя́х". Почему́ же официа́льное назва́ние фи́льма "Стиля́ги"? Вале́рий Тодоро́вский утвержда́ет, что совреме́нный зри́тель мо́жет не поня́ть,

| | |
|---|---|
| **опро́с** – poll | |
| **упомина́ние** – mention | |
| **кла́дбище** – cemetery | |

что тако́е "му́зыка на костя́х". Как говори́т режиссёр: "<u>Опро́сы</u> фо́кус-групп показа́ли: при <u>упомина́нии</u> косте́й у люде́й возника́ли ассоциа́ции с каки́м-то хо́ррором, <u>кла́дбищем</u>, а не с за́падной му́зыкой, запи́санной на рентге́новских сни́мках... Оказа́лось, молодо́е поколе́ние э́того не зна́ет, а ста́ршее успе́ло позабы́ть".[8]

### Задание 6. Правильно или неправильно? Исправьте неправильные утверждения и дополните правильные.

1. В СССР было несколько фирм звукозаписи.
2. Фирма "Мелодия" выпускала пластинки с записями советских и зарубежных музыкантов.
3. "Стиляги" – название, которое Валерий Тодоровский планировал дать своему фильму с самого начала работы над ним.
4. Музыка, записанная на рентгеновские диски, была очень плохого качества.
5. Опросы фокус-групп показало, что старшее поколение россиян хорошо помнит, что такое "музыка на костях".
6. Пластинки с американской и британской музыкой можно было купить в советских магазинах.

### Задание 7. Объясните своему русско-говорящему другу, который не знает, что такое "музыка на костях", что это было за явление.

### II. МИР СТИЛЯГ. Прочитайте заметку и выполните задания.

Вот, что расска́зывает о стиля́гах легенда́рный музыка́льный кри́тик Арте́мий Тро́ицкий: "Стиля́ги – э́то пе́рвый тип альтернати́вной сове́тской молодёжи. Молодёжи, кото́рая жила́ не по <u>зако́нам</u> взро́слого ми́ра, слу́шала <u>ину́ю</u> му́зыку и носи́ла другу́ю оде́жду. Всё бы́ло у стиля́г хорошо́, но не бы́ло со́бственного <u>тво́рчества</u>

| | |
|---|---|
| **зако́н** – law | |
| **ино́й** (adj.) – other, different | |

---

7 Артемий Троицкий. *Рок в Союзе: 60-е, 70-е, 80-е.* (Москва, 1991).

8 Андрей Ванденко, интервью с Валерием Тодоровским "Буги-вуги". *Итоги* № 52 (654) (22 декабря 2008 г.). http://www.itogi.ru/iskus/2008/52/136023.html

– ни му́зыки, ни пе́сен. Они́ слу́шали джаз, танцева́ли <u>мо́дные</u> неру́сские та́нцы…"[9] А ещё Тро́ицкий пи́шет: "Мне нелегко́ <u>разобра́ться</u> в свои́х чу́вствах к стиля́гам […] Мне ка́жется, я то́же был бы стиля́гой, е́сли бы я роди́лся ра́ньше. С друго́й стороны́, почему́ мои́ роди́тели – <u>бесспо́рно</u> интеллиге́нтные и <u>облада́ющие вку́сом</u> лю́ди – стиля́гами не ста́ли и до сих пор говоря́т о них с большо́й иро́нией? Их мо́жно поня́ть. Стиля́ги бы́ли <u>пове́рхностны</u>, и стиля́ги бы́ли <u>потреби́телями</u>. Свой "стиль" они́ уви́дели <u>сквозь щёлку</u> в "<u>желе́зном за́навесе</u>" и не доба́вили к э́тому практи́чески ничего́, кро́ме провинциали́зма".[10]

А по слова́м литературове́да Татья́ны Нико́льской, к середи́не 50-х годо́в, стиля́ги "<u>повзросле́ли</u>… Мно́гие продолжа́ли собира́ться по интере́сам: обсужда́ли джаз, но́вый рок-н-ролл, за́падную мо́ду и литерату́ру XX ве́ка. Они́ всегда́ стара́лись остава́ться свобо́дными <u>ли́чностями</u> – одева́ться,

**тво́рчество** – oeuvre, creative work
**мо́дный** – trendy, fashionable
**разбира́ться (разобра́ться) в (чём)** – to understand, to sort out, to make sense of
**бесспо́рно** – undoubtedly, indisputably
**обладать вкусом** – to have (good) taste
**пове́рхностный** – superficial
**потреби́тель** – consumer
**сквозь** – through
**щель (щёлка)** – crack, eyehole
**"желе́зный за́навес"** – Iron Curtain
**взросле́ть** – to grow up, to become an adult
**ли́чность** – personality, individual
**осме́ливаться (осме́литься)** – to dare

как хо́чется, и слу́шать му́зыку, кото́рая нра́вится. Они́ бы́ли пе́рвой сове́тской послевое́нной субкульту́рой и еди́нственной, кото́рая <u>осме́лилась</u> быть я́ркой в се́рые го́ды".[11]

## Задание 8. Отве́тьте на вопро́сы.

1. Как вы по́няли, почему́, по мне́нию Тро́ицкого, стиля́ги бы́ли "пове́рхностны"? Каки́е приме́ры он приво́дит?
2. Как вы по́няли, роди́тели Арте́мия Тро́ицкого бы́ли стиля́гами? А как сам Тро́ицкий отно́сится к стиля́гам?
3. Тро́ицкий говори́т, что он "был бы стиля́гой, е́сли бы роди́лся ра́ньше". В как вы ду́маете, е́сли бы вы жи́ли в СССР в 50-х года́х двадца́того ве́ка, вы бы́ли бы стиля́гами? Объясни́те, почему́ да и́ли нет.

9 Арте́мий Тро́ицкий. "Гру́бая пра́вда о ру́сском ро́ке". https://zen.yandex.ru/media/x5retailgroup/artemii-troickii-grubaia-pravda-o-russkom-roke-5a41f0ac581669099a7b1f67
10 Арте́мий Тро́ицкий. *Рок в Сою́зе: 60-е, 70-е, 80-е.*
11 Анна Швецо́ва. Записи ле́кции Татья́ны Нико́льской "«Не́вский проспе́кт мы называ́ли Бродве́ем!»: как жи́ли ленингра́дские стиля́ги?"

4. Татьяна Никольская говорит, что стиляги были субкультурой, которая "осмелилась быть яркой в серые годы". Судя по тому, что вы знаете о стилягах, согласитесь или не согласитесь с литературоведом. Подробно аргументируйте свой ответ.

**III. ЯЗЫК СТИЛЯГ. Прочитайте заметку и ответьте на вопросы.**

Знаете ли вы, что у стиляг была не только своя мода, причёски и музыка, но и свой язык? Вот только несколько фраз и выражений стиляг, которые вы услышите в фильме:

**Чувак** – юноша-стиляга; **чувиха** – девушка-стиляга
**Хата** = квартира
**Бродвей** – центральная улица города, где встречались и гуляли стиляги (например, в Москве – улица Горького [сегодня это Тверская улица]; в Ленинграде – Невский проспект)
**Жлоб** – советский гражданин, не стиляга
**Шузы** – (от англ. shoes) ботинки, туфли[12]

**Задание 9. Ответьте на вопросы.**

1. Скажите, а у сегодняшней молодёжи вашей страны есть свой язык? Понимают ли его ваши родители (или ваши бабушки и дедушки)?
2. Как вы думаете, почему молодёжь часто пользуется сленгом (или так называемым молодёжным жаргоном)?
3. Как вам кажется, молодёжный жаргон сегодня отличается от молодёжного жаргона ваших родителей?

## ПЕРЕД ПРОСМОТРОМ ФИЛЬМА

"Стиляги" – это фильм-мюзикл. Скажите, а вам нравится этот жанр? Какие еще кино-мюзиклы вы видели? Что вы ожидаете увидеть в этом фильме, зная о его жанровой принадлежности?

## ПОСЛЕ ПРОСМОТРА ФИЛЬМА

**Задание 10. Ответьте на вопросы.**

1. Первое впечатление. Скажите:

   1) Вам понравился фильм? Почему да или почему нет?
   2) Игра каких актёров вам понравилась больше всего? Как вы думаете, какие актёры вашей страны могли бы сыграть роль Мэлса? А Полли? А комсомолки Кати? Подробно объясните свой выбор.

---

12 "Приложение. Краткий словарь стиляжного сленга". Владимир Козлов. *Стиляги*. (Санкт-Петербург, 2015).

3) Что бы изменилось в фильме, если бы его действие происходило в 50-х годах в вашей стране? А если бы действие фильма происходило в вашей стране сегодня?

4) Как вы думаете, если бы фильм "Стиляги" был сделан в Голливуде, что бы американские режиссёры сделали по-другому?

5) Какие сцены фильма вам показались наиболее оригинальными и интересными? Кратко расскажите об этих сценах.

2. Давайте вспомним содержание фильма. Скажите:

1) В каком году разворачивается действие фильма?

2) Одного из персонажей фильма зовут Мэлс. Вы поняли, что означает это имя? А какое имя у этого персонажа в конце фильма?

3) Чем в начале фильма занимается Мэлс с друзьями-комсомольцами? Как Мэлс относится к стилягам в начале фильма?

4) Как меняется отношение Мэлса к стилягам? Почему его отношение к стилягам меняется?

5) Мэлс умеет танцевать танцы стиляг? Кто его научил? А какую ещё музыкальную форму освоил Мэлс, став стилягой?

6) Как родители стиляг относятся к тому, чем занимаются их дети? Приведите конкретные примеры из фильма.

7) Как бывшие друзья Мэлса (комсомольцы) относятся к тому, что Мэлс стал стилягой?

8) Какие проблемы возникают у Мэлса в институте из-за того, что он стиляга?

9) Мэлсу удаётся найти работу после того, как его исключают из института? Какую?

10) Если вы помните, отец Фреда устраивает сына на практику за границу. Куда едет Фред? Какие условия ставит ему отец перед поездкой?

11) Что за проблемы у Пользы? Как Мэл решает помочь девушке?

12) Как Польза назвала своего сына? Вы поняли, кто настоящий отец ребёнка Полли? Как изменилась Польза, став матерью?

13) В одном из эпизодов фильма Боб покупает пластинки с западной музыкой у американца. Как этот эпизод заканчивается?

14) Что рассказывает Фред Мэлсу, вернувшись из Америки? Есть ли в Америке стиляги?

3. Рассказывая о своём фильме, Валерий Тодоровский говорит, что хотя действие происходит в середине 50-х годов, его фильм "обращён к современным людям". По словам режиссёра, главная тема его картины – "вечная потребность человека быть свободным. Быть не таким, как все. Идти против течения".[13] Объясните, как эта тема раскрыта в фильме. Приведите конкретные примеры.

4. В фильме противопоставлены две группы советских молодых людей: стиляги и комсомольцы-активисты. Подробно расскажите, чем эти группы отличаются друг от друга (внешне, идеологически, в поведении, что-нибудь ещё?).

13 Валерий Кичин. "«Стиляги» Тодоровского". *Российская газета* (17 декабря 2008 г.). http://www.rg.ru/2008/12/17/stilyagi.html

5. Как вы узнали из одной из заметок этой главы, по мнению известного музыкального критика Артемия Троицкого, у стиляг "не было собственного творчества – ни музыки, ни песен". Об этом же пишет и критик Фаина Фардо, утверждающая, что стиляги "были подражателями, и своей самобытной (original) культуры у них не было".[14] Судя по фильму, вы согласны, что советские стиляги были "подражателями"?

6. В советских газетах конца 50-х – начала 60-х годов можно было встретить такой заголовок: "Сегодня ты играешь джаз, а завтра Родину продашь!" Скажите, судя по такому заголовку, как советское общество относилось к джазовой музыке? А теперь подробно расскажите, как советское отношение к джазу и другой "западной музыке" проиллюстрировано в фильме Валерия Тодоровского. Приведите конкретные примеры из фильма (например, вспомните эпизод, где Мэлс покупает саксофон – вы помните, что там произошло? А какие ещё эпизоды приходят вам на ум?).

7. Вот, что пишет о финальной сцене фильма кинокритик Фаина Фардо: "в окружении представителей современных контркультур Мэлс уже не кажется таким революционером".[15] Вы согласны с критиком, что в сравнении с современными "неформалами" Мэлс совсем не кажется революционером?

    1) А вот мнение по поводу финала фильма Светланы Степновой из журнала Ruskino.ru: "Финал ленты, в котором главные герои шагают по Тверской среди сотен современных неформалов, меня немного разочаровал. Сегодняшние панки не могут договориться, например, с готами, поэтому, по-моему, наивно ждать, что они нашли бы общий язык со стилягами!"[16] Скажите, а вы согласны, что финал фильма несколько идеализирует движения неформальных молодёжных движений? Объясните свою позицию.

    2) Какие современные группы и субкультуры, шагающие по Москве в конце фильма вы заметили? Какие из этих групп существуют в вашей стране? Расскажите своему русскому другу об этих молодёжных группах, движениях и субкультурах.

8. Скажите, как в фильме показаны взаимоотношения отцов и детей? Как отец Мэлса (простой рабочий, живущий в коммунальной квартире) реагирует на рождение внука? Как отец Фреда (дипломат) реагирует на то, что его сын – стиляга? Приведите конкретные примеры из фильма.

9. А вот, что о проблеме отцов и детей в фильме Тодоровского пишет критик Елена Полякова: "В «Стилягах» практически нет конфликта отцов и детей [...] С родителями можно договориться (make a deal), с системой – нельзя".[17] Вы согласны с мнением критика? Аргументируйте свой ответ примерами из фильма.

---

14 Фаина Фардо. "Стиляжно жить не запретишь". *ProfiCinema* (23 декабря 2008 г.). http://www. proficinema.ru/distribution/reviews/detail.php?ID=45093

15 Фаина Фардо. "Стиляжно жить не запретишь".

16 Светлана Степнова. "Нашу песню не задушишь, не убьёшь". *Ruskino.ru* (22 декабря 2008 г.). http://ruskino.ru/review/263

17 Елена Полякова. "Я не лягу под стилягу". *Афиша* (26 декабря 2008 г.). http://afisha.ngs.ru/news/more/41981/

**Задание 11. Подробно опишите следующих персонажей фильма: Мэлса, Пользу, Фреда, Катю. Что вы можете сказать о характерах этих персонажей, их семьях, социальном статусе?**

**Задание 12. Вспомните и расскажите, почему фильм "Стиляги" не был назван "Буги на костях".** А какое из этих двух названий больше нравится вам? Почему? Составьте письмо продюсерам фильма и объясните им, почему название, которое вам понравилось больше, лучший выбор для аудитории вашей страны.

**Задание 13. По мнению многих критиков, сцена комсомольского собрания – один из самых ярких и запоминающихся эпизодов фильма. Вспомните и подробно расскажите, что происходит в этой сцене.**

**Задание 14. Составьте 10 вопросов по содержанию фильма, на которые можно ответить односложно: *да* или *нет*.**

**Задание 15. Расскажите о событиях фильма от лица...**

1. Мэлса
2. Кати
3. Полли
4. Матери Пользы

**Задание 16. Для самостоятельной работы и для любителей кино.**
Эпизоды фильма "Стиляги", рассказывающие о рождении ребёнка Пользы, перекликаются с известнейшей советской музыкальной кинокомедией "Цирк" (реж. Григорий Александров, 1936 г.). Посмотрите этот классический советский фильм. Расскажите в классе, о чём этот фильм и чем он похож (и чем отличается) от фильма "Стиляги".

## КАДРЫ ИЗ ФИЛЬМА

**Кадр 1.** Вы помните, где происходит действие этой сцены? Опишите персонажей: во что они одеты? Что делают? Скажите, чем этот кадр отличается от кадров, в котором вы видите стиляг.

Кадр 2. А теперь расскажите, что происходит в этой сцене. Вы помните, почему Мэлсу было так важно научиться играть на саксофоне?

## ЧИТАЕМ О ФИЛЬМЕ

**Задание 17. Прочитайте отрывок из рецензии Светланы Степновой на фильм "Стиляги" и ответьте на вопросы.**

Мю́зиклы появи́лись в Голливу́де одновреме́нно с прихо́дом зву́ка в кино́ […] За го́ды существова́ния жа́нра америка́нские кинематографи́сты разрабо́тали приёмы, кото́рые упроща́ют рабо́ту постано́вщика, но не влия́ют на ка́чество фи́льмов. Наприме́р, сюже́ты мю́зиклов ре́дко быва́ют реалисти́чными, да́же е́сли их де́йствие происхо́дит в на́ши дни. Музыка́льные номера́ обы́чно развора́чиваются на сце́не – то есть геро́й выхо́дит на сце́ну и начина́ет петь и́ли танцева́ть; гора́здо ре́же в мю́зиклах персона́жи немузыка́льных профе́ссий пою́т и танцу́ют на у́лицах.

> **разраба́тывать (разрабо́тать)** – to develop
> **упрости́ть (упроща́ть)** – to simplify
> **безу́мие** – madness

Поэ́тому безу́мием вы́глядит реше́ние росси́йского кинорежиссёра поста́вить мю́зикл, осно́ванный на вполне́ реалисти́чном сюже́те, в кото́ром вре́мя от вре́мени пою́т и танцу́ют алкого́лики и жильцы́ в коммуна́лках […] Тодоро́вскому-мла́дшему удало́сь доби́ться гла́вного: его́ но́вую рабо́ту прия́тно смотре́ть, и уви́девшие э́ту ле́нту зри́тели наверняка́ бу́дут воспринима́ть Сове́тский Сою́з середи́ны пятидеся́тых годо́в и́менно таки́м, каки́м уви́дели его́ на э́кране.[18]

Скажите:

1. Как вы по́няли из реце́нзии, кри́тику Степно́вой понра́вился фильм "Стиля́ги"? Объясни́те, почему́ вы так реши́ли.
2. Почему́ кри́тик говори́т, что реше́ние Тодоро́вского снять фильм-мю́зикл, осно́ванный на реалисти́чном сюже́те бы́ло "безу́мием"? Скажи́те, вы

---

18 Светлана Степнова. "Нашу песню не задушишь, не убьёшь". *Ruskino.ru* (22.12.2008). http://ruskino.ru/review/263

согласны, что режиссёру блестяще удалось справиться с этой задачей, и что фильм действительно приятно смотреть? Объясните своё мнение.

3. По словам критика, зрители, посмотревшие этот фильм, будут воспринимать Советский Союз 50-х годов именно таким, каким они увидели в "Стилягах". А изменил ли фильм ваше представление об СССР? Что нового вы узнали из работы Тодоровского?

4. Критик связывает жанр мюзикла с фильмами Голливуда. А производят ли мюзиклы в других странах? Вам доводилось видеть фильмы-мюзиклы, сделанные за пределами Голливуда? Какие? Подробно расскажите, чем эти фильмы похожи на фильм Валерия Тодоровского. А какие отличия?


## ЗА РАМКАМИ ФИЛЬМА

**Задание 18. Ответьте на вопросы, аргументируя свою точку зрения.**

1. Скинхэды, панки, хиппи… С какими из этих субкультур вы знакомы? Опишите типичного представителя одной из молодёжных субкультур: какой у них внешний вид (как они одеваются, какие у них причёски); какая у них философия; какую музыку они слушают; когда эти субкультуры возникли.

2. А как вы думаете, почему возникают молодёжные субкультуры? А как вам кажется, какие молодёжные субкультуры или движения появятся через 30 – 40 лет?

3. Опишите, что предпочитает носить современная молодёжь вашей страны. Скажите, а как вам кажется, должны ли школы или университеты контролировать, что носят студенты и школьники? Если да, то и кто и как должен осуществлять этот контроль?

4. Как вы, конечно, поняли, стиляги брали свои идеи о том, что модно носить и слушать, из американской культуры. Скажите, а как вам кажется, что влияет на моду сегодня? Почему определённый стиль (или определённая одежда и причёски) становятся модными? Кстати, а как вы понимаете сам термин "модная одежда"? Как вы считаете, вы – модный человек? Подробно объясните.

5. Как одежда характеризует человека? Подробно объясните свой ответ. А как вам кажется, как вас характеризуют ваша одежда, причёска и стиль? Как вы думаете, следует ли разрешать телепрограммы, обсуждающие "правильный" стиль одежды?

6. Скажите, а какую роль в сегодняшнем мире играет индустрия моды? Подробно объясните свой ответ. Как вам кажется, мода сегодня меняется быстрее, чем 20 лет назад? Почему вы так думаете?

7. Представьте, что один из стиляг попал на машине времени в сегодняшний день и в вашу страну. Посоветуйте ему, что ему надо изменить в стиле. А может быть ему ничего не надо менять?

## ТЕМЫ ДЛЯ СОЧИНЕНИЙ И ДАЛЬНЕЙШЕГО ОБСУЖДЕНИЯ

1. Представьте, что вы собираетесь взять интервью у создателей фильма "Стиляги". Подготовьте вопросы, которые вы хотели бы им задать. Обсудите эти вопросы в классе; почему вас заинтересовали именно эти аспекты фильма?

2. Посоветуйте посмотреть "Стиляги" своим русско-говорящим друзьям, которые ещё не видели этого фильма, и расскажите об этом фильме так, чтобы они обязательно захотели посмотреть эту кинокартину.

# 6 | Мы из будущего

Режиссёр Андрей Малюков
2008

## ПЕРЕД ПРОСМОТРОМ ФИЛЬМА

"Мы из будущего" – художественный фильм о войне. Скажите:

1. Какие фильмы о войне вы предпочитаете: документальные хроники или художественные фильмы? Объясните почему.
2. Какие фильмы о войне вы видели? Кратко расскажите об одном фильме. О какой войне они рассказывают?
3. А российские или советские фильмы о Великой Отечественной войне вы видели? Какие?

## ГОТОВИМСЯ СМОТРЕТЬ ФИЛЬМ – ЗАПОМНИТЕ ЭТИ СЛОВА И ВЫРАЖЕНИЯ

**Nouns**

бинт – bandage
боéц – fighter, soldier
бой – combat
взрыв – explosion
войнá – war
десáнтник – paratrooper
дрáка – fight
затúшье – lull, temporary lull
клад – treasure
кость – bone
мéсто – place
наступлéние – attack, offensive
огóнь – fire
орýжие – weapons
остáнки – remains
отвáга – courage
отéчество – Fatherland
очкáрик – four-eyes (wearer of glasses)
плен – captivity
пóдвиг – feat, exploit, act of bravery
потóмок – descendant
прéданность – devotion
прéдок – ancestor
прикáз – order, command
прóшлое – past, history
путешéствие во врéмени – time travel
развéдка – reconnaissance (military)
раскóпка – excavation (archeological)
Рóдина – motherland
рядовóй – private (military rank)
собы́тие – event
спирт – alcohol
справедлúвость – justice
старýшка – old woman
тишинá – silence
фонáрь – lamp, lantern

чéреп – skull
явлéние – phenomenon

**Other**

в разгáре (чего) – in the midst of
дéло в том, что… – the point is that
на передовóй – at the frontline
по клúчке, по прóзвищу – going by the nickname of…
так называ́емый – so-called

**Adjectives**

воéнный – military
испýганный – scared, frightened
подозрúтельный – suspicious
рáненный – wounded
решúтельный – assertive
смéлый (хрáбрый) – brave

**Verbs**

брать (взять) в плен – to capture
взрывáть (взорвáть) – to blow up
выны́ривать (вы́нырнуть) – to surface from the dive
закáпывать (закопáть) – to bury, to cover with soil
замечáть (замéтить) – to notice
защищáть (защитúть) – to defend
исключáть (исключúть) из – to expel from
копáть – to dig, to excavate
нарушáть (нарýшить) – to violate
находúть (найтú) – to find
ныря́ть (нырнýть) – to dive
опозновáть (опознáть) – to identify
побеждáть (победúть) – to win
погибáть (погúбнуть) – to perish, to die
пóлзать (ползтú) – to crawl
принимáть (приня́ть) участие в (чём) – to participate
пугáться (испугáться) – to become frightened
рáнить – to injure

раскáпывать (раскопáть); выкáпывать (вы́копать); откáпывать (откопáть) – to dig out

стреля́ть (вы́стрелить) – to shoot
хорони́ть (похорони́ть или захорони́ть) – to bury

**Задание 1. Посмотрите на слова, приведённые выше, и переведите следующие предложения на английский язык:**

1. **Кладоискатели** продают свои **находки** коллекционерам.
2. Раненного бойца **забинтовали** и отправили в госпиталь.
3. Бойцам было **приказано наступать.**
4. За регулярное **нарушение** дисциплины на лекциях студент был **исключён** из университета.
5. Компьютерные игры-**стрелялки** – любимое занятие многих детей и подростков.

**Задание 2. Слова в контексте. Вставьте подходящие по смыслу слова в правильной форме:**

Бой, бойцы, в разгаре, испуганный, находить, нырять, оружие, останки, плен, предки, раскопки, цель

Четверо приятелей проводят (excavations) _____ недалеко от Петербурга, в местах боёв времен Великой Отечественной войны. Что они обычно (find) _____? (remains) _____ солдат, документы, (weapons) _____. Только однажды в документах (of fighters) _____ Красной армии ребята вдруг видят свои собственные фотографии. (Frightened) _____ они решают искупаться в озере. Вот только (dive in) _____ они в Петербурге двадцать первого века, а выныривают в 1942 году, (in the midst of) _____ Великой Отечественной войны. Ребятам придётся идти в (combat) _____ вместе со своими (ancestors) _____, они даже попадут в (captivity) _____. И, конечно, их самая главная (goal)_____ – вернуться домой, в своё время.

## КОРОТКО О ФИЛЬМЕ

Исключённый из университéта студéнт. Скинхéд по прóзвищу Чéреп. Рáпер с дрэдлóками по клúчке Спирт. Очкáрик и фанáт компьютерных игр, Чýха… Эти чéтверо друзéй ведýт раскóпки недалекó от Петербýрга, в местáх, где шли бой во врéмя Велúкой Отéчественной войны́. Зачéм? Дéло не в том, что они интересýются

прóзвище, клúчка – nickname
расши́ренный – expanded

**101**

прóшлым своегó гóрода или своéй страны́. Наоборóт: эти молоды́е лю́ди – так назывáемые "чёрные археóлоги" и́ли "чёрные следопы́ты", нелегáльно продаю́щие символику совéтского воéнного прóшлого: орденá, медáли, докумéнты и ору́жие, нáйденные в местáх боёв. А что éсли эти молоды́е питерцы оказáлись бы в 1942 году́?..

"Мы из бу́дущего", фильм с элемéнтами фэ́нтези о путешéствии во врéмени, вы́шел на экрáны в День Защи́тника Отéчества, 23 февралá 2008 г. Помимо киновéрсии фильма, был вы́пущен расши́ренный телевизиóнный вариáнт, премьéра котóрого состоя́лась на канáле Россия-1 в День Побéды, 9-го мая 2008 года. А в 2010 году́ был снят си́квел фильма "Мы из бу́дущего 2".

### В главных ролях:
Сергей Филатов, "Борман" – Данила Козловский

Андрей Смирнов, рэпер, "Спирт" – Андрей Терентьев

Виталий Бероев, "Чуха" – Дмитрий Волкострелов

Олег Васильев, скинхэд, "Череп" – Владимир Яглыч

Нина Полякова (Ниночка), санитарка – Екатерина Климова

## О режиссёре фильма

Воéнная тéма хорошó знакóма режиссёру Андрéю Малюкóву. В 1971 году́, когдá ему́ бы́ло 23 гóда, Малюкóв окóнчил режиссёрский факультéт ВГИКа и дебюти́ровал с короткометрáжкой о моряка́х. Потóм был дебю́тный полнометрáжный боеви́к "В зóне осóбого внимáния" о совéтских десáнтниках (Мосфильм, 1976 год). А в 1981 г. Малюкóв стал одни́м из пéрвых совéтских режиссёров, сня́вших фильм-катастрóфу, "34-й скóрый".[1] В нулевы́х годáх режиссёр пришёл на телеви́дение, где продóлжил рабóтать с воéнной темáтикой: напримéр, он снял сериáлы

> **моря́к** – sailor
> **боеви́к** – thriller
> **десáнтник** – paratrooper
> **"34-й скóрый"** – *Fire on East Train 34* (alt. title: *Express on Fire*)
> **спецнáз** – special forces

"Спецнáз" (2002), "Диверсáнт" (2004), "Грозовы́е ворóта" (2006). Сам режиссёр говори́т, что егó привлекáет тéма войны́, потому́ что и́менно в воéнной ситуáции "лю́ди проявля́ются в наибóлее пóлной фóрме".[2]

## Об актёрах

На врéмя вы́хода фильма, большинствó росси́йских зри́телей хорошó знáли и люби́ли мнóгих актёров вторóго плáна. Бори́с Гáлкин, Игорь Чернéвич, Дании́л

---

1 Дарья Майорова. "Маршрутом «34-го скорого»". http://nastroenie.tv/episode/102079

2 Панченко Алекс. "Снимать кино при Союзе было проще, чем сейчас". Сегодня.ua (11 августа 2011). http://www.segodnya.ua/life/interview/rezhiccer-my-iz-budushcheho-cnimat-kino-pri-cojuze-by-lo-proshche-chem-cejchac.html

Стра́хов и други́е актёры, игра́ющие сове́тских вое́нных, бы́ли хорошо́ знако́мы зри́телям по многочи́сленным фи́льмам, сериа́лам и театра́льным спекта́клям. А вот гла́вные ро́ли "госте́й из бу́дущего" в фи́льме исполня́ют молоды́е актёры, неда́вние выпускники́ театра́льных институ́тов, кото́рые

на вре́мя вы́хода фи́льма "Мы из бу́дущего" бы́ли практи́чески незнако́мы росси́йскому зри́телю. Кста́ти, не́которые кри́тики утвержда́ют, что и́менно незнако́мые ли́ца молоды́х актёров и де́лают фильм бо́лее "реалисти́чным".[3] Пожа́луй, наибо́лее <u>головокружи́тельная</u> карье́ра по́сле съёмок в фи́льме "Мы из бу́дущего" ожида́ла *Дани́лу Козло́вского*. За не́сколько лет Козло́вский стал настоя́щей звездо́й росси́йского кино́ и на сего́дняшний день он сня́лся бо́лее чем в 20 кинокарти́нах, включа́я таки́е изве́стные фи́льмы, как "Гарпа́стум" (2005), "Ду́хless" (2012) и "Леге́нда №17" (2013); он та́кже лауреа́т бо́лее деся́тка пре́мий за ро́ли в теа́тре и кино́.

*Дми́трий Волкостре́лов* – не то́лько актёр кино́ и теа́тра, но ещё и режиссёр, а та́кже основа́тель <u>незави́симой</u> театра́льной гру́ппы "теа́тр post"[4]. Актёры э́той гру́ппы ста́вят эксперимента́льные спекта́кли и выступа́ют на "альтернати́вных" сце́нах, наприме́р, в галере́ях, клу́бах и городски́х па́рках.

*Влади́мир Яглыч* снима́ется в кино́ с 2003 го́да. С тех пор на счету́ актёра бо́лее 40-а роле́й (пе́рвого и второ́го пла́на) в кинофи́льмах и телесериа́лах. Яглыч та́кже веду́щий телепереда́чи "Арти́ст" на кана́ле "Росси́я-1".

## КАК ВЫ ПОНЯЛИ?

**Задание 3. Правильно или неправильно? Исправьте неверные утверждения и добавьте детали к правильным.**

1. Все актёры фильма "Мы из будущего" – молодые дебютанты, совершенно неизвестные российскому зрителю.
2. Режиссёр фильма, Андрей Малюков, начал работать в кинематографе ещё в советские времена.
3. Жанр фильма "Мы из будущего" – мелодрама.
4. Одновременно с киноверсией фильма, был также выпущен его телевизионный вариант.
5. Телевизионный вариант фильма значительно короче киноверсии.
6. Режиссёр фильма, Андрей Малюков – автор одного из первых советских боевиков.
7. После съёмок в фильме "Мы из будущего" четыре актёра, исполнившие главные роли, стали мега-звёздами российского кино.

---

3 Например, Дмитрий Пучков, рецензия на фильм "Мы из будущего". *Oper.ru* (27 марта 2008 г.).

4 Официальный сайт театра.post – http://teatrpost.ru/

**Задание 4. Ответьте на вопросы.**

1. Скажите, как вы поняли из описания, в какое время происходит действие фильма? Можно ли сказать, что действие разворачивается в нескольких исторических эпохах? Подробно объясните.

2. Великая Отечественная война – это одна из важнейших частей Второй Мировой войны. Проведите мини-исследование в интернете и узнайте, когда началась и закончилась Великая Отечественная война. На территории какой страны (или каких стран) проходила эта война?

3. Как вы узнали, режиссёру фильма Андрею Малюкову довелось поработать в таких необычных жанрах для советского кинематографа, как фильм-катастрофа и боевик. А вы видели какие-нибудь фильмы в этих жанрах (не обязательно русские)? Кратко расскажите, о чём эти фильмы? Вам нравятся эти два жанра? Объясните, почему да или нет.

4. Как режиссёр объясняет свой интерес к военной теме? Скажите, а вы согласны, что в военной ситуации "люди проявляются в наиболее полной форме"? Аргументируйте свой ответ.

## ПЕРЕД ПРОСМОТРОМ ФИЛЬМА

Скажите, как вы думаете, если бы житель 40-х годов двадцатого века совершил путешествие во времени и попал в сегодняшний день, что бы его или её удивило больше всего? Почему вы так думаете?

## ПОСЛЕ ПРОСМОТРА ФИЛЬМА

**Задание 5. Ответьте на вопросы.**

1. Первое впечатление. Скажите:

   1) Вам понравился фильм? Почему да или почему нет?
   2) Игра каких актёров вам понравилась больше всего? Как вы думаете, какие актёры вашей страны могли бы сыграть роль "чёрных археологов"?
   3) Как вы думаете, как бы изменились события фильма, если бы действие происходило в Америке?
   4) Как вы думаете, если бы фильм "Мы из будущего" был сделан в Голливуде, что бы американские режиссёры сделали по-другому?
   5) Какие сцены фильма вам показались наиболее оригинальными и интересными? Кратко расскажите об этих сценах.

2. Давайте вспомним содержание фильма. Скажите:

   1) Где ведут раскопки "чёрные следопыты", герои фильма "Мы из будущего"? Что они ищут? Что они делают с найденными вещами?
   2) Во время одной из раскопок к ребятам выходит старушка в белом платке. Что она принесла ребятам? О чём она их просит? Что она

рассказывает молодым людям о своем сыне? Как его можно опознать? Ребята соглашаются помочь старушке?

3) Почему молодые люди решили искупаться в озере? Кто посоветовал им это сделать?

4) Что увидели ребята, вынырнув из озера? В какое время они попали?

5) Что нужно сделать молодым людям, чтобы вернуться назад, в свое время?

6) Как к "гостям из будущего" относятся советские военные? А как относятся к предкам молодые питерцы? Приведите конкретные примеры из фильма. (Например, как советские бойцы реагируют на музыку рэпера-Спирта?)

7) Меняется ли отношение поколений друг к другу на протяжении фильма?

8) Как ведут себя молодые люди, оказавшись на фронте? Меняется ли их поведение и отношение друг к другу?

9) Единственная молодая женщина в фильме – санитарка Ниночка. Как к ней относятся ребята из двадцатого века? А как Ниночка относится к молодым людям из будущего? Кратко расскажите о романе Сергея и Ниночки (и о неудачливом сопернике Сергея, Чухе).

10) По результатам раскопок в двадцать первом веке Сергей знает о дальнейшей судьбе Ниночки. Как вы думаете, почему он не пытается более активно изменить ситуацию и сделать так, чтобы Ниночка не погибла?

11) Если вы заметили, в начале фильма ребята называют друг друга исключительно прозвищами (Чуха, Борман и т.д.). А вы заметили, в какой момент фильма они стали обращаться друг к другу по именам (Сергей, Андрей и т.д.)? Как вы думаете, почему у ребят вдруг появились имена вместо кличек?

12) Ребята увидят старушку, которая появилась перед ними в начале фильме, ещё один раз. Вы помните, когда и при каких обстоятельствах они её встретили? А удалось ли ребятам найти сына старушки? Если да, то где и как?

13) Как ребятам удается вернуться домой, в своё время?

14) Как вам показалось, "экскурсия" в военную эпоху двадцатого века изменила персонажей фильма? Объясните своё мнение, приведите примеры из фильма.

3. В начале фильма мы видим много сцен, в которых герои дерутся (например, когда Борман дерётся с бандой за контроль на "своей" территории или когда Череп обстригает дредлоки Спирту). Мы также видим элементы компьютерных игр-"стрелялок", в которые любит играть "очкарик" Чуха. Как вам кажется, можно ли сравнить эти современные "бои" и драки с настоящими боевыми действиями? Можно ли сказать, что ребята в драках двадцать первого века смелее, чем в атаках 1942-го года? Приведите конкретные примеры из фильма.

4. Описывая диалог советских бойцов и четырёх героев-наших современников, исследователь Елена Барабан, пишет, что

сегодняшние ребята разговаривают со своими советскими предками в "покровительственной манере".[5] А как вам показалось, Борман и его приятели действительно разговаривают "покровительственно" с "наивными" бойцами 40-х годов двадцатого века?

5. А вот, что ещё пишет профессор Елена Барабан: "Попав в прошлое, герои в основном наблюдают за событиями со стороны, не принимая серьёзного участия в военных операциях. У них другая задача: поскорее вернуться домой". Скажите, а как вам показалось: молодые люди из двадцать первого века действительно не принимают серьёзного участия в военных операциях? Приведите примеры из фильма и аргументируйте свой ответ.

> **покрови́тельственный** – condescending
> **наблюда́ть** – to observe
> **со стороны́** – from aside

6. Кинокритик Антон Сидоренко пишет: "Идею сценаристы фильма "Мы из будущего» позаимствовали из классического произведения Марка Твена "Янки при дворе короля Артура". Как и сказочный янки, четверо молодых героев внезапно переносятся в другую эпоху". Скажите, а вы читали книгу Марка Твена "Янки при дворе короля Артура"? Если да, то кратко расскажите, чем приключения янки отличаются от приключений русских ребят. А если не читали, то вспомните другую книгу или фильм, где герои переносятся в другую эпоху, и расскажите об этих приключениях.

> **за́имствовать** – to borrow
> **переноси́ться (перенести́сь)** – to be transported

**Задание 6. Кому из персонажей фильма лучше всего подходят следующие описания? Сопоставьте персонажей и их характеристики, а потом приведите примеры из фильма, иллюстрирующие эти описания.[6]**

1. Бывший студент, Борман
2. Рэпер, "Спирт"
3. Скинхэд "Череп"
4. "Компьютерщик" Чуха
5. Санитарка Ниночка

а. У этого персонажа на плече татуировка; он занимался боксом; очень любит поесть; упрямый, иногда жестокий.

б. Этот персонаж – интеллигент. Он свободно говорит по-немецки, отлично знает литературу, интересуется историей, увлекается чтением мемуаров

5 Елена Барабан. "Про ностальгию и войну". *Искусство кино* №11 (ноябрь 2012 г.). http://kinoart.ru/archive/2012/11/pro-nostalgiyu-i-vojnu?tmpl=component&print=1&page=

6 Адаптировано с пресс-релиза фильма: https://web.archive.org/web/20110424050357/http://www.a1kinovideo.ru/prj/1/4

(а в одном из эпизодов фильма этот персонаж даже лично встретился с одним из авторов недавно прочитанной им книги).

в. Этот персонаж смелый; не боится быть на фронте.

г. В начале фильма у этога персонажа дредлоки; он отличный музыкант, играет на гитаре и поёт современные песни для солдат перед началом боя.

д. Этот персонаж непобедим в "стрелялках" и прочих компьютерных играх, зато он застенчив и нерешителен с девушками.

**Скажите**, кто из этих персонажей вам наиболее симпатичен? А кто вам не понравился? Объясните, почему. Как вы думаете, кто из этих персонажей мог бы лучше всего вписаться в жизнь в вашей стране (а в вашем университете)?

**Задание 7. Кому принадлежат эти реплики? Вспомните, кто и когда сказал эти слова; подробно опишите эпизод фильма, в котором эти слова были сказаны, а также значение каждой реплики в фильме.**

1. "Я просить вас хотела. У меня тут сын пропал летом 42-ого. Боец красной армии, Дмитрий Соколов. При нём портсигар был с надписью «За преданность революции». Ему дед перед войной подарил".

2. "Извините, товарищ лейтенант, это может показаться полным бредом, но мы ваши потомки. Мы из будущего. Великая Отечественная уже давно закончилась, очень давно".

3. "...в двадцать первом веке по Москве будут ходить бритоголовые парни в чёрной одежде, со свастикой и, вскидывая руки, будут кричать «Хайль Гитлер!»"

**Задание 8. Сравните советских бойцов и русских ребят в начале фильма и заполните таблицу. Скажите, кто – советские бойцы или современные ребята – показались вам симпатичнее? Объясните почему.**

| Советские бойцы | Сегодняшние ребята |
|---|---|
| Решительные, смелые, ..... . | Много дерутся между собой, бизнесмены… |

**Задание 9. Прочитайте, как объясняют популярность фильмов о войне в интернет-проекте "Кинопоиск", и ответьте на вопросы.**

Популя́рности вое́нных фи́льмов есть не́сколько объясне́ний. С одно́й стороны́, подо́бные ле́нты продолжа́ют тради́ции класси́ческого сове́тского вое́нного кино́ и напомина́ют зри́телям о геро́ях про́шлого. С друго́й стороны́, они́ сочета́ют в себе́ зре́лище, адресо́ванное зри́телям ра́зных <u>поло́в</u> и поколе́ний: тут есть и драмати́ческие <u>обстоя́тельства</u>, кото́рые <u>провоци́руют</u> актёров на созда́ние сло́жных <u>образов</u>, и эффе́ктные бата́льные сце́ны, тре́бующие высо́ких <u>затра́т</u> и нестанда́ртных техни́ческих реше́ний.[7]

пол – gender
**обстоя́тельство** – circumstance
**провоци́ровать** – to provoke
**образ** – (here) character, character type
**затра́та** – expense

1. Скажите, а как вам понравились батальные сцены в фильме "Мы из будущего"? Можно ли сказать, что эти сцены были эффектными? Приведите конкретные примеры из фильма.

2. Можно ли сказать, что фильм "Мы из будущего" адресован зрителям разных поколений? Как вам кажется, этот фильм был бы интересен вашим родителям? А бабушкам и дедушкам?

**Задание 10. Вспомните ещё раз содержание фильма и закончите каждый параграф, добавив 3 – 4 предложения.**

1. Четверо друзей, Борман, Спирт, Череп и Чуха, – "чёрные археологи". Они занимаются тем, что…

2. На раскопки к ребятам приходит старушка. Она…

3. Во время раскопок ребята находят документы военных времён. На документах они видят свои имена и фотографии. Ребята думают, что это галлюцинация и…

4. Так четверо ребят из двадцать первого века оказались в 1942 году. Идёт война. Ребята…

5. Фильм заканчивается тем, что…

**Задание 11. Расскажите о событиях фильма от лица…**

1. Бормана
2. старушки
3. медсестры Ниночки

## ЧИТАЕМ О ФИЛЬМЕ

**Задание 6. Прочитайте отрывок из рецензии Евгении Леоновой, опубликованной в журнале "Искусство кино" в апреле 2008 года, и ответьте на вопросы.**

[…] Режиссёр Андре́й Малюко́в, а́втор фи́льмов "В зо́не осо́бого внима́ния", "34-й ско́рый", "Я – ру́сский солда́т", зна́ет, как снять кино́ о приключе́ниях на войне́ […] Поэ́тому, <u>забро́сив</u> геро́ев в про́шлое <u>ска́зочным</u> сюже́тным мане́вром, окружи́в <u>усло́вными</u> персона́жами, а́вторы […] разреши́ли ребя́там жить в про́шлом, как в сего́дняшнем дне. Под влия́нием случи́вшегося геро́и

---

[7] "От «Сестёр» к «Хардкору»: российское кино в XXI веке". https://www.kinopoisk.ru/special/15years/

фильма почти не меняются, правда, некий <u>сдвиг</u> в <u>сознании</u> всё же, видимо, происходит. Для этого необходимо лесное озеро […] и <u>загорелая</u> Ниночка в мини, с <u>кудрями</u>, как на рекламе шампуня…

Скажите:

| |
|---|
| **забра́сывать (забро́сить)** – to throw |
| **ска́зочный** (adj.) (from: сказка) – fairy-tale |
| **усло́вный** – nominal |
| **сдвиг** – shift |
| **созна́ние** – consciousness |
| **загоре́лый** – tanned |
| **ку́дри** – locks, curls |

1. Евгения Леонова пишет, что ребята попадают в прошлое "сказочным маневром". Вот один из примеров, которые автор приводит в рецензии: в 2008 году ребята встречают "колдунью"-старушку, которая говорит, что её сын родился в 1917 году. С математической точки зрения, "матери сына 1917 года рождения должно быть как минимум сто восемь лет…" Скажите, а вы видите в фильме сказочных персонажей или другие элементы сказки? Если да, то какие? А как бы вы определили жанр этого фильма?

2. Автор рецензии пишет, что многие элементы прошлого, в которое попали ребята, напоминают сегодняшний день (например, Ниночка в мини-юбке похожа на персонажа из рекламы шампуня). Скажите, вы согласны с этим утверждением? Приведите примеры из фильма и аргументируйте свою позицию.

3. Автор утверждает, что даже побывав на войне, герои фильма "почти не меняются". Вы согласны с её мнением? Приведите конкретные примеры из фильма.

**Задание 12. Прочитайте отрывок из статьи Вадима Палько и ответьте на вопросы.**

[…] Фанта́стика в фи́льмах о войне́ – явле́ние ре́дкое не то́лько для росси́йского кинемато́графа. Ещё бо́лее удиви́тельно, что э́тот оте́чественный экспериме́нт оказа́лся дово́льно успе́шным. Ва́жное отли́чие э́того фи́льма от поп-ко́рновой фанта́стики – в це́нтре внима́ния стоя́т <u>пережива́ния</u> и эволю́ция гла́вных геро́ев, а не <u>сверхъесте́ственные</u> элеме́нты […] Есть у "Мы из бу́дущего" и <u>продолже́ние</u>, пра́вда со́зданное в ху́дших тради́циях си́квелов […] Поэ́тому сто́ит останови́ться на пе́рвой ча́сти.[8]

| |
|---|
| **пережива́ние** – feeling, emotion |
| **сверхъесте́ственный** – supernatural |
| **продолже́ние** – sequel |

---

[8] Вадим Палько. "Разные жанры одной победы. 9 фильмов на 9 мая". *Иркутск онлайн* (8 мая 2017 г.). https://www.irk.ru/afisha/articles/20170508/film/

1. Вадим Палько пишет, что не так много фильмов о войне сделаны в жанре фантастики. А вы видели какие-нибудь фильмы о войне, снятые в этом жанре?

2. Как вы поняли, у фильма "Мы из будущего" есть сиквел? Если да, как вам показалось, автор этой рецензии рекомендует посмотреть этот сиквел? Почему вы так решили?

3. В чём, по мнению Палько, отличие фильма "Мы из будущего" от традиционных фантастических триллеров?

4. Вы согласны с автором рецензии, что в фильме "Мы из будущего" сверхъестественные элементы не в центре внимания? Аргументируйте свой ответ примерами из фильма.

## ЗА РАМКАМИ ФИЛЬМА

**Задание 13. Ответьте на вопросы, аргументируя свою точку зрения.**

1. Скажите, если бы вы могли "съездить на экскурсию" в любое историческое время, в какое время вы бы попасть съездить и почему? Детально расскажите, что бы вы в этом времени хотели посмотреть и сделать. Скажите, вам было бы интереснее "съездить" в прошлое или в будущее? Почему?

2. Скажите, а если бы вы могли изменить что-нибудь в прошлом, что бы вы изменили? Объясните почему. А если бы вы могли изменить одну вещь в своем личном прошлом, вы бы её изменили?

3. А если вы бы попали в прошлое, как бы вы определили в каком времени вы оказались? Как вы думаете, что бы вы заметили в первую очередь? (Стиль и моду? Язык? Наличие или отсутствие машин и компьютеров? Что-нибудь ещё?). Оказавшись в прошлом, что бы вы сделали в первую очередь?

4. Знаете ли вы какие-нибудь литературные или кинематографические произведения, сюжет которых воспроизводит путешествие во времени? Что это за произведения? Подробно расскажите.

**Задание 14. Прочитайте результаты недавних социологических опросов и ответьте на вопросы.**

Неда́вние опро́сы показа́ли, что почти́ все россия́не (96% опро́шенных) счита́ют, что знать исто́рию свое́й страны́ необходи́мо. При э́том, 47% опро́шенных оце́нивают свои́ зна́ния о росси́йской исто́рии как недоста́точные.[9] Бо́льше полови́ны россия́н (52%) сказа́ли, что изуче́нию исто́рии в шко́ле на́до уделя́ть

| |
|---|
| **недоста́точный** – insufficient |
| **уделя́ть (удели́ть) внима́ние** – to pay attention |

---

9 "История страны: ставим «отлично», в уме держим «неуд»". *ВЦИОМ* пресс-выпуск №3466 (14 сентября 2017 г.). https://wciom.ru/index.php?id=236&uid=3581

наибо́льшее <u>внима́ние</u> (на второ́м ме́сте предме́тов, кото́рым на́до удели́ть бо́льше внима́ния стоя́л ру́сский язы́к, а на тре́тьем – матема́тика).[10] А вот ещё интере́сный опро́с, проведённый Лева́да-це́нтром: у россия́н спроси́ли, каки́е истори́ческие эпо́хи вызыва́ют у них наибо́льший интере́с. 38% опро́шенных бо́льше всего́ интересу́ются Вели́кой Оте́чественной войно́й, ещё 31% – эпо́хой Петра́ Пе́рвого. А вот ме́ньше всего́ (10%) россия́не интересу́ются рефо́рмами Михаи́ла Горбачёва и Бори́са Е́льцина.[11] 87% опро́шенных сказа́ли, что побе́да в Вели́кой Оте́чественной войне́ 1941 – 1945 годов вызыва́ет у них чу́вство го́рдости за страну́.[12]

Почти́ две тре́ти (63%) россия́н назва́ли побе́ду в Вели́кой Оте́чественной войне́ важне́йшим истори́ческим собы́тием.[13] 98% россия́н слы́шали об а́кции "Бессме́ртный полк", а в 2018 год у́ приме́рно че́тверть

> **"Бессме́ртный полк"**
> – "Immortal Regiment"

гра́ждан сказа́ли, что принима́ли в ней уча́стие.[14] Кста́ти, а вы зна́ете, что тако́е "Бессме́ртный полк"? Э́та а́кция прово́дится в Росси́и с 2011 го́да в День Побе́ды, 9-го ма́я. Уча́стники а́кции прохо́дят ма́ршем по го́роду, неся́ в рука́х портре́ты свои́х ро́дственников, воева́вших в Вели́кой Оте́чественной войне́. По результа́там опро́са ВЦИО́Ма, 73% россия́н уве́рены, что э́та а́кция необходи́ма как па́мять о поги́бших на войне́. Россия́не та́кже упомяну́ли и други́е моти́вы для проведе́ния э́той а́кции, наприме́р, воспита́ние молодёжи, подня́тие патриоти́зма, объедине́ние люде́й.[15]

1. Как вы поняли, что такое Бессмертный полк? Эту акцию начали проводить до или после выхода фильма "Мы из будущего"? А в вашей стране есть похожие акции?
2. Правильно или неправильно? Исправьте неверные утверждения и добавьте детали к правильным.
   1) Больше половины россиян считают, что знать историю своей страны необходимо.
   2) Почти все россияне интересуются эпохой перестройки и временем распада СССР.

---

10 "Школьные предметы, единые учебники и ЕГЭ". *Левада Центр*, пресс-выпуск (6 июня 2017 г.). https://www.levada.ru/2017/06/06/shkolnye-predmety-edinye-uchebniki-i-ege/
11 "История России". *Левада-центр*, пресс-выпуск (22 марта 2017 г.). https://www.levada.ru/2017/03/22/istoriya-rossii/
12 "Две трети россиян устыдились развала СССР и «вечной» бедности в стране". *Левада-центр*, пресс-выпуск (17 января 2019 г.). https://www.levada.ru/2019/01/17/dve-treti-rossiyan-ustydilis-razvala-sssr-i-vechnoj-bednosti-v-strane/
13 Арина Костина. "Оливье, Обломов и «Война и мир»: Что еще объединяет россиян". *ТАСС* (1 ноября 2018 г.). https://tass.ru/obschestvo/5740537
14 "День победы: Сохраним память о подвиге. *ВЦИОМ* пресс-выпуск №3655 (8 мая 2018 г.). https://wciom.ru/index.php?id=236&uid=9082
15 Гия Саралидзе, Александра Писарева, интервью с Валерием Федоровым. "Акцию «Бессмертный полк» поддержала вся страна". *ВестиFM* (22 мая 2015). http://radiovesti.ru/brand/60958/episode/1369133/

3) Треть россиян утверждает, что победа в Великой Отечественной войне вызывает у них чувство гордости за страну.

4) Почти все опрошенные считают победу в Великой Отечественной войне важнейшим историческим событием.

3. Как вы думаете, история – это важный школьный предмет? Объясните своё мнение. Был ли этот предмет обязательным в вашей школе? А как вы думаете, каким предметам в школе надо уделять наибольшее внимание?

4. **В группах.** Проведите небольшой опрос и узнайте, интересуются ли ваши одноклассники историей и если да, то какая историческая эпоха интересует их больше всего.

## ТЕМЫ ДЛЯ СОЧИНЕНИЙ И ДАЛЬНЕЙШЕГО ОБСУЖДЕНИЯ

1. Представьте, что вы собираетесь взять интервью у создателей фильма "Мы из будущего". Подготовьте вопросы, которые вы хотели бы им задать. Обсудите эти вопросы в классе; почему вас заинтересовали именно эти аспекты фильма?

2. Посоветуйте посмотреть "Мы из будущего" своим русско-говорящим друзьям, которые ещё не видели этого фильма, и расскажите об этой кинокартине так, чтобы они обязательно захотели её посмотреть.

3. Детально опишите (устно или письменно) одну из сцен фильма.

# 7 Полторы комнаты или сентиментальное путешествие на родину

Режиссёр Андрей Хржановский
2009

## ПЕРЕД ПРОСМОТРОМ ФИЛЬМА

Скажите, судя по приведённому кадру, как вы думаете, о чём пойдёт речь в этом фильме? Почему вы так решили? А теперь перечитайте название фильма. Как вы думаете, о чём может быть фильм с таким названием?

# ГОТОВИМСЯ СМОТРЕТЬ ФИЛЬМ – ЗАПОМНИТЕ ЭТИ СЛОВА И ВЫРАЖЕНИЯ

## Nouns

вдохнове́ние – inspiration
власть – power
воро́на – crow (во́рон – raven)
воспомина́ние – recollection, flashback
гастролёр – touring artist
гнездо́ – nest
е́дкий – scathing, biting
зло – evil
клюв – (bird's) beak
крыло́ (pl. кры́лья) – wing
мо́лодость – youth
не́нависть – hatred
оба́занность – duty, responsibility
па́мять – memory
после́довательность – sequence, succession
презре́ние – contempt
пригово́р – sentence (in court)
пу́таница – chaos
путеше́ствие – trip, journey
равноду́шие – indifference
ро́дина – motherland
самобы́тность – originality
собо́р – cathedral
сострада́ние – compassion
спо́соб – method, way, means
тунея́дец (безде́льник) – parasite, sponge, slacker
фон – background
ханжа́ – hypocrite, prude
це́нность – value
я́сность – clarity

## Other

во вся́ком слу́чае – at any rate
во пло́ти – in the flesh
на са́мом де́ле – in reality, actually
полтора́ (m., n.), полторы́ (f.) – one and a half

## Adjectives

безупре́чный – flawless, pure
бы́вший – former
вообража́емый – imaginary
драгоце́нный – precious
заве́тный – cherished
опа́льный – disgraced
первобы́тный – primaeval
свяще́нный – sacred
сокращённый – abbreviated, adridged
сумасше́дший – crazy, demented

## Verbs

вспомина́ть (вспо́мнить) – to recollect, to recall
вынужда́ть (вы́нудить) – to force
выселя́ть (вы́селить) – to banish (to expel) from a city or country
избавля́ться (изба́виться) от + gen. – to get rid of smth.
напада́ть (напа́сть) – to attack (assault)
появля́ться (появи́ться) – to appear
пра́вить – to rule
представля́ть (предста́вить) – to imagine
рисова́ть (нарисова́ть) – to draw, to depict
ска́зываться (сказа́ться) на + prep. – to affect smth. or smo.
скита́ться (по + dat.) – to wander
уклоня́ться (уклони́ться) от чего – to dodge, to evade
унижа́ться (уни́зиться) – to demean, to degrade oneself
утвержда́ть (утверди́ть) – to assert

**Задание 1. Посмотрите на слова, приведённые выше, и закончите пары:**

Избавляться – избавление; выселять – _____; презирать –
_____

Драгоценный – драгоценность; последовательный – _____;
самобытный – _____

Избавление – избавляться; уклонение – _____; появление –
_____

Ценный – _____; ясный – _____

Сокращённый – сокращать; утверждённый – _____

Ясность – ясный; самобытность – _____; последовательность –
_____


**Задание 2. Сопоставьте слова и их определения. Составьте предложения с этими словами.**

| | |
|---|---|
| 1. Вдохновение | А. Мысли о прошлом, например, когда старый человек думает о молодости |
| 2. Власть | Б. Противоположность (opposite) понятия "любовь" |
| 3. Воспоминания | В. Важный элемент любого творческого процесса |
| 4. Ненависть | Г. Отсутствие интереса, пассивность, апатия |
| 5. Обязанность | Д. Термин, который часто используется при описании политической системы или режима |
| 6. Равнодушие | Е. То, что является долгом (duty) каждого человека (например, в Советском Союзе служба в армии для мужчин) |
| 7. Самобытность | Ж. Оригинальность, уникальность, может быть даже эксцентричность |

**Задание 3. Слова в контексте. Вставьте подходящие по смыслу слова в правильной форме:**

> Воображаемый, ворона, воспоминание, вспоминать, молодость, на самом деле, память, поколение, путешествие, тунеядец

Фильм "Полторы комнаты или сентиментальное путешествие на родину" – не просто биография нобелевского лауреата, поэта Иосифа Бродского, а скорее кино-экскурсия и кино- (flashback)_____ о его жизни, его (generation)_____ и атмосфере той эпохи. Хотя (in reality)_____ Бродский ни разу не приезжал в Россию, фильм показывает (imaginary)_____ (trip) _____ поэта из эмиграции обратно в Санкт-Петербург. По дороге на родину поэт (recollects) _____ своё детство и (youth) _____: как они с мамой пряталась в подвале (cathedral) _____ во время войны; как умер

Сталин; как на суде ему вынесли приговор ("parasite") "_____" и выселили из Ленинграда. Свой фильм Хржановский посвятил (memory) _____ наших родителей. Родители Бродского созданы в фильме двумя гениальными актёрами, Алисой Фрейндлих и Сергеем Юрским, а также анимационными персонажами – (crows) _____. А теперь посмотрите фильм и скажите, какое животное выступает прототипом самого поэта Бродского?

### Задание 4. One and a half: полтора, полторы или полутора?

Note that полтора has two forms in the nominative and accusative case: полтора (m., n.) и полторы (f.) + noun (gen. sing.). For all other cases use полутора (m., n., f.) + noun in the agreeing case <u>in the plural</u> form.

1. Поэт и нобелевский лауреат Иосиф Бродский написал эссе "_____ комнаты".
2. Поэт вспоминает, что его мама часто ходила в магазин и покупала _____ литра молока и _____ килограмма сыра.
3. Он скитался по стране более _____ десятков лет.
4. _____ тысячи зрителей посмотрели этот фильм за _____ дня.
5. Писатель работал над мемуарами _____ года.
6. В 2002 г. Андрей Хржановский выпустил анимационный фильм "_____ кота".

## КОРОТКО О ФИЛЬМЕ

"Полторы́ ко́мнаты и́ли сентимента́льное путеше́ствие на ро́дину" – о́чень необы́чный фильм. <u>В осно́ве</u> его́ сюже́та – мемуа́рное эссе́ "Полторы́ ко́мнаты", напи́санное лауреа́том Но́белевской пре́мии по литерату́ре, поэ́том Ио́сифом Бро́дским (1940 – 1996). Возмо́жно вы зна́ете, что в 1972-м году́ Бро́дский был <u>лишён</u> сове́тского <u>гражда́нства</u> и уе́хал в эмигра́цию на за́пад. По́сле отъе́зда, поэ́т ни ра́зу не приезжа́л в Санкт-Петербу́рг, где жи́ли его́ роди́тели. <u>Сконча́лся</u> он в Аме́рике, в Нью-Йо́рке. Фильм Андре́я Хржано́вского – э́то уника́льная фанта́зия о <u>вы́мышленном</u> возвраще́нии Бро́дского в свой родно́й го́род Санкт-Петербу́рг. Этот кинематографи́ческий расска́з о жи́зни поэ́та и его́ возвраще́нии на ро́дину сде́лан в фо́рме "<u>сме́шанной</u> те́хники": в фи́льме мно́го стихо́в Бро́дского, му́зыки, документа́льной хро́ники, анима́ции (<u>в том числе́</u>

**в осно́ве (чего)** – on the basis of
**лиша́ть (лиши́ть) гражда́нства** – to deprive of citizenship
**сконча́ться** – to pass away
**вы́мышленный** – fictional
**сме́шанный** – mixed
**в том числе́** – including
**переплета́ться (переплести́сь) с (чем)** – to intertwine with smth.
**вы́мысел** – fiction

рисунков самого поэта), видеозаписей и фотографий из семейного архива. Итак, перед вами уникальный фильм, в котором игровое кино <u>переплетается</u> с анимационными и документальными кадрами, биографические факты – с <u>вымыслом</u>, а на экране появляются коты, вороны и летающие музыкальные инструменты.

**В главных ролях:**
Иосиф Бродский – Григорий Дитятковский
Мать Бродского – Алиса Фрейндлих
Отец Бродского – Сергей Юрский
Анна Ахматова – Светлана Крючкова

## О режиссёре фильма

*Андрей Юрьевич Хржановский* – один из известнейших классиков российского анимационного кино. Как режиссёр-аниматор, Хржановский дебютировал ещё в 1966 году, в возрасте двадцати семи лет. Его первые анимационные фильмы были нонконформистскими <u>притчами</u>: например, сатира на бюрократов в фильме "Жил-был Козявин" (1966 г.) или долгое время запрещённый советской цензурой фильм-аллегория о судьбе искусства "Стеклянная гармоника" (1968 г.).[1] С тех пор Хржановский много работал <u>за пределами</u> возможностей анимации и художественного кино. Он автор знаменитой

> **притча** – parable
> **за пределами (чего)** – outside of, beyond
> **по мотивам (чего)** – based on
> **сверстник** – contemporary, peer, someone of the same age
> **обстоятельство** – circumstance

трилогии по графике Александра Пушкина,[2] анимационных фильмов по рисункам Федерико Феллини[3] и по работам эстонского художника Юло Соостера.[4] А в 2002 г. Хржановский выпустил анимационный фильм "Полтора кота" <u>по мотивам</u> произведений Иосифа Бродского. Именно этот фильм и послужил пилотом к полнометражному фильму "Полторы комнаты или сентиментальное путешествие на родину,[5] который стал дебютом Андрея Юрьевича в игровом кино. Сам режиссёр говорит, что его фильм в "какой-то мере автобиографичный": с Бродским "мы почти <u>сверстники</u>, и некоторые <u>обстоятельства</u> его жизни схожи с моими. Те же полторы комнаты в коммуналке, немолодые родители. Так что, конечно, я снимал эту картину и о себе, и о нашем поколении".[6]

---

1 Дина Годер. "Андрей Хржановский". https://www.kino-teatr.ru/kino/screenwriter/ros/42342/bio/
2 "Я к вам лечу воспоминаньем" (1977), "И с вами снова я" (1978), "Осень" (1980).
3 "Долгое путешествие" (1997).
4 "Школа изящных искусств. Пейзаж с можжевельником" (1987).
5 Татьяна Щербина. "«Полтора кота» Андрея Хржановского". *Вестник Европы* 6 (2002).
6 Виктор Матизен. "Режиссер Андрей Хржановский: с Бродским меня объединяют полторы комнаты в коммуналке". *Новые известия* (2 июня 2009 г.). https://newizv.ru/news/culture/02-06-2009/109710-rezhisser-andrej-hrzhanovskij

## Об актёрах

Хотя *Григорий Дитятковский* и играет главную роль в фильме, по профессии он театральный режиссёр, который поставил около тридцати спектаклей в России и за рубежом. А вот ещё интересная деталь:

> **мрамор** – marble

творчество Бродского очень хорошо знакомо и близко Дитятковскому. Ещё в 1999 г. режиссёр поставил спектакль "Мрамор" по пьесе Иосифа Бродского.[7] С Андреем Хржановским Дитятковский познакомился именно в театре, куда Хржановский пришёл посмотреть его спектакль "Двенадцатая ночь". После спектакля Хржановский предложил театральному режиссёру сняться в его картине.[8] Несмотря на то, что роль Иосифа Бродского была первой киноролью Дитятковского, он получил за её исполнение премию Правительства Российской Федерации.

*Алиса Фрейндлих* – одна из известнейших и любимейших российских актрис театра и кино, культовая "первая леди петербургской сцены", человек-легенда, чьё имя наверняка знает любой русский человек. Актёрская карьера Фрейндлих началась ещё в 50-х годах двадцатого века, и с тех пор она сыграла более пятидесяти ролей в нескольких крупнейших театрах Санкт-Петербурга и снялась более чем в шестидесяти фильмах (в том числе в фильмах таких величайших режиссёров, как Андрей Тарковский и Эльдар Рязанов). Она – лауреат многочисленных национальных наград и премий (как театральных, так и кинематографических), а также почётный член Российской Академии художеств.

*Сергей Юрский* (1935 – 2019) – ещё один легендарный российский актёр и режиссёр театра и кино, а также плодовитый писатель, поэт и переводчик, автор более 15 книг. Свою самую первую роль в кино актёр исполнил ещё в 1947 году, когда ему было 12 лет, снявшись в массовке фильма "Сельская учительница".

> **плодовитый** – prolific
> **массовка** – crowd scene
> **призвание** – calling, vocation

Потом, за свою долгую творческую биографию, Юрский исполнил около пятидесяти ролей в кино, почти 100 на телевидении, 70 – в театре. А вот интересный факт из жизни молодого Юрского: по настоянию родителей (а отец Юрского был актёром, режиссёром и художественным руководителем Московского цирка) юноша поступил на юридический факультет Ленинградского университета. Во время учёбы в университете он начал играть в студенческом театре и вскоре решил, что актёрство – его настоящее призвание. Бросив юридический факультет, Юрский поступил в

---

7 Евгений Авраменко. Интервью с Григорием Дитятковским "Он сам себя вбросил в пространство вечности и не существует в пространстве географическом". *Петербургский театральный журнал* (24 мая 2015 г.). http://ptj.spb.ru/blog/avramenko-dityatkovsky-o-brodskom/

8 Светлана Мазурова. "Поклониться тени". *Российская газета* №4888 (14 апреля 2009 г.). https://rg.ru/2009/04/14/brodsky-film.html

Ленингра́дский театра́льный институ́т, что и положи́ло нача́ло его блестя́щей карье́ре в теа́тре и кино́.[9]

## КАК ВЫ ПОНЯЛИ?

**Задание 5. Правильно или неправильно? Исправьте неправильные утверждения и дополните правильные информацией из прочитанного.**

1. Алиса Фрейндлих – легендарный режиссёр российского кино.
2. Речь в фильме "Полторы комнаты или сентиментальное путешествие на родину" пойдет об известном русском режиссёре, Андрее Хржановском.
3. Хржановский – дебютант в жанре анимации. "Полторы комнаты или сентиментальное путешествие на родину" – его первая попытка сделать анимационное кино.
4. До выпуска фильма, о котором идёт речь в этой главе, Хржановский выпустил анимационный фильм по произведения Иосифа Бродского.
5. "Полторы комнаты или сентиментальное путешествие на родину" – экранизация романа Иосифа Бродского.
6. Григорий Дитятковский, исполнитель главной роли в фильме, – не профессиональный актёр, а театральный режиссёр.
7. Фильм Андрея Хржановского "Полторы комнаты или сентиментальное путешествие на родину" многие годы был запрещён советской цензурой.
8. Помимо режиссуры кино, Хржановский также плодовитый писатель, поэт и переводчик.
9. Сразу после окончания школы, молодой Сергей Юрский поступил в Ленинградский театральный институт.

**Задание 6. Ответьте на вопросы.**

1. Как вы поняли из прочитанного: в каком городе Иосиф Бродский родился и в каком скончался?
2. Почему технику, в которой сделан фильм "Полторы комнаты или сентиментальное путешествие на родину", можно назвать "смешанной"?
3. Где и как познакомились Андрей Хржановский и Григорий Дитятковский?
4. В чём заключается оригинальность всех работ Хржановского? Приведите примеры из прочитанного.
5. Почему творчество поэта И. Бродского знакомо и близко театральному режиссёру Дитятковскому?

**Задание 7. Составьте предложения, поставив слова в правильную грамматическую форму и не меняя порядок слов.**

1. В – 1972 год – советский – правительство – лишить – Иосиф Бродский – советский – гражданство.

---

9 "«Великий комбинатор» Сергей Юрский: актер, режиссер и писатель". *РИА Новости* (16 марта 2010 г.). https://ria.ru/20100316/214681559.html

2. В – фильм – игровой – кино – переплетаться с – анимационный – кадры.
3. Фантастический – мир – фильм – заполнен – коты – вороны – и – музыкальные инструменты.
4. Первые анимационные фильма – Андрей Хржановский – был – нонконформистский – и – едкий – сатирический – притча.

## КРУПНЫМ ПЛАНОМ: КУЛЬТУРОЛОГИЧЕСКИЕ ЗАМЕТКИ О ФИЛЬМЕ

**Задание 8. Как вы уже поняли, фильм Андрея Хржановского рассказывает о жизни поэта Иосифа Бродского (1940 – 1996). В фильме вы услышите отрывки из следующих стихотворений, а также прозаических произведений Бродского:**

“Что нужно для чуда” (1993 г.)
“Мы жили в городе цвета окаменевшей водки…” (1994 г.)
Эссе “Меньше единицы” (1976 г.)
“Одной поэтессе” (1965 г.)
“Письма римскому другу” (1972 г.)
“20 сонетов к Марии Стюарт” (1974 г.)
“Почти элегия” (1968 г.)
“Пилигримы” (1958 г.)
“Большая элегия Джону Донну” (1963 г.)
“В деревне, затерявшейся в лесах” (1964 г.)
“Под вечер он видит, застывши в дверях…” (1962 г.)
“25.XII.1963” (1964 г.)
“Воротишься на родину. Ну что ж…” (1961 г.)
“Это было плавание сквозь туман…” (1970 г.)
“Баллада о маленьком буксире” (1962 г.)
“Я обнял эти плечи и взглянул…” (1962 г.)
“Стансы городу” (1962 г.)
“Метель в Массачуссетсе” (1990 г.)
“О если бы птицы пели и облака скучали…” (1994 г.)

Прочитайте некоторые из произведений Бродского, которые прозвучат в фильме. Какие из этих произведений посвящены родному городу Бродского, Ленинграду? А какие произведения о памяти? Любви? Времени? Какие ещё интересные поэтические темы вы заметили?

**Задание 9. Проведите небольшое исследование в интернете. Узнайте:**

1. Почему Бродский уехал из Советского Союза в 1972 году?
2. Возвращался ли поэт на родину после 1972 года?
3. А родителям Бродского удалось съездить к сыну в Америку?
4. Смог ли Бродский приехать в Советский Союз на похороны родителей?

**Задание 10. Исследование в Интернете.** При просмотре фильма вы, конечно, заметите, что alter ego Бродского – это кот. Используя ключевые слова "Бродский" и "кошки", проведите небольшое исследование в интернете и узнайте, почему именно кот – alter ego поэта.

**Задание 11. Исследование в Интернете.** Ещё один необычный анимационный эпизод фильма показывает, как над Ленинградом летят музыкальные инструменты, пианино, скрипка, арфа… Голос за кадром комментирует: "Стало известно, что в результате «дела врачей» всех евреев будут переселять на Дальний Восток…" Проведите небольшое

исследование в интернете и узнайте, что такое "Дело врачей" (Doctors' plot) и какова его роль в истории Советского Союза сталинской эпохи.

**Задание 12. Исследование в Интернете.** Ещё в одном эпизоде будущий поэт разговаривает с Иосифом Сталиным на кухне. Сталин говорит маленькому Бродскому: "Ты еврей мальчик. Евреи едят только мацу… Для евреев у меня есть хорошая идея. Ты любишь путешествовать? … Я позабочусь о вас: в Биробиджане у вас будет много мацы". Проведите небольшое исследование в интернете и узнайте, где находится город Биробиджан и какова история его создания.

ПЕРЕД ПРОСМОТРОМ ФИЛЬМА

Фильм-биография (который также обозначается термином *байопик*) – это кинематографический жанр, который рассказывает о жизни известного человека. Скажите, вы видели какие-нибудь фильмы-биографии на русском, английском или любом другом языке? Как этот фильм назывался и о каком известном человеке он рассказывал? Вам нравится этот кинематографический жанр? Почему да или нет?

# ПОСЛЕ ПРОСМОТРА ФИЛЬМА

**Задание 13. Ответьте на вопросы.**

1. Первое впечатление. Скажите:
   1) Вам понравился фильм? Почему да или почему нет?
   2) Игра каких актёров вам понравилась больше всего? Как вы думаете, какие актёры вашей страны могли бы сыграть поэта Бродского и его родителей?
   3) Какие сцены фильма вам показались наиболее оригинальными и интересными? Кратко расскажите об этих сценах.
   4) Как вы, наверно, помните, фильм "Полторы комнаты или сентиментальное путешествие на родину" сделан в форме "смешанной техники". Вы можете объяснить, почему Хржановский выбрал такую необычную стилистику для своего фильма о поэте Иосифе Бродском? Вам понравилась идея режиссёра использовать такую необычную технику? Подробно объясните.
2. Давайте вспомним содержание фильма. Скажите:
   1) В каком городе родился и провел своё детство и юность Иосиф Бродский?
   2) Вспоминая о своём детстве, Иосиф рассказывает, что во время войны, когда они были в эвакуации, у его мамы начались сильные головные боли. А что именно послужило причиной головных болей его мамы?
   3) Как вы поняли по фильму, сколько классов школы окончил Бродский?
   4) Скажите, чем детство Оси отличается от вашего собственного детства?
   5) По словам Бродского, кино для людей его поколения "было единственным способом увидеть Запад". Как вы думаете, что он имел в виду?
   6) Вспомните эпизод фильма, в котором Бродский и его друзья пьют, слушают запрещенную западную музыку и философствуют о жизни. Скажите, чем эта советская вечеринка конца 50-х годов отличается от вечеринок, на которых вам доводилось бывать? Как вы думаете, судя по этому эпизоду, чем советская молодёжь 50-х и 60-х годов отличалась от сегодняшнего молодого поколения вашей страны?
   7) Какие у Бродского были отношения с родителями? Почему вы так решили?
   8) Как вы поняли, родителям Бродского нравилась поэзия их сына? Аргументируйте свой ответ примерами из фильма.
   9) Бродского дважды просили уехать из Ленинграда, в 1961 и 1972 годах. Вспомните, куда (в какие города или страны) он уезжал в эти годы?
   10) Скажите, после эмиграции Бродского в Америку, его родители пытались съездить к сыну? Им это удалось? Были ли родители Бродского на церемонии вручении поэту Нобелевской премии?
3. Подробно объясните, как вы понимаете название фильма.
4. Что нового вы узнали о России и Советском Союзе из этого фильма?

5. В фильме Андрея Хржановского Иосиф Бродский плывет домой, в Санкт-Петербург, на корабле. Как вы думаете, почему на этом корабле нет других пассажиров, кроме самого поэта?

6. Фильм "Полторы комнаты или сентиментальное путешествие на родину" показывает разные эпохи советской истории: 50-е, 60-е, 70-е годы, и даже современное время. При этом родители Бродского во все исторические моменты не меняются, и показаны нам в одном и том же возрасте. Как вы думаете, почему?[10]

7. Как вы знаете, после вынужденной эмиграции из Советского Союза, Бродский так никогда и не приезжал в Россию. В фильме Хржановского Бродский возвращается в Петербург двадцать первого века и смотрит на свой город с борта катера и из окна такси. Скажите, какие отличия вы заметили между Ленинградом, в котором жил настоящий поэт, и Петербургом, который Бродский видит во время своего вымышленного приезда?

**Задание 14. Расставьте эти события фильма в правильном хронологическом порядке. А потом подробно расскажите, что вы узнали из фильма о каждом из этих эпизодов (настоящих и вымышленных) о жизни поэта Иосифа Бродского.**

_____ Выселение из Ленинграда за тунеядство
_____ Детство в Ленинграде
_____ Жизнь в Америке
_____ Вымышленное возвращение на родину
_____ Вынужденный отъезд на Запад
_____ Эвакуация во время войны

**Задание 15. Если вы помните, фильм начался со слов Бродского, что ему трудно представить себя в качестве туриста в своём городе. Скажите, а Бродский в фильме возвращается в Петербург в качестве туриста? Расскажите от лица Иосифа Бродского, что вы увидели и испытали, приехав в Петербург двадцать первого века.**

**Задание 16. Кому принадлежат эти реплики: Бродскому-мальчику, Бродскому-юноше, Бродскому-взрослому до эмиграции или Бродскому-взрослому после эмиграции?**

1. "Мне трудно представить себя в качестве туриста или гастролёра в стране, где я родился, вырос и прожил 32 года".

2. "Из головы моей не выходит эта картинка, как двое стариков, скитаясь по многочисленным канцеляриям и министерствам в надежде добиться разрешения выбраться заграницу, чтобы перед смертью повидать единственного сына, неизменно слышали в ответ: «Государство не считает такую поездку целесообразной»".

---

10 Если вам интересно узнать, как на этот вопрос ответил режиссёр фильма, Андрей Хржановский, прочитайте его интервью "В сторону фильма 'Полторы комнаты или сентиментальное путешествие на родину'" ("Искусство кино" №5, май 2009 г.).

3. "На второй год войны мы уехали в эвакуацию. Мама работала переводчиком в лагере для военно-пленных".

4. "Ну, суд я не вспоминаю вообще, чего там вспоминать. А вот деревню, в которой я прожил два года почти, я вспоминаю с колоссальной нежностью".

5. "Почему-то принято думать, что эмиграция – это сладкая жизнь... А я и сам, честно говоря, не очень хорошо представлял, что меня здесь ждёт".

Представьте, что вы разговариваете с другом, который не видел фильм "Полторы комнаты или сентиментальное путешествие на родину". Подробно опишите другу эпизод фильма, в котором эти слова были сказаны, а также другие моменты фильма, важные для понимания контекста этого конкретного эпизода.

## КАДРЫ ИЗ ФИЛЬМА

**Кадр 1**. Подробно расскажите, что происходит в этом эпизоде. С кем разговаривают родители Бродского? О чём они говорят? Комментируя эпизод со звонком из Америки, критик Мария Голикова пишет, что этот эпизод "поднимается до уровня самых трагических стихов Бродского".[11] Как вы думаете, что Голикова имеет в виду и согласны ли вы с ней? В чём, по-вашему, заключается трагизм этой сцены?

**Кадр 2**. Если вы помните, фильм начинается с того, что закадровый голос говорит: "С недавних пор у меня во дворе поселились две вороны... Первая – два года назад, когда умерла мать, вторая – в прошлом году, сразу после смерти отца". Скажите, а как вы поняли анимационные эпизоды с воронами? Подробно объясните.

---

11 http://www.maria-golikova.ru/statji/poltory-komnaty.htm

## ЧИТАЕМ О ФИЛЬМЕ

**Задание 17. Прочитайте отрывок из рецензии Марии Голиковой на фильм "Полторы комнаты или сентиментальное путешествие на родину" и ответьте на вопросы.**[12]

Это фильм об Иосифе Бродском и о его родителях. Их играют Алиса Фрейндлих и Сергей Юрский, а Бродского – три актёра, Евгений Оганджанян, Артём Смола и Григорий Дитятковский (в детстве, юности и зрелости соответственно). Сценарий написали Юрий Арабов и Андрей Хржановский. Фильм вышел совсем недавно, в 2009.

**зрелость** – maturity
**требование** – demand
**распадаться (распасться) на части** – to break apart
**неравный** – unequal
**обыватель** – everyman, philistine

[...] фильм снимался в том самом доме, где жила семья Бродских. Этот дом, эти стены и многие вещи, показанные в фильме, обладают своей памятью, как и улицы Петербурга, и эта память оживает на экране.

Это один из лучших отечественных фильмов за последнее время. Такого кино у нас уже очень давно не было. Из-за требований коммерческого формата, сегодняшнее кино распалось на две неравные части: на "кассовое", понятное зрителю (нередко коммерческий продукт) и на "всё остальное". В восприятии обывателей это сложное экспериментальное кино, арт-хаус и т.п.

Если вы знаете и любите Бродского – очень советую посмотреть этот фильм, он сделан с большой любовью к нему и к его стихам. А если вы ещё не читали его стихов и эссе, но добрались до конца этого текста – лучше вначале откройте для себя Бродского, а потом обязательно посмотрите фильм.

Скажите:

1. Как вы поняли, Голиковой понравился фильм "Полторы комнаты или сентиментальное путешествие на родину"? Приведите конкретные примеры из рецензии.

2. Критик говорит, что современное кино "распалось" на две части: кассовое кино и арт-хаус. Какой тип кино, по словам Голиковой, понятнее зрителям? Скажите, а такое разделение кино типично только российскому кинематографу? А какое кино, по вашему мнению, предпочитают зрители вашей страны? А какое кино предпочитаете вы сами?

---

12 Целиком рецензию М. Голиковой можно прочитать на сайте http://www.maria-golikova.ru/statji/poltory-komnaty.htm

3. Скажите, вы поняли из рецензии, где (в каком здании) снимался фильм "Полторы комнаты или сентиментальное путешествие на родину"?

4. Голикова говорит о том, что в фильме "множество метафор". А вы можете привести примеры метафор, использованных в фильме?

5. Голикова пишет, что в фильме есть как драматические эпизоды, так и смешные. Приведите конкретные примеры из фильма, иллюстрирующие её утверждение.

6. Критик отмечает, что в фильме нет сцен, в которых Бродский пишет стихи, грызя авторучку. Скажите, а если бы вы не знали, что Иосиф Бродский – это известнейший поэт, вы бы поняли, что в фильме идёт речь именно о поэте? Подробно объясните, почему да или нет.


## ЗА РАМКАМИ ФИЛЬМА

**Задание 18. Ответьте на вопросы, аргументируя свою точку зрения.**

1. В 1972 г. Иосиф Бродский был вынужден эмигрировать из Советского Союза и переехал жить на запад. Скажите, а как вы думаете, почему сегодня, в двадцать первом веке, люди решают эмигрировать из стран, в которых они родились и возможно выросли? А как по-вашему, должны ли страны контролировать въезд иммигрантов? А выезд своих граждан для проживания в других странах?

2. Как вы, конечно, знаете, Советский Союз был государством с жёстким идеологическим режимом, контролирующим почти все аспекты жизни своих граждан: от строгой цензуры произведений искусства и литературы до контроля над свободой путешествия. Приведите примеры из фильма, иллюстрирующие такой контроль государства над людьми. А как вы думаете, возможно ли появление такого режима (и такого контроля над всеми аспектами жизни) сегодня, в двадцать первом веке? Аргументируйте свой ответ.

3. Скажите, а если бы вы надолго уехали из своего города, вам бы хотелось посетить город своего детства в качестве туриста? Объясните, почему да или нет. Куда бы вы пошли сразу же после возвращения? Почему? А если бы вы знали, что никогда не сможете вернуться обратно, по каким местам и людям вашего города вы бы испытывали самую большую ностальгию? Почему?

4. Можете ли вы представить себя в иммиграции? Если бы вы должны были покинуть свою страну, в какой другой стране вы можете себя представить? Подробно объясните, почему.

## ТЕМЫ ДЛЯ СОЧИНЕНИЙ И ДАЛЬНЕЙШЕГО ОБСУЖДЕНИЯ

1. Представьте, что вы собираетесь взять интервью у создателей фильма "Полторы комнаты". Подготовьте вопросы, которые вы хотели бы им задать. Обсудите эти вопросы в классе; почему вас заинтересовали именно эти аспекты фильма?

2. Посоветуйте посмотреть "Полторы комнаты или сентиментальное путешествие на родину" своим русско-говорящим друзьям, которые ещё не видели этого фильма, и расскажите об этом фильме так, чтобы они обязательно захотели посмотреть эту кинокартину.

3. Детально опишите (устно или письменно) одну из сцен фильма.

# 8

# Ёлки

Режиссёры Тимур
Бекмамбетов, Александр
Войтинский, Дмитрий
Киселёв, Александр
Андрющенко, Ярослав
Черважевский, Игнас Йонинас
2010

## ПЕРЕД ПРОСМОТРОМ ФИЛЬМА

Посмотрите на постер фильма "Ёлки". Скажите, судя по постеру, во время какого праздника разворачивается действие фильма? Объясните, почему вы так решили.

## ГОТОВИМСЯ СМОТРЕТЬ ФИЛЬМ – ЗАПОМНИТЕ ЭТИ СЛОВА И ВЫРАЖЕНИЯ

**Nouns**

бока́л – wine glass
вор – thief
гада́ние – fortune-telling
ёлка – fir tree, Christmas tree
звено́ (pl. зве́нья) – link
командиро́вка – business trip
обеща́ние – promise
обраще́ние – address, speech
пе́пел – ashes
полови́на (полови́нка) – half
простота́ – simplicity
разли́чие – difference
ре́чь – speech
рукопожа́тие – handshake
сотру́дник – employee
сто́рож – custodian, guard
уда́р – strike, chime (e.g. of the clock)
уда́ча – luck
цепь (цепо́чка) – chain (also necklace)
чу́до (pl. чудеса́) – miracle

**Other**

(быть) без созна́ния – unconscious
до́льше всех – the longest
земно́й шар – Earth, globe
ме́жду про́чим – by the way
напра́сно – in vain, to no purpose
науда́чу – at random
несча́стный слу́чай – accident
по кра́йней ме́ре – at least
(быть) свя́занным с (кем/чем) – to be connected with
по сравне́нию с (чем) – in comparison with
часово́й по́яс – time zone
я́кобы – allegedly, ostensibly

**Adjectives**

везу́чий – lucky
доброду́шный – good-natured
забо́тливый – caring
заве́тный – cherished
настоя́щий – (here) genuine
подходя́щий – suitable, appropriate
реша́ющий – critical, decisive
уда́чный – successful

**Verbs**

ве́рить (в/во) (что) – to believe in
выви́хивать (вы́вихнуть) – to twist (e.g. an ankle), to dislocate
гра́бить (огра́бить) – to rob
жечь (сжечь) – to burn
запуска́ть (запусти́ть) – to launch
исполня́ться (испо́лнится) – to come true
лома́ться (слома́ться) – to break down
наде́яться на (кого/что) – to rely on, to hope for
обраща́ться (обрати́ться) к (+ dat.) – to address smo.
отмеча́ть (отме́тить) пра́здник – to celebrate a holiday
отча́иваться (отча́яться) – to fall into despair
подводи́ть (подвести́) (кого) – to let down
похища́ть (похи́тить) – to kidnap
приду́мывать (приду́мать) – to make up, to invent, to come up with an idea
признава́ться (призна́ться) в (чём) – to confess
развора́чиваться (разверну́ться) – to develop, to unfold
растя́гиваться (растяну́ться) – to stretch
сбыва́ться (сбы́ться) – to come true

**Задание 1. Сопоставьте фразы и их определения.**

| | |
|---|---|
| 1. Земной шар | А. Речь, которую президент произносит перед самым Новым годом (обычно по телевизору) |
| 2. Заветное желание | Б. Глобус, планета Земля |
| 3. Невезучий человек | В. Условные части земного шара, в которых принято одинаковое местное время |
| 4. Удачная игра | Г. То, о чём человек давно и сильно мечтает и то, что, наверно, может сделать его счастливым |
| 5. Часовой пояс | Д. Человек, которого современная молодёжь часто называет "лузером" |
| 6. Новогоднее обращение президента | Е. Игра, которая завершилась победой вашей любимой команды |

**Задание 2. Слова в контексте. Вставьте подходящие по смыслу слова в правильной грамматической форме:**

> Добродушный, заветный, звено, земной шар, надеяться на, наудачу, обращение, придумать, рукопожатие, сбыться, цепочка, чудо

Фильм "Ёлки" — это (good-natured) _____ новогодняя комедия, в центре которой "теория шести (handshakes) _____". Теория эта, предложенная ещё в конце 60-х годов прошлого века американскими учёными-психологами, говорит, что любой человек знаком с любым другим человеком в мире через небольшую (chain) _____ общих знакомых. То есть, теоретически, каждый человек на (globe) _____ знаком с любым другим человеком через цепочку знакомых. А если русской девочке из детского дома очень захотелось, чтобы российский президент изменил текст своего новогоднего (speech) _____, то по цепочке из шести человек её желание может дойти до президента. Но вот (will come true) _____ ли (cherished) _____ мечта девочки Вари? Варин друг, Вова, (has come up with an idea)_____, как помочь девочке. Итак, Вова (at random) _____ звонит своему знакомому, который станет первым (link) _____ в (chain) _____ (of handshakes) _____. Конечно же, и Варя, и Вова (hope for) _____ (miracle) _____.

**Задание 3. События фильма "Ёлки" одновременно разворачиваются в следующих городах: Бавлы, Екатеринбург, Казань, Калининград, Красноярск, Москва, Новосибирск, Пермь, Санкт-Петербург, Уфа, Якутск. Найдите эти города на карте России. Скажите:**

1. Какой из этих городов самый западный? А какой находится дальше всего на востоке?

2. В фильме вы услышите, что в Калининграде "дети ждут Деда Мороза дольше всех". Посмотрите на карту России и объясните, почему?

3. Следуя предыдущему утверждению, в каком городе дети ждут Деда Мороза меньше всех?

4. Одна из героинь фильма, живущих в городе Уфа, отмечает Новый год дважды: сначала в Уфе, а потом в городе Бавлы. Проконсультируйтесь с картойРоссии и объясните, как это возможно.

**Задание 4. Составьте словосочетания со следующими словами:**

Признаться в (*чём*): воровство; обман; похищение
Надеяться на (*кого / что*): Дед Мороз; российский президент; теория шести рукопожатий; настоящие друзья; удача; гадание
Обращаться к (*кому*): российский президент; известная поп-певица; Кремлёвские сторожа; сотрудники российского правительства
По сравнению с/со (*кем / чем*): вчерашняя удача; прошлогодняя командировка; Настоящий Дед Мороз
Верить в/во (*что*): чудеса; Дед Мороз; удача; цепочка рукопожатий

**Задание 5. Составьте предложения, поставив слова в правильную грамматическую форму и не меняя порядок слов.**

1. Россия – растянуться – по – земной шар – на – 9 – часовой пояс.

2. Наша история – начаться – в – самый западный город – где – дети – ждать – Дед Мороз – дольше всех.

3. Миша – стать – первый – звено – в – цепочка – рукопожатие.

4. Борис – позвонить – подходящий – человек – но – в – неподходящий – момент.

5. Юсуф – работать – в – детский дом – сторож – и – весь – заработанный – деньги – отправлять – дом.

6. Этот звонок – мог – стать – решающий – в – цепочка – шесть – рукопожатие.

7. Давайте – верить – в – чудо (plural) – с – самое – детство.

8. Варя – сказать – все свои друзья – что – её папа – президент – и что он – в – новогоднее обращение – передать – она – привет.

9. "Куба" – где якобы жить – один из – бывший – воспитанник – детский дом, – оказаться – комната – в – общежитие – Казанский университет.

## КОРОТКО О ФИЛЬМЕ

Как вы уже, наверно, поняли, действие фильма "Ёлки" разворачивается перед Новым годом. Потому вы, конечно, увидите все традиционные атрибуты этого праздника: и Деда Мороза, и Снегурочку, и саму ёлку, и шампанское… Но пожалуй необычнее всего в этой новогодней истории – её формат. Фильм "Ёлки" состоит из девяти кино-новелл, связанных друг с другом одной темой, но сня́тых ра́зными режиссёрами. Ме́сто де́йствия фи́льма – 11 росси́йских городо́в. Среди́ персона́жей – сиро́ты, живу́щие в де́тском до́ме, сноуборди́сты, лы́жники, студе́нты, во́ры, полице́йские и ещё мно́го-мно́го са́мых ра́зных люде́й, кото́рые да́же и не зна́ли о существова́нии друг дру́га.

"Ёлки" вы́шли на экра́ны росси́йских кинотеа́тров в декабре́ 2010 года, и сра́зу же ста́ли ли́дером оте́чественного кинопрока́та. По́сле пе́рвых "Ёлок", в 2011 году́ бы́ли вы́пущены "Ёлки-2", а в 2013 – "Ёлки-3", кото́рые ста́ли одни́м из са́мых ка́ссовых оте́чественных фи́льмов за всю исто́рию росси́йского кино́. В "Ёлочной" франши́зе есть ещё два фи́льма: "Ёлки лохма́тые" и "Ёлки 1914". Де́йствие "Ёлок 1914"

> **лохма́тый** – shaggy
> **кану́н** – eve
> **хотя́ бы** – at the very least

развора́чивается в Росси́и нача́ла двадца́того ве́ка, а вот гла́вными геро́ями "Ёлок лохма́тых" ста́ли две соба́ки – Пира́т и Йо́ко. По тради́ции все фи́льмы э́той франши́зы выхо́дят на экра́ны в кану́н Но́вого го́да и, наве́рно, мо́жно сме́ло сказа́ть, что о "Ёлках" хотя́ бы слы́шал ка́ждый жи́тель Росси́и. А в декабре́ 2018 года вы́шла восьма́я и после́дняя часть э́той новогодней франши́зы, "Ёлки после́дние". Продю́серы обеща́ют, что сле́дующие фи́льмы "Ёлок" бу́дут выходи́ть не в кино́, а на телеви́дении.[1]

### В главных ролях:
Вова, мальчик из детского дома – Сергей Походаев
Варя, девочка из детского дома – Алина Булынко
Борис, бизнесмен – Иван Ургант
Евгений, актёр Иркутского театра – Сергей Светлаков
Голос за кадром – Константин Хабенский

## О режиссёре фильма

Ита́к, "Ёлки" – э́то коллекти́вный прое́кт, состоя́щий из девяти́ ки́но-нове́лл, сня́тых шестью́ ра́зными режиссёрами. Пожа́луй, са́мый изве́стный режиссёр в э́той гру́ппе (он же а́втор сцена́рия и продю́сер фи́льма) – Тиму́р Бекмамбе́тов. На сего́дняшний день, Бекмамбе́тов – оди́н из са́мых изве́стных росси́йских режиссёров и продю́серов; вы наверняка́ слы́шали о таки́х его́ блокба́стерах, как "Дневно́й дозо́р" (2004 г.) и "Ночно́й дозо́р" (2005 г.). В Росси́и режиссёрская и продю́серская карье́ра Бекмамбе́това начала́сь ещё в 90-х года́х про́шлого ве́ка с рабо́ты над се́риями рекла́мных ро́ликов, в том числе́ для росси́йских ба́нков ("Империа́л", "Менате́п" и "Альфа-Ба́нк"), а та́кже для фи́рмы "Пе́пси-Ко́ла". Свой пе́рвый полнометра́жный фильм Бекмамбе́тов снял в соа́вторстве с Генна́дием Каю́мовым в 1994 г. Фильм называ́лся "Пешава́рский вальс", расска́зывал о сове́тской войне́ в Афганиста́не и получи́л не́сколько призо́в

---

1 "Тимур Бекмамбетов объявил о запуске телеканала «Ёлки»". *Вокруг ТВ* (5 декабря 2018 г.). https://www.vokrug.tv/article/show/15440063891/

российских и международных фестива́лей. Ну а уже в два́дцать пе́рвом ве́ке, по́сле успе́ха "Дозо́ров", Бекмамбе́това ста́ли ча́сто приглаша́ть в Голливу́д. Наприме́р, в 2008 году́ он снял фильм "Осо́бо опа́сен" (*Wanted*) с Мо́рганом Фри́меном и Анжели́ной Джоли́ в гла́вных роля́х; а в 2009 году́, совме́стно с Ти́мом Бёртоном, вы́ступил продю́сером мультфи́льма "9". Ну и са́мая неда́вняя голливу́дская рабо́та режиссёра – фильм "Бен-Гур" (2016 г.). А что ду́мает сам режиссёр-продю́сер о свое́й карье́ре в Росси́и и Голливу́де? Вот что сказа́л Бекмамбе́тов в одно́м из неда́вних интервью́: "Я всю жизнь е́ду. Ещё не дое́хал. Пото́м перебе́русь куда́-нибудь ещё. Ди́ко интере́сно порабо́тать в Кита́е".[2]

## Об актёрах

Все фи́льмы франши́зы "Ёлки" испо́льзуют хорошо́ изве́стных зри́телям актёров кино́ и телеви́дения, поли́тиков, а та́кже поп-звёзд. Наприме́р, одну́ из роле́й фи́льма игра́ет изве́стная певи́ца Ве́ра Бре́жнева; не ме́нее узнава́емое лицо́ – росси́йский президе́нт (на вре́мя вы́хода фи́льма) Дми́трий Медве́дев.

Ещё оди́н популя́рнейший представи́тель росси́йского телеви́дения, заде́йствованный в фи́льме – это шоуме́н и телеведу́щий Ива́н Урга́нт, кото́рый с 2012 го́да ведёт на Пе́рвом кана́ле росси́йского телеви́дения програ́мму "Вече́рний Урга́нт", сде́ланную по форма́ту програ́мм "Ночно́е шо́у" ("Late Night Show"). Та́кже изве́стен росси́йским зри́телям и актёр Серге́й Светлако́в, кото́рый ещё с нача́ла нулевы́х годо́в принима́ет уча́стие в огро́мном коли́честве юмористи́ческих переда́ч.

## КАК ВЫ ПОНЯЛИ?

**Задание 6. Правильно или неправильно? Исправьте неверные утверждения и добавьте детали к правильным.**

1. Тимур Бекмамбетов – очень необычный российский режиссёр, который работает в России, в Голливуде, и даже в Китае.
2. Действие фильма "Ёлки" разворачивается во время любимейшего россиянами праздника – Женского дня, 8 марта.
3. Тимур Бекмамбетов начал свою режиссёрскую карьеру с работы нам рекламными роликами.
4. Действие фильма "Ёлки" в основном происходит в Москве.
5. Одна из особенностей фильма "Ёлки" заключается в том, что фильм состоит из девяти кино-новелл, над которыми работали девять разных режиссёров.

---

2 А. Перепелкин. Интервью с Тимуром Бекмамбетовым. "Зритель, бедный, ничем ответить не может". https://slon.ru/culture/1036780-bekmambetov/

6. Фильмы франшизы "Ёлки" входят в десятку самых кассовых российских фильмов за всю историю русского кино.

7. В фильме "Ёлки" принимают участие узнаваемые лица российского телевидения и даже российский президент, Владимир Путин.

8. Фильм "Ночной дозор" был режиссёрским дебютом Тимура Бекмамбетова.

9. Бекмамбетов – один из немногих российских режиссёров, работавших с такими известными актёрами Голливуда, как Анжелина Джоли и Морган Фримен.

10. Действие всех фильмов франшизы "Ёлки" разворачивается в двадцать первом веке.

11. Фильмы франшизы "Ёлки" традиционно выходят на экраны кинотеатров в канун самого популярного российского праздника, Дня России.

## Задание 7. Замените выделенные фразы прилагательными в превосходной степени.

У российского новогоднего фильма <u>очень богатая</u> история. – У российского новогоднего фильма *богатейшая* история.

1. Тимур Бекмамбетов – один из <u>самых авторитетных</u> продюсеров современной российской киноиндустрии.

2. Одна из <u>самых интересных</u> особенностей фильма "Ёлки" – его формат.

3. Новый год – пожалуй, <u>самый любимый</u> праздник россиян.

4. Иван Ургант – один из <u>самых популярных</u> шоуменов российского телевидения.

5. Ещё с начала нулевых годов Сергей Светлаков и Иван Ургант снялись в <u>огромном</u> количестве юмористических телепередач.

## Задание 8. Прочитайте, что пишут о празднике Новый год российские исследователи и критики и ответьте на вопросы.

Как вы ужé пóняли, дéйствия фи́льмов франши́зы "Ёлки" развора́чиваются во врéмя новогóдних прáздников. Почемý áвторы фи́льма вы́брали и́менно Нóвый год? Дéло в том, что в совремéнной систéме российских прáздников у Нóвого гóда совершéнно уника́льный ста́тус. Как пи́шет исслéдователь Олéг Никола́ев, Нóвый год в Росси́и – э́то "еди́нственный прáздник, котóрый прáзднуют все. Нóвый год <u>признаётся</u>, по крáйней мéре откры́то не <u>отрица́ется</u>, всéми конфéссиями".[3] А исслéдователи Т. Кругло́ва и Н. Са́врас добавля́ют: Нóвый

| **признава́ть (призна́ть)** – to accept, to acknowledge |
| **отрица́ть** – to reject |

---

3 Олег Николаев. "Новый год: праздник или ожидание праздника". *Отечественные записки,* №1 (2003).

год – "это еди́нственный ритуа́л, кото́рый был <u>заи́мствован</u> из ста́рой Росси́и и не был свя́зан с Вели́кой Октя́брьской револю́цией. В эпо́ху по́зднего социали́зма Но́вый год стал пра́здником, где вся страна́, собра́вшись у телеви́зоров, слу́шает поздравле́ние главы́ <u>верхо́вной вла́сти</u>… Но́вый год эффекти́внее любо́й пропага́нды выполня́л зада́чу <u>объедине́ния</u> люде́й <u>вне</u> возрастны́х, социа́льных, полити́ческих и национа́льных разли́чий".[4]

А вот слова́ кинокри́тика Ля́ли Берг: "Для постсове́тских люде́й но́вый год – это <u>своеобра́зный</u> культ, что-то <u>це́нное</u>…

| |
|---|
| **заи́мствовать** – to borrow |
| **верхо́вная власть** – supreme power, highest authority |
| **объединя́ть (объедини́ть)** – to unite |
| **вне** – outside |
| **своеобра́зный** – unique |
| **це́нный** – valuable |
| **почётный** – honorable |
| **объёмный** – voluminous |
| **мечта́** – dream |

Бана́льность, но ёлки – это са́мое люби́мое в де́тстве. Нет, са́мое, са́мое люби́мое – это День рожде́ния, но у Но́вого го́да – <u>почётное</u> второ́е ме́сто! Поня́тие «Ёлки» насто́лько <u>объёмное</u>, как на́ши де́тские <u>мечты́</u>".

А кста́ти, тради́ция нового́днего кино́ начала́сь в Росси́и не с фи́льма "Ёлки". Пожа́луй, са́мый популя́рный фильм, кото́рый пока́зывают по телеви́зору с 70-х годо́в двадца́того ве́ка до сего́дняшних дней – это кинохи́т Эльда́ра Ряза́нова "Иро́ния судьбы́ и́ли с лёгким па́ром". Для мно́гих россия́н просмо́тр э́того фи́льма Ряза́нова в нового́днюю ночь – тако́й же обяза́тельный ритуа́л, как сала́т Оливье́ и́ли нового́дняя речь росси́йского президе́нта по телеви́зору.

1. Как вы поняли из прочитанного, Новый год – это советский праздник? А до Великой Октябрьской революции 1917 г. этот праздник отмечался? Отмечается ли этот праздник сейчас, в пост-советской России?
2. Как вы поняли из прочитанного, какую роль Новый год играет для россиян? Почему у этого праздника такой уникальный статус?
3. Скажите, а в вашей стране есть праздник, который "празднуют все"? Если есть, то расскажите о нём.
4. Скажите, а в вашей стране Новый год – это важный праздничный ритуал? Объясните, почему вы так думаете. Можно ли сказать, что по сравнению с другими праздниками, Новый год для жителей вашей страны – важнейший? Если нет, то какой праздник вы бы назвали самым главным? А если да, то как вы думаете, почему?
5. Скажите, а какой самый любимый праздник у вас? Объясните, почему. Скажите, а для вас с этим праздником связаны какие-нибудь ритуалы?

---

4 Т. А. Круглова, Н. А. Саврас. "Новый год как праздничный ритуал советской эпохи". *Известия Уральского государственного университета*. Сер. 2, Гуманитарные науки. – 2010. – № 2 (76). – С.5–14 (6).

## ПЕРЕД ПРОСМОТРОМ ФИЛЬМА

1. Как вы уже поняли, "Ёлки" – это новогодний фильм-комедия. Скажите, а видели ли вы ещё какие-нибудь фильмы, действие которых разворачивается под Новый год или Рождество? Если видели, то подробно расскажите об одном таком фильме. Скажите, что вы ожидаете увидеть в фильме-комедии, рассказывающем о новогоднем празднике в России?

2. В фильме несколько раз будут упоминаться "Кремлёвские куранты" (или просто "куранты"). Знаете ли вы, что это такое? Если не знаете, проведите небольшое исследование в интернете и определите, какое значение имеют Кремлёвские куранты для россиян, особенно в новогоднюю ночь.

3. В фильме вы услышите "новогодний" вариант русской пословицы "На Бога надейся, а сам не плошай". Плошать – это старое русское слово (от слова "плохо"), которое означает "совершать ошибку"; а один из возможных переводов этой пословицы на английский язык – "God helps those who help themselves". А как вы понимаете эту пословицу? Что, по-вашему, она означает? А что за "новогодняя" версия этой пословицы прозвучала в фильме? "На _____ надейся, а сам не плошай".

## ПОСЛЕ ПРОСМОТРА ФИЛЬМА

**Задание 9. Ответьте на вопросы.**

1. Первое впечатление. Скажите:

   1) Вам понравился фильм? Почему да или почему нет?

   2) Какие истории в фильме вам показались самыми смешными? А самыми оригинальными? Объясните, почему, и кратко перескажите содержание этих новелл-историй.

   | вырезáть (вы́резать) – to cut out |
   | --- |

   3) Как вы думаете, есть ли в фильме новелла, которая ничего не добавляет к развитию сюжета, и которую можно было бы вырезать?

   4) Что бы изменилось в фильме, если бы его действие происходило в вашей стране? Каких актёров вы бы пригласили на главные роли? Объясните свой выбор.

   5) Как вы думаете, если бы фильм "Ёлки" был сделан в Голливуде, что бы американские режиссёры сделали по-другому?

   6) Одна из участниц фильма – поп-звезда Вера Брежнева. Скажите, а если бы этот фильм был сделан в Голливуде, какую певицу (или может быть певца) пригласили бы в нём участвовать?

2. Давайте вспомним содержание фильма. Скажите:

   1) Кто такие Варя и Вова? Где они живут?

   2) Что Варя рассказывает ребятам из детского дома о своём отце? Как на её рассказ реагируют ребята? Верят ли они ей?

   3) Вова хочет помочь Варе. Что он решает предпринять? Вы помните, кто становится первым звеном в Вовиной цепочке из шести рукопожатий?

   4) Объясните своими словами, что такое "теория шести рукопожатий".

   5) Что вы узнали из фильма об отношениях бизнесмена Бориса и его девушки Оли?

   6) Кто такая Вера Брежнева и какую роль она играет в жизни таксиста Паши Бондарева? Скажите, Паше удаётся познакомиться с Брежневой? Подробно расскажите, как.

   7) В одной из новелл фильма, Юля узнаёт о неверности своего жениха и загадывает желание встретить нового мужчину. Подробно расскажите, что Юля делает для того, чтобы её желание сбылось и с какими проблемами она сталкивается. Скажите, сбывается ли её желание?

   8) Что происходит в истории о лыжнике и сноубордисте? Вы помните, кто – лыжник или сноубордист – становится очередным звеном в Вовиной цепочке?

   9) Действие одной из новелл фильма происходит в Макдональдсе. Вспомните и подробно расскажите, что конкретно происходит в этой истории.

   10) Кто оказался последним звеном в цепочке из шести рукопожатий? Смог ли этот человек помочь девочке Варе?

   11) Почему для ребят из детского дома (особенно для Вари и Вовы) важно, что Калининград – самый западный город?

3. Рассказывая о своём фильме, режиссёр Бекмамбетов заметил, что "Ёлки" стали таким "феноменально популярный кинопроектом" благодаря его универсальности. По мнению режиссёра, тематика фильма "близка и понятна зрителю в любой части света".[5] Скажите, а вы согласны с утверждением Бекмамбетова, что тематика "Ёлок" универсальна и легко понятна за пределами России? Есть ли в этом фильме элементы, которые будут понятны только русскому человеку или человеку, хорошо знакомому с русской культурой? Аргументируйте свой ответ конкретными примерами из фильма.

4. В 2015 году Бекмамбетов объявил о том, что его компания BAZELEVS приступает к работе над новым фильмом-альманахом из франшизы "Ёлки", под названием "Мировые ёлки". В этот новый фильм войдёт шесть новелл, снятых в шести разных странах, на родном языке каждой страны, и с участием известных актёров из этих стран. Пофантазируйте, какие актёры вашей страны могли бы принять участие в новом фильме

---

5 Anon. "Тимур Бекмамбетов приступил к производству «Мировых Ёлок»". Кино-Театр.РУ (8 ноября 2015 г.). http://www.kino-teatr.ru/kino/news/y2015/11-8/7610/

серии "Ёлки". А как вы думаете, о чём могла бы идти речь в новогоднем эпизоде, посвященном вашей стране?

5. Вы, наверно, помните, фильм "Итальянец" (мы смотрели его в начале этого курса), персонажи которого тоже жили в детском доме. Как вам кажется, изображение детского дома в фильме "Итальянец" отличается от детского дома фильма "Ёлки"? Если да, то чем? Чем жизнь ребят-детдомовцев в фильме "Ёлки" отличается от жизни ребят в фильме "Итальянец"? Приведите конкретные примеры из обоих фильмов.

## Задание 10. Правильно или неправильно? Исправьте неправильные утверждения. А о чём у вас нет достаточной информации?

1. Россия растянулась по земному шару на 15 часовых поясов, и потому новый год всегда наступает в Калининграде на 15 часов раньше, чем во Владивостоке.

2. Каждый год в Рождественскую ночь Российский президент обращается к гражданам своей страны с поздравительной речью.

3. Теория шести рукопожатий утверждает, что все люди на земле родственники через шесть человек.

4. Хотя Бавлы находятся достаточно близко от Уфы, эти два города находятся в разных часовых поясах.

5. Один из героев фильма Миша – бывший воспитанник детского дома, который сейчас живёт на Кубе.

## Задание 11. Прочитайте заметку и ответьте на вопросы.

Вы, наверно, заметили, что важную роль в фильме "Ёлки" играет так называемая "скрытая" или "неявная" реклама (в России этот приём также часто называют английским термином "продакт плэйсмент"), позволяющая включить коммерческий товар напрямую в текст фильма. Приём этот, конечно, совсем не новый и успешно функционирует в кино уже много-много лет, почти с самого рождения кинематографа.[6] Как пишет российская исследовательница А. Геращенко, "Примером Product Placement могут служить фильмы о Джеймсе Бонде. Скрытая реклама некоторых товаров позволила телезрителям узнать больше о привычках и вкусах агента, параллельно прививая эти же вкусы им. Сейчас большинство людей знают, что Джеймс Бонд водит машины марки BMW, носит часы Omega и костюмы от Brioni, предпочитает водку Fin-landia, телефоны марки Ericsson, снегоходы

| |
|---|
| **привычка** – habit |
| **вкус** – taste |
| **прививать** |
| **(привить)** – to instill |

---

6 Артем Заяц. "Особенности скрытой рекламы". *Film.ru* (5 февраля 2016 г.). https://www.film.ru/articles/repleysment-depleysment-i-prodakt-pleysment

SkiDoo, авиакомпа́нию British Airways и электро́нику Philips".[7] Кста́ти, Тиму́р Бекмамбе́тов ча́сто испо́льзует скры́тую рекла́му в свои́х фи́льмах, начина́я ещё с таки́х ку́льтовых блокба́стеров, как "Ночно́й дозо́р" и "Дневно́й дозо́р".[8] А теперь скажите:

1. Как вы поняли, что такое "скрытая" или "неявная" реклама? Объясните это понятие своими словами.
2. Видели ли вы какие-нибудь фильмы (не обязательно русские), в которых активно использовалась технология "скрытой рекламы"? Если да, то расскажите об одном таком фильме.
3. Некоторые говорят, что скрытая реклама в кино их раздражает и снижает интерес к рекламируемому бренду. А некоторые, наоборот, утверждают, что скрытая реклама помогает создать дополнительные характеристики персонажей или сюжета. А как вы относитесь к скрытой рекламе в художественных фильмах?
4. Какие бренды и виды товаров вы заметили в фильме "Ёлки"? Вспомните и расскажите о конкретных эпизодах из фильма, в которых рекламируется тот или иной товар.

**Задание 12. Кому принадлежат эти реплики? Вспомните, кто и когда сказал эти слова; подробно опишите эпизод фильма, в котором эти слова были сказаны, а также значение каждой реплики в фильме.**

1. "Пусть твой папочка, когда сегодня всех по телевизору поздравлять будет, дочке скажет «Варя, приветик»".
2. "Есть теория шести рукопожатий. Все люди на земле знакомы через шесть человек. Смотри, вот это ты, вот это президент. У тебя есть знакомые, у него тоже есть знакомые. И так дойдёт до президента, понимаешь?"
3. "Вы должны мне помочь, это очень важно. Моя подруга Варя всем сказала, что её папа – президент, и что он в новогоднем обращении передаст ей привет. Скажет кодовые слова. А на самом деле у Вари нет никакого папы. Поэтому нужно срочно попросить президента, чтобы он сказал эти слова".
4. "Юля, слушай меня и запоминай. Президент заканчивает обращение, начинаются куранты. Ты с первым ударом курантов пишешь своё желание на листочке, сжигаешь его, бросаешь пепел в бокал с шампанским и выпиваешь до последнего удара курантов. Всё правильно сделаешь – обязательно сбудется".
5. "Вот ты бабу Маню убил, а я девочку спасу. И знаешь, почему? Потому что сноубордист лучше лыжника".

---

7 А. А. Геращенко. "Скрытая реклама и ее роль в современном обществе". *Таврический научный обозреватель* 4 (декабрь 2015 г.).

8 "Скрытая реклама в кино: самые яркие примеры". *Теленеделя* (23 ноября 2018 г.). http://www.tele.ru/cinema/hits/skrytaya-reklama-v-kinematografe/; "Эффективные модели Product Placement". *4P.RU* (30 октября 2006 г.). http://www.4p.ru/main/theory/2353/

6. "Дорогие друзья! В эту ночь у меня есть несколько уникальных минут, когда я могу обратиться к каждому из вас... Пусть рядом с вами будут самые дорогие и самые близкие люди. Осталось несколько мгновений. Пора загадывать желание. Пусть сбудутся ваши самые заветные мечты. Но как говорится «На Деда Мороза надейся, а сам не плошай». С Новым годом!"

**Задание 13. Составьте десять вопросов по содержанию фильма, на которые можно ответить односложно: *да* или *нет*.**

## КАДРЫ ИЗ ФИЛЬМА

**Кадр 1.** Кратко расскажите, что происходит в новелле, героем которой является этот мальчик.

**Кадр 2.** А теперь вспомните, что происходит в этой сцене. Кто эти люди и какую роль они сыграли в "цепочке из шести рукопожатий"? Подробно расскажите, что произошло до и после этой сцены.

**Кадр 3.** Скажите, а какую роль в развитии событий фильма сыграл этот персонаж? Кратко расскажите её историю.

## ЧИТАЕМ О ФИЛЬМЕ

### Задание 14. Прочитайте отрывки из интервью с Тимуром Бекмамбетовым и ответьте на вопросы.

В интервью с Егóром Москвúтиным, режиссёр и продюсер фúльма Тимýр Бекмамбéтов определяет свой фильм как "наúвное искýсство": по словáм Бекмамбéтова, наúвное кинó "прéжде всего свя́зано с простотóй фóрмы. Онó отличáется <u>упрощённостью</u> своегó <u>повествовáния</u>, в котóром <u>лёгкость</u> драматургúи преобладáет над её <u>глубинóй</u>. Это всегдá наúвная фóрма, причём наúвность мóжет гранúчить с <u>пóшлостью</u>, потомý что áвтор обя́зан говорúть то, что дýмает, напрямýю, не пря́ча свой мы́сли в какýю-то «интеллектуáльную» упакóвку".[9]

> **упрощённость** – simplification
> **повествовáние** – narrative
> **лёгкость** – lightness
> **глубинá** – depth
> **пóшлость** – banality
> **упакóвка** – packaging

1. Скажите, вы согласны с тем, что фильм "Ёлки" отличается упрощённостью повествования? Объясните, почему вы так думаете.
2. Бекмамбетов говорит, что его фильм не предлагает зрителю "интеллектуальной упаковки". Скажите, вы согласны с этим утверждением? Если бы вы были продюсером, с каким фильмом вы бы предпочли работать: с интеллектуальным и глубоким "авторским" кино или с "наивным" фильмом? Объясните, почему.
3. А как вам кажется, что хотят видеть сегодняшние зрители в кино – лёгкость драматургии или глубину повествования? Почему вы так думаете?

А вот, что Тимýр Бекмамбéтов говорúт о новогóдних прáздниках и франшúзе "Ёлки": "Нóвый год являéтся стéржнем, основóй нáшей культýрной идентúчности. Он нас всех объединя́ет. Это бренд, котóрый зародúлся во временá Совéтского Союза: Рождествó в СССР не отмечáли, и все рождéственские традúции перешлú к Нóвому гóду…" "Нóвый год – консерватúвный прáздник. Нéкоторые вéщи и не должны́ меня́ться: 31 декабря́ мы едúм однú и те же блюда, пьём однú и те же напúтки, смóтрим однú и те же фúльмы. Так и фильм «Ёлки», стáвший однóй из составны́х частéй новогóднего ритуáла, дóлжен жить".[10]

4. А в вашей стране есть фильмы, которые показывают на Новый год? Если есть, то расскажите об одном таком фильме.

---

9 Егор Москвитин. Интервью с Т. Бекмамбетовым "Все думают, «Ёлки» беззубое кино, но оно остросоциальное". *Сноб* (28 декабря 2016 г.). https://snob.ru/selected/entry/118731

10 Саша Сулим. Интервью с Т. Бекмамбетовым "«Темный рыцарь» Нолана вырос из «Дозоров»". *Meduza* (11 декабря 2016 г.).

## ЗА РАМКАМИ ФИЛЬМА

**Задание 15. Ответьте на вопросы, аргументируя свою точку зрения.**

1. Чёрная кошка, пятница 13 число… По результатам социологического опроса ВЦИОМ 2015 г., 50% россиян верят в приметы.[11] Скажите, вас удивляет эта статистика? Как вы думаете, если бы этот опрос был проведён в вашей стране, отличались ли бы ответы жителей вашей страны от ответов россиян? Объясните своё мнение. А вы сами верите в приметы? Если да, то в какие?

2. Один из героев фильма "Ёлки" утверждает, что астрология – это не наука. Вы согласны с этим утверждением? Подробно объясните своё мнение. А как вы думаете, должна ли астрология стать одним из предметов, преподаваемых в университетах? Аргументируйте свой ответ.

3. В декабре 2015 года аналитический центр Юрия Левады провёл опрос среди россиян о том, до какого возраста они верили в Деда Мороза.[12] 32% опрашиваемых сказали, что они вообще не помнят, чтобы когда-нибудь верили в Деда Мороза; 17% сказали, что верили в Деда Мороза до шести лет или менее; ещё 17% – что перестали верить в Деда Мороза в возрасте 7 – 8 лет.

   - Скажите, как бы вы ответили на этот вопрос Левада-центра (конечно, Деда Мороза можно заменить на Санта-Клауса)? Подробно прокомментируйте свой ответ.

4. Ещё один опрос, который ВЦИОМ провёл в 2014 году, рассказывает о том, какие подарки россияне дарят на Новый год, а какие хотели бы получить сами. Оказывается, что самый популярный новогодний подарок – сувениры; их дарят коллегам и друзьям 42% россиян. Ещё 28% опрашиваемых дарят алкоголь; примерно 25% выбирают в подарок косметику и ювелирные изделия. При этом 17% опрошенных сами предпочли бы получить в подарок деньги.[13]

   - Скажите, вас удивили эти ответы? Объясните, почему да или нет.

   - А как бы вы ответили на вопрос ВЦИОМ о том, что вы дарите друзьям и коллегам на Новый год или Рождество, и что вы бы хотели получить сами?

5. Фильм "Ёлки" начинается со следующего утверждения: "У нас не так много праздников, которые мы отмечаем всей страной. Это удачная игра сборной России по футболу и Новый год. Ну, поскольку второй праздник мы отмечаем гораздо чаще, о нём и пойдёт речь". Как вы поняли из

---

11 ВЦИОМ, выпуск №2964 "Предсказания, колдовство, спиритизм… - верить или не верить" (30 октября 2015 г.). https://wciom.ru/index.php?id=236&uid=115446

12 Левада Центр "Празднование Нового года" (26 декабря 2015 г.). http://www.levada.ru/2015/12/26/rossiyane-o-prazdnike-novyj-god/

13 ВЦИОМ, выпуск №2744 "Итоги года и планы на следующий" (24 декабря 2014 г.). https://wciom.ru/index.php?id=236&uid=641

этого комментария, российская сборная по футболу часто выигрывает? Объясните, почему вы так решили. Скажите, а в вашей стране есть праздники, которые отмечаются "всей страной"? Если да, то расскажите, что это за праздники и как они отмечаются.

## ТЕМЫ ДЛЯ СОЧИНЕНИЙ И ДАЛЬНЕЙШЕГО ОБСУЖДЕНИЯ

1. Представьте, что вы собираетесь взять интервью у создателей фильма "Ёлки". Подготовьте вопросы, которые вы хотели бы им задать. Обсудите эти вопросы в классе; почему вас заинтересовали именно эти аспекты фильма?
2. Посоветуйте посмотреть фильм "Ёлки" своим русско-говорящим друзьям, которые ещё не видели этого фильма, и расскажите об этом фильме так, чтобы они обязательно захотели посмотреть эту кинокартину.
3. Детально опишите (устно или письменно) одну из сцен фильма.

# Моя перестройка

## Режиссёр Робин Хессман
## 2010

# 9

## ПЕРЕД ПРОСМОТРОМ ФИЛЬМА

Прочитайте название фильма. Скажите, а вы знаете что такое перестройка? А когда в Советском Союзе началась перестройка? Кратко расскажите, что вы знаете об эпохе перестройки. (Если затрудняетесь с ответом, то проведите небольшое исследование в интернете).

## ГОТОВИМСЯ СМОТРЕТЬ ФИЛЬМ – ЗАПОМНИТЕ ЭТИ СЛОВА И ВЫРАЖЕНИЯ

**Nouns**

бе́дность – poverty
борьба́ – fight, struggle
вы́боры – elections
га́лстук – neck tie
гимн – anthem
граждани́н (f. гражда́нка) – citizen
действи́тельность – reality
долг – debt
душа́ – soul
засто́й – stagnation
изго́й – outlaw, misfit
конкуре́нт – competitor
ко́нкурс – contest
ло́зунг – slogan
населе́ние – population
неразбери́ха – chaos, confusion,
однокла́ссник – classmate
опа́сность – danger
пограни́чник – boarder patrol officer
посту́пок – deed, action
разочарова́ние – disillusionment
распа́д – collapse, decay
свобо́да – freedom
угро́за – threat
удово́льствие – pleasure
уче́бный год – school year
челове́чество – humankind

**Other**

брать приме́р с (кого) – to follow smo.'s example
чёрный день – "rainy day"

**Adjectives**

беззабо́тный – worry-free
безмяте́жный – serene, worry-free
гнило́й – rotten
гра́мотный – literate, educated
досто́йный – worthy
круто́й – (slang) cool
неотъе́млемый – integral
печа́льный – sad, lamentable
послу́шный – obedient
приме́рный – exemplary
скро́мный – modest
споко́йный – calm
справедли́вый – just, fair
сре́дний – middle
трудолюби́вый – hard-working
уве́ренный – confident
у́зкий – narrow
я́дерный – nuclear

**Verbs**

боро́ться – to fight, to struggle
воспи́тывать (воспита́ть) – to bring up, to educate, to train
голосова́ть – to vote
горди́ться (кем/чем) – to be proud of
дружи́ть (подружи́ться) с (кем) – to be (become) friends with
заставля́ть (заста́вить) – to force
наблюда́ть – to observe, to watch
навя́зывать (навяза́ть) – to impose
ограни́чивать (ограни́чить) – to restrict
превраща́ться (преврати́ться) (в кого/во что) – to turn into smth.
развенчивать (развенча́ть) – to debunk
ру́шиться (ру́хнуть) – to collapse

**Задание 1. Сопоставьте фразы и их определения.**

| | |
|---|---|
| 1. Беззаботный человек | А. Тихий, послушный ребёнок |
| 2. Грамотный человек | Б. Студент, который много занимается |
| 3. Примерный студент | В. Человек, который умеет читать и писать |
| 4. Скромный человек | Г. Человек, который ни о чём не заботится |
| 5. Спокойный ребёнок | Д. Человек, который никогда не рассказывает о своих успехах и результатах |
| 6. Аполитичный человек | Е. Художник, писатель, артист |
| 7. Трудолюбивый студент | Ж. Отличный студент, пример для других студентов |
| 8. Творческий человек | З. Человек, который совершенно не интересуется политикой |

**Задание 2. Слова в контексте. Вставьте подходящие по смыслу слова в правильной форме:**

> Беззаботный, безмятежный, голосовать, гордиться, гражданин, действительность, заработать, население, неразбериха, одноклассники, печальный, разочарование, распад

Вспоминая своё советское детство, (classmates)_____, герои фильма Робин Хессман называют то время (worry-free) _____ и (serene)_____. И хотя некоторые из них считают себя неконформистами и оппозиционерами советской системе, для некоторых – (disillusionment) _____ в советском режиме наступило только с эпохой перестройки. Некоторые даже (were proud of) _____ своей советской (reality) _____ и (collapse) _____ Советского Союза был показался им (lamentable) _____. Сразу после распада Советского Союза, в стране началась (chaos) _____: так называемые "лихие девяностые". В магазинах не стало продуктов; деньги, которые люди (earned) _____, обесценились. А вот интересно: и во время перестройки, и во время Бориса Ельцина, российское (population) _____ было достаточно политически активным. В 1991 году люди даже строили баррикады! А вот в нулевые года, люди даже не хотят ходить (to vote) _____. Что же изменилось в менталитете сегодняшних российских (citizens)_____?

**Задание 3. Составьте словосочетания с этими глаголами:**

1. Бороться за (*что*): свобода; ценности; достойная жизнь; справедливость; мир

2. Бороться с (*кем/чем*): конформисты; одноклассники; коррупция; угроза обществу

3. Голосовать за (*что*): новый гимн; справедливый президент; свободное общество

4. Превращаться в (во) (*что*): примерные граждане; отличник; изгой; достойный конкурент

5. Гордиться (*кем/чем*): победа на конкурсе; сын-отличник; известный одноклассник

6. Брать пример с (*кого*): трудолюбивый одноклассник; примерный гражданин; отличница

7. Дружить с (*кем*): сосед по дому; американцы; пионеры

8. Получать удовольствие от (*чего*): беззаботная жизнь; творческий конкурс

## КОРОТКО О ФИЛЬМЕ

Чем ва́ше де́тство отлича́ется от де́тства ва́ших роди́телей? Мо́жет быть тем, что когда́ ва́ши роди́тели бы́ли ма́ленькими, у них не́ бы́ло айфо́нов и социа́льных сете́й? А как вы ду́маете, чем отлича́ется жизнь сове́тских дете́й от жи́зни дете́й сего́дняшней Росси́и? Вот и́менно э́тим вопро́сом и задала́сь Ро́бин Хе́ссман, америка́нский режиссёр документали́ст, кото́рая до́лго жила́ и рабо́тала в Москве́ и учи́лась во ВГИКе. Фильм Хе́ссман, кото́рый ру́сские кри́тики и режиссёры назва́ли "блестя́щим", – результа́т мно́гих лет наблюде́ний за не́сколькими ру́сскими се́мьями. Гла́вным героя́м фи́льма во вре́мя съёмки бы́ло чуть за 40, а расска́з о них ведётся со времён, когда́ они́ бы́ли ещё шко́льниками.[1] Ита́к, пе́ред ва́ми пя́теро са́мых обы́чных россия́н, кото́рым довело́сь испыта́ть на себе́ коне́ц эпо́хи "засто́я", перестро́йку, распа́д Сове́тского Сою́за, "лихи́е девяно́стые", и режи́м Влади́мира Пу́тина. О чём с ни́ми говори́т режиссёр? О де́тстве. О шко́ле. О сего́дняшней Росси́и. Каки́м вспомина́ют своё сове́тское де́тство э́ти однокла́ссники? Как повлия́ли на су́дьбы ка́ждого из них экономи́ческие рефо́рмы и полити́ческие измене́ния в стране́? О чём они́ мечта́ют? Об э́том-то вы и узна́ете из фи́льма "Моя́ перестро́йка", кото́рый, по слова́м одного́ кинокри́тика, рису́ет "живо́й, узнава́емый и кра́йне привлека́тельный коллекти́вный портре́т це́лого поколе́ния «сове́тских люде́й»".[2]

---

1 Андрей Смирнов, Александр Архангельский. "Другое кино – другая страна". *Искусство кино* 2 (февраль 2013). http://kinoart.ru/archive/2013/02/andrej-smirnov-aleksandr-arkhangelskij-drugoe-kino-drugaya-strana

2 Олег Сулькин. "Умом Россию не понять". *Репортёр* (23 марта 2011). http://reporterru.com/?p=1825. Официальный сайт фильма "My Perestroika": http://myperestroika.com/

## О режиссере фильма

Режиссёр и продю́сер документа́льного кино́, Ро́бин Хе́ссман, росла́ в Аме́рике в конце́ 70-х годо́в, в разга́р "холо́дной войны́", когда́ Сове́тский Сою́з представля́лся са́мым гла́вным враго́м США. Ро́бин расска́зывает, что её всегда́ тяну́ло узна́ть побо́льше о стране́ за "желе́зным за́навесом". Ещё шко́льницей она́ взахлёб чита́ла о Сове́тском Сою́зе, слу́шала курс "Ру́сская исто́рия и литерату́ра", и да́же подписа́лась на журна́л "Сове́тский Сою́з". ("Роди́тели бы́ли в у́жасе," – вспомина́ет Хе́ссман).[3] Журна́л приходи́л ка́ждый ме́сяц, и ей о́чень нра́вилось рассма́тривать фотогра́фии, осо́бенно е́сли на них бы́ли изображены́ её рове́сники – сове́тские шко́льники.[4] Когда́ Ро́бин была́ в двена́дцатом кла́ссе, ру́хнула Берли́нская стена́, и де́вушка неме́дленно ста́ла ду́мать о том, как бы попа́сть в СССР. В январе́ 1991 го́да 18-ле́тняя студе́нтка прилете́ла в Ленингра́д, где ей довело́сь порабо́тать на Ленфи́льме. А пото́м Ро́бин поступи́ла в прести́жнейший кинову́з страны́, ВГИК, зако́нчила его́ с отли́чием (а точне́е, с "кра́сным дипло́мом"), а в 22 го́да да́же ста́ла продю́сером ру́сской телепрогра́ммы "У́лица Сеза́м" (хотя́, как говори́т сама́ Ро́бин, в то вре́мя она́ "не совсе́м понима́ла, что тако́е продю́сер").[5] Фильм "Моя перестро́йка" Ро́бин начала́ снима́ть в 2004 году́ и рабо́тала над ним шесть лет. Этот фильм получи́л мно́жество награ́д на фестива́лях по всему́ ми́ру, включа́я премье́рный пока́з на фестива́ле Sundance в 2010 году́.

## КАК ВЫ ПОНЯЛИ?

### Задание 4. Правильно или неправильно? Исправьте неверные утверждения.

1. Режиссёр фильма "Моя перестройка" – русская, которая много лет жила в США.
2. Во время "Холодной войны" Советский Союз изображался главным врагом США.
3. Речь в фильме "Моя перестройка" идёт об американцах, приехавших в Советский Союз в 90-х годах.
4. В 70-х годах Робин Хессман работала продюсером русской телепрограммы "Улица Сезам".
5. Берлинская стена рухнула, когда Робин училась в университете.
6. В 1991 г. Робин приехала в Москву и сразу же устроилась работать на Мосфильм.
7. Учась во ВГИКе, Робин была отличной студенткой.
8. Над фильмом "Моя перестройка" Робин работала 15 лет.
9. Фильм "Моя перестройка" – неигровой, документальный фильм.

---

3 Дмитрий Волчек. "Московские истории ребенка в красных пеленках". *Радио Свобода* (6 декабря 2012 г.). https://www.svoboda.org/a/24791189.html

4 Дмитрий Волчек. "Московские истории ребенка в красных пеленках".

5 Виктория Мусвик. "Робин Хессман: Это фильм про поколение обычных советских детей". *Московские Новости* (11 декабря 2012). http://www.mn.ru/society/history/85214

## Задание 5. Ответьте на вопросы.

1. Как вы поняли, почему Робин Хессман заинтересовалась Советским Союзом? Детально объясните и приведите примеры из прочитанного.
2. Понравился ли русским критикам фильм "Моя перестройка"? Почему вы так решили?
3. Сколько лет было героям фильма, когда Робин снимала о них фильм?
4. А как бы вы ответили на вопрос, с которого начинается эта глава? Чем ваше детство отличается от детства ваших родителей? А как вам кажется, чем детство ваших детей будет отличаться от вашего?
5. Как вам кажется, оказывают ли влияние на жизнь людей политические и экономические изменения в стране, в которой они живут? Если да, то приведите конкретные примеры такого влияния.

## Задание 6. Знаете ли вы историю Советского Союза и России? Соедините даты с правильной исторической эпохой. Расскажите, что вы знаете о каждом из этих периодов.

| | |
|---|---|
| Семидесятые и начало восьмидесятых | Распад Советского Союза |
| 1985 год | Эпоха Владимира Путина и Дмитрия Медведева |
| 1991 год | Михаил Горбачёв и эпоха перестройки |
| Двухтысячные годы | "Холодная война" при Леониде Ильиче Брежневе |

**Задание 7. Исследование в Интернете.** Знаете ли вы, что 90-ые годы в Советском Союзе называются "лихими девяностыми" ("Dashing Nineties")? А почему они так называются? Проведите исследование в интернете и узнайте, почему эпоха Бориса Ельцина получила такое название. Сообщите о результатах своего исследования в классе.

### ПЕРЕД ПРОСМОТРОМ ФИЛЬМА

"Моя перестройка" – это неигровой, документальный фильм. А вы любите документальное кино? Скажите, какие полнометражные документальные фильмы вы видели? Как вам кажется, современному зрителю в вашей стране интересны документальные фильмы? Что вы ожидаете увидеть в документальном фильме о России и Советском Союзе?

# ПОСЛЕ ПРОСМОТРА ФИЛЬМА

**Задание 8. Ответьте на вопросы.**

1. Первое впечатление. Скажите:

   1) Вам понравился фильм? Почему да или почему нет?

   2) Что бы изменилось в фильме, если бы его действие происходило в современной школе вашей страны?

   3) Какие герои фильма вам показались наиболее интересными? Объясните, почему, и кратко расскажите о них.

2. Давайте вспомним содержание фильма. Скажите:

   1) Где и кем работают персонажи фильма: (а) Борис и Люба? (б) Руслан? (в) Андрей?

   2) Где эти персонажи жили в детстве? Они учились в одной школе? Чьи дети сейчас учатся в той же самой школе?

   3) Как вам показалось, рассказывая о своём детстве в Советском Союзе, персонажи фильма вспоминают свои школьные годы с ностальгией? Почему вы так решили? Приведите конкретные примеры из фильма.

   4) Какие из эпизодов советского детства, описанные героями фильма, показались вам наиболее интересными? Подробно расскажите о них.

   5) Что герои фильма рассказывают о своём участии в советских коммунистических организациях (Пионерская организация, Комсомол, Партия)? Все ли из них были участниками всех трёх организаций?

   6) Люба говорит о себе, что в школьные годы она была конформисткой. Какие примеры своего конформизма она приводит? А как Люба объясняет, почему она была конформисткой?

   7) А считает ли Любин муж, Борис, что он был конформистом в детстве и юности? Какие примеры он приводит?

   8) Как вам показалось, все ли персонажи фильма довольны своей жизнью сейчас? Приведите примеры.

   9) Руслан говорит о себе, что он человек "вне социума". Как вы думаете, что он имеет в виду?

   10) В фильме вы видели много советской кинохроники, показывающей советских школьников. Подробно расскажите, что нового или необычного вы узнали из этого фильма о детях в Советском Союзе?

   11) Что вы узнали из фильма о предметах, которые изучают современные русские школьники и которые изучали советские дети? Какую разницу вы заметили между темами на уроках в Советском Союзе и темах в сегодняшней школе?

   12) Борис и Люба говорят, что сегодня очень сложно преподавать историю России. Вы поняли, почему они так думают?

   13) Борис утверждает, что современные дети читают гораздо меньше, чем его поколение в детстве. С этим соглашается и Ольга, которая

говорит, что в детстве прочла "все книжки в доме к 16-ти годам". Как Ольга и Борис объясняют, почему современные дети читают меньше, чем советские дети? Скажите, а как вам кажется, поколение ваших родителей читали больше, чем читает ваше поколение? Аргументируйте свой ответ.

14) Несколько раз Ольга называет себя "аполитичным человеком". Почему она так о себе говорит? Приведите примеры из фильма, иллюстрирующие её аполитичность.

15) Скажите, а как вам кажется, остальные герои фильма тоже аполитичны? Объясните своё мнение.

16) В момент съёмки фильме в России шли президентские выборы (на которых, как вы, наверно, знаете, победил Дмитрий Медведев). Как вы поняли, собираются ли герои фильма идти на выборы? Чем они аргументируют своё решение? А что рассказывает Ольга про президентские выборы в 1990-х годах?

17) Расскажите, что в 1996 году случилось с молодым человеком Ольги. Как после этого изменилась её жизнь?

## Задание 9. Расставьте следующие периоды истории Советского Союза в правильном хронологическом порядке.

_____ "Лихие 90-е" Бориса Ельцина
_____ Советский Союз при Леониде Ильиче Брежневе
_____ Эпоха Владимира Путина и Дмитрия Медведева
_____ Михаил Горбачёв, эпоха перестройки и гласности
_____ Путч (coup) – попытка коммунистов удалить от власти Горбачёва и остановить развал СССР

А теперь кратко расскажите о жизни одного из персонажей фильма во время каждого из этих периодов.

## Задание 10. Кому принадлежат следующие реплики? Скажите, как эти слова характеризуют героя, который их сказал? В какой момент фильма и в каком контексте они были сказаны? Объясните значение каждой реплики в контексте всего фильма.

1. "Я не могу сказать, что мне хотелось быть как все. Это не так. Я была как все. И мне вполне хватало моей советской действительности".

2. "Ну, моя мама добрая, иногда может поругаться. У неё синяки под глазами от усталости. И мама, и папа мои преподают историю в 57 школе, там же, где и я учусь".

3. "Ну, на баррикадах я не был. Меня б жена не пустила… тёща, мама… Но мы в этот период были в отпуске".

4. "Что же касается проблемных страниц истории, то да, они были. Так они были в истории любого государства. Нельзя позволить, чтобы нам навязывали чувство вины. Надо помочь создавать у наших граждан, прежде всего молодых, чувство гордости за страну, нам есть, чем гордиться".

5. "Человек, как биологический объект, существует на земле несколько миллионов лет. Человечество, как объединение народов, существует несколько сотен лет. 57-ая школа, как объединение лучшей части человечества, существует 130 лет. Мы начинаем 131 учебный год в 57 школе. Ура!"

**Задание 11. Подробно опишите следующих персонажей фильма. Где эти персонажи работают? Где учатся? Кого их этих героев можно назвать успешным человеком? А кто "вне социума"? Что ещё вы помните из фильма об этих людях?**

1. Ольга
2. Борис
3. Люба
4. Марк
5. Руслан
6. Андрей

**Задание 12. Ответьте на вопросы.**

1. Рассказывая о своём сыне, Борис говорит, что сегодняшние дети – это "поколение хакеров". Как вы понимаете, что он имеет в виду? Кто такие хакеры?
2. Скажите, а как, по-вашему, надо относиться к информации в интернете? Должна ли быть цензура в интернете? Если да, то возможно ли установить цензуру в интернете?
3. Дайте совет родителям, у которых дети слишком много времени проводят за компьютером. Объясните им, что такое компьютерная зависимость и чем эта зависимость может быть вредна для детей.
4. А как вы думаете, как будет выглядеть интернет через 20 лет? Через 50 лет?
5. Как вы думаете, сегодняшние маленькие дети пользуются интернетом чаще, чем вы в их возрасте? Подробно прокомментируйте своё мнение.

**Задание 13. Составьте 10 вопросов по содержанию фильма, на которые можно ответить односложно: *да* или *нет.***

## ЧИТАЕМ О ФИЛЬМЕ

**Задание 14. Прочитайте отрывок из рецензии Андрея Плахова на фильм "Моя перестройка" и ответьте на вопросы.[6]**

Россия уже давно перестала быть для Запада экзотикой, но понимания это особенно не прибáвило. Вот почему приятно удивил своей конкретностью и знанием предмета фильм американки Рóбин Хéссман "Моя перестройка". Это

---

6 Андрей Плахов. "Упрощение тигров". *Kommersant.ru* (01 февраля 2011). http://www.kommersant. ru/Doc/1577228

удиви́тельно то́чное <u>погруже́ние</u> в на́шу жизнь – без па́фоса, но и без цини́зма, с <u>сочу́вствием</u>, о́стрым ю́мором, но без <u>я́да</u>.

Ро́бин Хе́ссман учи́лась во ВГИКе, во́семь лет прожила́ в Москве́ и уви́дела перестро́ечную Росси́ю двойны́м зре́нием – <u>изнутри́</u> и <u>извне́</u>. Её геро́и – бы́вшие ученики́ моско́вской шко́лы, чьё <u>становле́ние</u> в о́бществе <u>пришло́сь на</u> го́ды горбачёвских рефо́рм и е́льцинские "лихи́е 90-е". Официа́льная хро́ника вме́сте с ка́драми дома́шнего ви́део реконструи́рует наи́вный мир "сове́тского <u>ра́я</u>". Сего́дня геро́ям уже́ за 40: оди́н стал ро́кером, друго́й – хозя́ином магази́на францу́зской оде́жды, ещё дво́е – семе́йная па́ра Бори́с и Лю́ба – преподаю́т исто́рию в шко́ле. Испыта́в <u>разочарова́ние</u> в поли́тике, они́, как и в сове́тские времена́, <u>и́щут убе́жища</u> в ча́стной дома́шней жи́зни – тако́й же скро́мной, как в то вре́мя, когда́ не́ было ни олига́рхов, ни заграни́чных ту́ров, а джи́нсы бы́ли стра́шным дефици́том....

Скажи́те:

1. Как вы по́няли из реце́нзии, Андре́ю Плахову понра́вился фильм "Моя́ перестро́йка"? Приведи́те конкре́тные приме́ры из реце́нзии и объясни́те, почему́ вы так реши́ли.
2. Кри́тик пи́шет, что америка́нскому режиссёру Робин Хе́ссман удало́сь уви́деть Росси́ю "изнутри́ и извне́". Как вы ду́маете, что он име́л в виду́? Вы согла́сны с мне́нием кри́тика? Е́сли да, то приведи́те приме́ры из фи́льма. А е́сли нет, то аргументи́руйте свой отве́т.
3. А чем, по слова́м кри́тика, жизнь геро́ев фи́льма сего́дня отлича́ется от жи́зни в сове́тские времена́?

**Зада́ние 15. А тепе́рь прочита́йте отры́вок из реце́нзии Оле́га Сулькина и отве́тьте на вопро́сы.**[7]

В це́нтре – гру́ппа люде́й. Им чуть за со́рок [...] Гла́вные расска́зчики – супру́ги, учителя́ исто́рии сре́дней шко́лы Бори́с и Лю́ба Меерсо́н. И их друзья́, бы́вшие однокла́ссники [...] Сове́тский Сою́з – страна́, где жи́ли живы́е лю́ди, а не марширу́ющие на пара́дах ро́боты. Лю́ди, кото́рые ра́довались и <u>горева́ли</u>, кото́рые сейча́с с ностальги́ей вспомина́ют счастли́вое де́тство, счастли́вое,

**прибавля́ть (приба́вить)** – to add
**погруже́ние** – immersion
**сочу́вствие** – compassion, sympathy
**яд** – poison

**изнутри́** – from the inside
**извне́** – from the outside
**становле́ние** = формирова́ние
**приходи́ться (прийти́сь) на (+ acc. form of dates)** – to fall on
**рай** – paradise
**разочарова́ние** – disappointment, disillusionment
**иска́ть убе́жище** – to seek shelter

---

7 Олег Сулькин. "Умом Россию не понять".

несмотря́ на тота́льный дефици́т и тота́льное <u>враньё</u>.

Хе́ссман во́семь лет прожила́ в Росси́и, в Пи́тере и Москве́, и полюби́ла свои́х геро́ев. Эту любо́вь она́ и не пыта́ется <u>скрыва́ть</u>, как и цивилизо́ванный у́жас от "<u>пережи́тков</u>" социали́зма. Она́ <u>сочета́ет</u> свою́ делика́тную ка́меру, <u>преле́стные</u> дома́шние видео, и нары́тую в архи́вах кинохро́нику. А ещё она взяла́ в <u>звукову́ю доро́жку шля́геры</u> тех лет. Получи́лось кино́ отча́сти <u>не́жное</u>, отча́сти саркасти́ческое, но в це́лом <u>убеди́тельное</u> и у́мное.

Скажите:

1. Скажите, а этому критику понравился фильм Робин Хессман? Объясните, почему вы так решили; аргументируйте свой ответ примерами из рецензии.
2. Скажите, вы согласны с критиком, что Хессман показала СССР как страну, "где жили живые люди", а не роботы, "марширующие на парадах"? Если да, то приведите примеры из фильма, а если нет, то аргументируйте свой ответ.

**горева́ть** – to grieve, to be sad
**враньё** – lies
**скрыва́ть (скрыть)** – to hide, to conceal
**пережи́ток** – relic, remnant
**сочета́ть** – to combine
**преле́стный** – charming, lovely
**звукова́я доро́жка** – soundtrack
**шля́гер** – (music) hit
**отча́сти** – partly
**не́жный** – tender
**убеди́тельный** – convincing

## ЗА РАМКАМИ ФИЛЬМА

**Задание 16. Ответьте на вопросы, аргументируя свою точку зрения.**

1. Ольга говорит, что, по её мнению, в России нет среднего класса. А как вы понимаете, что такое "средний класс"? Есть ли средний класс в вашей стране?
2. В одном из эпизодов фильма "Моя перестройка" Владимир Путин обращается к преподавателям истории и призывает их воспитывать в школьниках чувство гордости за свою страну. А как вы думаете, должны ли школы заниматься патриотическим воспитанием детей? Нужно ли воспитывать в детях "чувство гордости за свою страну"? Занимаются ли таким воспитанием детей школы в вашей стране?
3. Говоря о жизни в Советском Союзе в 80-х годах, Ольга говорит, что советские люди были спокойны и уверены в завтрашнем дне. Скажите, вас удивил этот комментарий? А как вам кажется, сегодняшняя молодёжь вашей страны уверена в завтрашнем дне?
4. Рассказывая о своем детстве в Советском Союзе, все герои фильма Робин Хессман говорят, что детство было самым счастливым временем в их жизни. Как сказал Борис: "Я был маленький, и солнце было ярче, травка зеленее, небо голубее, и всё вроде как было лучше". Скажите,

а вы бы назвали своё детство "самым счастливым временем" вашей жизни? Объясните почему. Расскажите, чем ваше детство отличается от детства героев фильма "Моя перестройка".

5. Вспоминая свою музыкальную карьеру, Руслан с горечью замечает, что панк-рок в сегодняшней России превратился в "машину шоу-бизнеса": "Как можно заниматься музыкой ради денег?" – спрашивает бывший рокер. Объясните своему русско-говорящему другу, который не видел фильма "Моя перестройка", какую роль играл панк-рок в культурной жизни Советского Союза. Мог ли Руслан играть свою музыку при Брежневе? Когда у музыканта появилась возможность играть панк-рок? Скажите, а как вы думаете, можно ли "заниматься музыкой ради денег"? Или искусство (даже если это панк-рок) должно быть исключительно ради искусства? Объясните своё мнение.

6. Выборы президента в момента съемки фильма кажутся очень "больным" вопросом для всех героев фильма. Помните разговор между Борисом и Любой? "Я не хочу голосовать, я не буду голосовать. Давай я лучше за американского президента проголосую. – Нас не спрашивают. – Да нас и здесь не спрашивают". Судя по этому разговору (и по другим эпизодам фильма), можно ли назвать героев фильма аполитичными людьми? Объясните, почему вы так думаете. А как вам кажется, жители вашей страны принимают активное участие в выборах президента? А молодёжь в вашей стране интересуется политикой? Приведите конкретные примеры и аргументируйте свой ответ.

## ТЕМЫ ДЛЯ СОЧИНЕНИЙ И ДАЛЬНЕЙШЕГО ОБСУЖДЕНИЯ

1. Представьте, что вы собираетесь взять интервью у режиссёра фильма "Моя перестройка". Подготовьте вопросы, которые вы хотели бы ей задать. Обсудите эти вопросы в классе; почему вас заинтересовали именно эти аспекты фильма?

2. Посоветуйте посмотреть "Моя перестройка" своим русско-говорящим друзьям, которые ещё не видели этого фильма, и расскажите об этом фильме так, чтобы они обязательно захотели посмотреть эту кинокартину.

3. Детально опишите (устно или письменно) одну из сцен фильма.

# 10 | Географ глобус пропил

## Режиссёр Александр Велединский
## 2013

## ПЕРЕД ПРОСМОТРОМ ФИЛЬМА

Скажите, судя по приведённому кадру, как вы думаете, где происходит действие фильма? Почему вы так решили?

## ГОТОВИМСЯ СМОТРЕТЬ ФИЛЬМ – ЗАПОМНИТЕ ЭТИ СЛОВА И ВЫРАЖЕНИЯ

**Nouns**

бе́рег – shore

вина́ – guilt

дове́рие (кому) – trust (in smo.)

зага́дка – riddle

зарпла́та – salary

заявле́ние – application

ка́рта – map

ли́чность – individual, personality

муче́ние – torment, misery

недоразуме́ние – misunderstanding

неуда́чник – loser

но́венький (но́венькая) – new kid in class

образова́ние – education

о́пыт – experience

оце́нка – grade (assessment of student's performance)

парохо́д – steamboat

пле́мя (pl. племена́) – tribe

плот – raft

похо́д – hike

предме́т – (school) subject

произво́дство – industry, production

противога́з – gas mask

ссо́ра – quarrel, fight

ста́до – herd

те́сто – dough

чу́вство вины́ – sense of guilt

чу́вство ю́мора – sense of humor

шу́тка – joke

экраниза́ция – screen adaptation

**Other**

была б моя во́ля – if it were up to me

знать по о́пыту – to know from experience

име́ть представле́ние – to have an idea

ли́чный о́пыт – personal experience

при э́том – at the same time

сты́дно (кому) – to be ashamed

**Adjectives**

глухонемо́й – deaf-mute

духо́вный – spiritual

зло́бный – vicious

опа́сный – dangerous

о́пытный – experienced

отве́тственный – responsible

привлека́тельный – attractive

пья́ный – drunk

терпели́вый – patient

тре́звый – sober

тупо́й – (coll.) dumb

успе́шный – successful

**Verbs**

дели́ть (раздели́ть) – to divide

доверя́ть (дове́рить) (кому) – to trust (smo.)

красне́ть – to blush

назнача́ть (назна́чить) – to appoint

нака́зывать (наказа́ть) – to punish

нала́живать (нала́дить) – to arrange, to put in order

напива́ться (напи́ться) – to get drunk

привыка́ть (привы́кнуть) к (кому) – to get used to

разва́ливать (развали́ть) – to disorganize

сверга́ть (све́ргнуть) – to overthrow

скуча́ть (соску́читься) по (кому) – to miss smo.

увольня́ться (уво́литься) – to quit a job

увольня́ть (уво́лить) – to fire smo. (from a job)

**Задание 1. Антонимы. Пользуясь словарём урока, подберите антонимы к следующим словам:**

Налаживать – _____

Ответственный – _____

Страх – _____

Трезвый – _____

Привлекательный – _____

**Задание 2. Слова в контексте.** Вставьте подходящие по смыслу слова в правильной грамматической форме:

> Злобный, иметь представление, назначать/назначить, напиваться/напиться, неопытный, неудачник, новенький, пароход, поход, предмет, производство, свергать/свергнуть, стадо, трезвый, успешный

Виктор Служкин – (new kid)_____. Только он не ученик, а новый (inexperienced) _____ учитель, и ведёт он (subject) _____, о котором почти не (has an idea) _____, - географию. О чём Служкин разговаривает с десятиклассниками на уроках? О (industry) _____ в их городе, о (steamboats) _____, но самое главное, однажды он ведёт школьников в (hike) _____. Одна проблема – Служкин часто (gets drunk) _____ и почти никогда не бывает (sober) _____. Ребята считают своего учителя (loser) _____, а Служкин считает, что его ученики – (vicious) _____ (herd) _____. Что произойдёт, если в походе, далеко от города, школьники (overthrow) _____ своего учителя, и (appoint) _____ "командиром" одного из ребят? И может ли быть (successful) _____ такой поход?

**Задание 3. Дополните предложения, употребив подходящие по смыслу глаголы в правильной грамматической форме. (Если затрудняетесь с ответом, то проконсультируйтесь со словарём).**

> Делить/разделить; делиться/разделиться; напиваться; увольнять/уволить; увольняться/уволиться; разваливаться/развалиться; налаживаться/наладиться; налаживать/наладить

1. Хотя Виктору Служкину и не нравится работа в школе, он не может _____: его семье нужны деньги.
2. Виктор обещает жене, что у них все обязательно _____.
3. Учитель просит школьников открыть карты и _____ территорию страны на экономические районы.

4. В походе ребята решают _____ на две группы.
5. После похода директор школы _____ Служкина.
6. Почти вся промышленность в этом старом городе _____.
7. Виктор часто _____ и редко бывает трезвым.
8. Директор школы очень хочет _____ ситуацию с уроками географии.

## КОРОТКО О ФИЛЬМЕ

"Гео́граф гло́бус про́пил" – оди́н из са́мых нашуме́вших оте́чественных фи́льмов 2013 го́да. Этот фильм – экраниза́ция одноимённого рома́на Алексе́я Ивано́ва, напи́санного ещё в середи́не 90-х годо́в, а опублико́ванного в 2003. Как и в кни́ге, собы́тия фи́льма развора́чиваются в ура́льском го́роде Пермь (там же шли и съёмки).

**нашуме́вший** – sensational
**одноимённый** – of the same name

Только е́сли де́йствия кни́ги развора́чиваются в 90-х года́х двадца́того ве́ка, то собы́тия фи́льма А. Веледи́нского перенесены́ в 2010-е го́ды. Ита́к, пе́ред на́ми са́мая обы́чная шко́ла два́дцать пе́рвого ве́ка, в кото́рой ста́лкиваются два поколе́ния: десятикла́ссники (де́ти, рождённые в пост-сове́тских нулевы́х года́х) и их но́вый учи́тель геогра́фии, Ви́ктор Слу́жкин, представи́тель поколе́ния 40-ле́тних, рождённых в конце́ сове́тской эпо́хи. Чему́ же мо́гут научи́ть "отцы́" иду́щих за ни́ми "дете́й"?

Интере́сный факт о фи́льме: пожа́луй, еди́нственный фильм за всю исто́рию фестива́лей росси́йского кинемато́графа, "Гео́граф гло́бус про́пил" был лауреа́том практи́чески ка́ждого росси́йского кинофестива́ля в 2013 году́: он получи́л во́семь "Ник" (в том числе́ за лу́чший фильм, лу́чшую режиссёрскую рабо́ту, лу́чшую мужску́ю роль, лу́чшую же́нскую роль и лу́чший сцена́рий); пять призо́в на фестива́ле "Кинота́вр" (включа́я приз за лу́чший фильм и лу́чшую мужску́ю роль); 6 "Золоты́х орло́в" (лу́чший игрово́й фильм, лу́чшая мужска́я роль, лу́чшая же́нская роль, лу́чшая режиссёрская рабо́та); и три "Бе́лых слона́" (лу́чший фильм, лу́чшая мужска́я роль и лу́чшая же́нская роль).

**В главных ролях:**
Учитель географии, Виктор Сергеевич Служкин – Константин Хабенский
Жена Служкина, Надя – Елена Лядова
Друг Служкина, Максим Будкин – Александр Робак
Преподавательница немецкого языка, Кира Валерьевна – Евгения Хиривская
Ученица Служкина, Маша Большакова – Анфиса Черных
Ученик Служкина, Градусов – Андрей Прытков

## О режиссёре фильма

Начнём с интере́сного фа́кта об *Алекса́ндре Веледи́нском* (род. 1959 г.): э́тот режиссёр пришёл в профе́ссию дово́льно по́здно, нача́в занима́ться режиссёрской де́ятельностью по́сле сорока́ лет (по призна́нию самого́ Веледи́нского, до 34 лет он "никогда́ не стоя́л о́коло ка́меры").[1] Чем он занима́лся до э́того? Око́нчил Политехни́ческий институ́т в го́роде Го́рьком по специа́льности "оборудование судо́в", мно́го лет рабо́тал инжене́ром-судострои́телем. Хотя́ по его со́бственным слова́м, бу́дучи инжене́ром, всегда́ мечта́л о рабо́те в кино́ и, наконе́ц, в 1993 г. поступи́л на Вы́сшие Ку́рсы сценари́стов и режиссёров.[2] Пе́рвая рабо́та Веледи́нского в кино́ – короткометра́жный фильм "Ты да я, да мы с тобо́й" (2001), кото́рый был отпра́влен на ко́нкурсную програ́мму Ка́ннского кинофестива́ля. В 2002 г. Веледи́нский был соа́втором сцена́рия к нашуме́вшей в нулевы́х года́х многосери́йной га́нгстерской са́ге "Брига́да". По́сле э́того вы́пустил не́сколько режиссёрских прое́ктов, среди́ кото́рых карти́на под назва́нием "Живо́й" (2006 г.), расска́зывающая о солда́те, верну́вшемся с Чече́нской войны́. По́сле "Живо́го" фи́льмы Веледи́нского не́сколько лет не появля́лись на экра́нах кинотеа́тров, а семь лет спустя́, в 2013 г., вы́шел "Гео́граф", и режиссёр опя́ть стал це́нтром внима́ния зри́телей, кри́тиков и пре́ссы.

оборудование – equipment
су́дно (pl. суда́) – vessel, ship

## Об актёрах

*Константи́н Хабе́нский* – оди́н из са́мых востре́бованных и узнава́емых актёров росси́йского кино́. Изве́стность Хабе́нскому принёс детекти́вный телевизио́нный сериа́л "Убо́йная си́ла", в кото́ром он снима́лся на протяже́нии пяти́ сезо́нов (с 2000 по 2005 год). А гла́вная роль в ме́га-популя́рных пе́рвых росси́йских блокба́стерах "Ночно́й дозо́р" (2004) и "Дневно́й дозо́р" (2005) сде́лала Хабе́нского лицо́м но́вого росси́йского кинемато́графа. В 2008 г. актёр появи́лся в эпизоди́ческой ро́ли америка́нского боевика́ "Осо́бо опа́сен" (реж. Тиму́р Бекмамбе́тов) вме́сте с голливу́дскими звёздами Мо́рганом Фри́меном и Анжели́ной Джоли́. В 2013-ом году́ Хабе́нский сня́лся ещё в одно́й

"Ты да я, да мы с тобо́й" – *Just the Two of Us*
"Живо́й" – *Alive*
востре́бованный – in demand
"Ночно́й дозо́р" – *Night Watch*
"Дневно́й дозо́р" – *Day Watch*
"Осо́бо опа́сен" – *Wanted*
"Война́ миро́в Z" – *World War Z* (dir. Marc Forster, 2013)
благотвори́тельность – charity, philanthropy
рак – cancer

---

1 Яна Гордеева. "Александр Велединский: Хабенский – великодушный человек!" *Экспресс газета online* 17 (1002) (2 мая 2014). http://www.eg.ru/daily/cadr/42529/

2 "Беседа Александра Велединского и Бориса Юхананова". *Афиша* (3 декабря 2005 г.).

голливýдской картúне, тепéрь ужé с другóй звездóй мировóго ýровня – Брéдом Пúттом – в пост-апокалиптúческом боевикé "Войнá мирóв Z". Колоссáльный успéх принеслá Хабéнскому глáвная роль в картúне "Адмирáлъ" (2008, реж. Андрéй Кравчýк) за исполнéние котóрой он получúл прéмию "Золотóй орёл". А за роль Слýжкина в фúльме "Геóграф глобус прóпил" Хабéнский получúл две важнéйшие нагрáды россúйского кинó: "Нúку" и "Золотóго Орлá" за лýчшую мужскýю роль гóда. Помúмо кинó, Хабéнский тáкже актёр однóго из сáмых знаменúтых теáтров Москвы́, Москóвского Худóжественного теáтра им. Чéхова. Мнóго рабóтая на съёмках и репетúциях, Хабéнский актúвно занимáется благотворúтельностью: с 2008-го гóда он возглавлЯет благотворúтельный фонд для детéй, больны́х рáком.

## КАК ВЫ ПОНЯЛИ?

**Задание 4. Правильно или неправильно? Исправьте неверные утверждения и дополните правильные информацией из прочитанного.**

1. Александр Велединский избрал режиссерскую профессию в очень юном возрасте и поступил во ВГИК, когда ему было 18 лет.
2. "Географ глобус пропил" получил множество призов за рубежом, но был совершенно не признан в России.
3. Съёмки фильма "Географ глобус пропил" проходили в Москве.
4. Хабенский активно занимается благотворительностью.
5. Действия фильма "Географ глобус пропил" разворачиваются в одном из московских университетов.
6. "Бригада" – это известный боевик, который был показан в кино в нулевых годах двадцать первого века.
7. Виктор Служкин, герой фильма "Географ глобус пропил", – один из учеников, показанных в фильме.
8. Константин Хабенский снялся в главных ролях в нескольких западных фильмах.
9. Один из известных фильмов Велединского рассказывает историю солдата, вернувшегося с Афганской войны.
10. Фильм "Географ глобус пропил" показывает конфликт двух поколений: "отцов" (выходцев из эпохи сталинизма) и "детей" (поколения "оттепели" Никиты Хрущёва).

**Задание 5. Скажите по-другому: замените причастия и деепричастия глаголами и перефразируйте выделенные фразы.**

1. Александр Велединский пришёл в профессию довольно поздно, <u>начав</u> заниматься режиссёрской деятельностью после 40 лет.
2. Фильм "Географ глобус пропил" снят по мотивам одноимённого романа Алексея Иванова, <u>написанного</u> ещё в середине 90-х годов, а <u>опубликованного</u> в 2003.

3. <u>Будучи</u> инженером-судостроителем, Александр Велединский всегда мечтал о работе в кино.

4. Много <u>работая</u> на съёмках и репетициях, Хабенский активно занимается благотворительностью.

5. В центре фильме "Географ глобус пропил" два поколения: десятиклассники – дети, <u>рождённые</u> в нулевых годах, и Виктор Служкин, <u>представляющий</u> собой конец советской эпохи.

6. Чему может научить поколение отцов <u>следующих</u> за ними детей?

7. Ещё одна нашумевшая картина Велединского – фильм "Живой", <u>рассказывающий</u> о солдате, <u>вернувшемся</u> с Чеченской войны.

## Задание 6. Закончите предложения, поставив слова в правильную грамматическую форму.

1. Александр Велединский много лет работал (инженер-судостроитель), но всю жизнь мечтал попробовать себя в роли (кинорежиссёр).

2. "Географ глобус пропил" был (лауреат) почти (каждый российский кинофестиваль).

3. Герой фильма "Географ глобус пропил", Виктор Служкин – выходец из (позднесоветская эпоха и времена начала перестройки).

4. На протяжении (пять сезонов), Константин Хабенский снимался в (известнейший детективный телевизионный сериал "Убойная сила").

5. Велединский начал заниматься (режиссёрская деятельность) после (40 лет).

6. Первый короткометражный фильм (Велединский) был отправлен на (конкурсная программа) (Каннский кинофестиваль).

## Задание 7. Прочитайте рассказ о городе Пермь и ответьте на вопросы.

Как вы уже зна́ете, де́йствие фи́льма (как и рома́на Алексе́я Ивано́ва) происхо́дит в го́роде Пермь. Пермь – э́то крупне́йший го́род на восто́ке европе́йской ча́сти Росси́и, на Ура́ле, кото́рый был осно́ван ещё в 1723 г. С конца́ нулевы́х годо́в (2008 – 2009) в Перми́ начался́

> на́бережная – embankment

са́мый настоя́щий культу́рный ренесса́нс. Наприме́р, в го́роде откры́лся но́вый музе́й совреме́нного иску́сства PERMM (кста́ти, э́то еди́нственный в Росси́и музе́й, посвящённый совреме́нному иску́сству, за преде́лами Москвы́ и Петербу́рга).[3] В нача́ле фи́льма вы уви́дите оди́н из арт-объе́ктов музе́я, кото́рый называ́ется "Сча́стье не за гора́ми". Этот арт-объе́кт был со́здан худо́жником Бори́сом Матро́совым специа́льно к фестива́лю "Жива́я Пермь" в 2009 г. Когда́ шли съёмки фи́льма "Гео́граф глобус про́пил", э́тот арт-объе́кт находи́лся на <u>на́бережной</u> реки́ Ка́мы, где ча́сто фотографи́ровались тури́сты и городски́е жи́тели. (Коне́чно же, в 1995 году́, когда́ Алексе́й Ивано́в писа́л свой рома́н, по кото́рому поста́влен фильм, в Перми́ ещё бы́ло ни музе́я PERMM, ни масшта́бных фестива́лей у́личной культу́ры.)

---

3 Дополнительную информацию о музее современного искусства в Перми вы можете найти на сайте музея perm.ru.

1. Найдите город Пермь на карте. На берегу какой реки расположен этот город?
2. Проведите небольшое исследование в интернете и объясните, почему город Пермь считается одной из культурных столиц России.
3. Как вы понимаете выражение "счастье не за горами"?

**ПЕРЕД ПРОСМОТРОМ ФИЛЬМА**

Скажите, видели ли вы какие-нибудь фильмы, действие которых разворачивается в школе? А фильмы, рассказывающие о конфликте учителя и учеников? Если да, то кратко расскажите об одном таком фильме. А если вы хотели бы снять фильм-комедию о школьниках вашей страны, о чём бы был это фильм? А о чём бы была фильм-драма о школьниках?

## ПОСЛЕ ПРОСМОТРА ФИЛЬМА

**Задание 8. Ответьте на вопросы.**

1. Первое впечатление. Скажите:
   1) Вам понравился фильм? Почему да или почему нет?
   2) Игра каких актёров вам понравилась больше всего? Как вы думаете, какие актёры вашей страны могли бы сыграть роль учителя Служкина?
   3) Что бы изменилось в фильме, если бы его действие происходило в современной школе вашей страны? А если бы действие фильма происходило в вашем городе?
   4) Как вы думаете, если бы фильм "Географ глобус пропил" был сделан в Голливуде, что бы американские режиссёры сделали по-другому?
   5) Какие сцены фильма вам показались наиболее оригинальными и интересными? Кратко расскажите об этих сценах.
2. Давайте вспомним содержание фильма. Скажите:
   1) Подробно расскажите, что вы знаете о семье Служкина. Он женат? У него есть дети?
   2) Как вам кажется, сколько Служкину лет? В романе Алексея Иванова, по мотивам которого снят фильм, главному герою 28 лет. Как вы думаете, Служкин в фильме старше героя книги? Важен ли возраст учителя для развития сюжета? Объясните своё мнение.
   3) Кто Служкин по образованию? Где он работал раньше? А есть ли у него работа в начале фильма?
   4) Как к Служкину относится жена? Аргументируйте свой ответ конкретными примерами из фильма.
   5) Куда Служкин устраивается на работу? Знает ли он предмет, который собирается преподавать?

6) Как школьники реагируют на нового учителя географии?

7) Как вам показалось, школьники гордятся своим городом? Почему вы так думаете?

8) Кто такая Кира Валерьевна? А Максим Будкин? Какую роль эти два персонажа играют в жизни Служкина и его семьи?

9) Почему Служкин соглашается взять школьников в поход?

10) Что за проблема возникает в поезде? Почему дети решают "свергнуть" учителя?

11) Как вам кажется, школьники уважают Служкина? Почему вы так решили?

12) А как к Служкину относится его ученица Маша?

13) Какие изменения в карьере Служкина происходят после похода? Как вам кажется, он доволен жизнью?

14) Если вы помните, в начале фильме жена Служкина, Надя, недовольна тем, что её муж безработный. Скажите, меняется ли финансовая ситуация их семьи в конце фильма?

3. Как вы уже знаете, город Пермь, в котором происходит действие фильма, славится недавним ренессансом культуры. В городе проводятся многочисленные фестивали, открываются выставки и музеи. Скажите, а если бы вы не знали об этом "культурном взрыве" в Перми, по самому фильму вы могли бы сделать вывод о том, что Пермь – это один из культурных центров России? Объясните своё мнение.

4. Имя главного персонажа фильма Виктор означает "победитель". Скажите, а можно ли сказать, что герой фильма действительно одерживает победу в конце фильма? Если да, то над кем или над чем? Приведите конкретные примеры из фильма.

5. Как вам кажется, научил ли Служкин чему-нибудь детей за время похода? А как дети повлияли на героя? Можно ли сказать, что Служкин изменился к концу фильма?

6. Как вы понимаете сцену в поезде, с которой начинается фильм? Важно ли для понимания содержания фильма, что песня, которую поёт музыкант в поезде называется "Я свободен"?

7. Прочитайте характеристики Виктора Служкина, которые упоминает в своей рецензии кинокритик Антон Долин:[4]

1) пьющий неудачник средних лет
2) живёт с не любящей его женой
3) скромнейшая зарплата
4) детей ничему научить не может
5) лузер
6) превращает в клоунаду даже самые трагические факты своей жизни

Согласитесь или не согласитесь с этими характеристиками, проиллюстрируйте свой ответ примерами из фильма. Скажите, а меняется ли Служкин к концу фильма? Если да, то как? Если нет, то как вы думаете, почему?

4 Антон Долин. "«Географ глобус пропил» – житейское кино о настоящих людях". Вести FM (7 ноября 2013 г.). http://radiovesti.ru/brand/61178/episode/1410641/

8. Как вы, конечно, знаете, фильм "Географ глобус пропил" снят по мотивам книги, написанной в 1995 г., действие которой происходит в 90-х годах 20-го века. Скажите, а в какое время разворачивается действие фильма? Вы можете привести конкретные примеры из фильма, которые точно определяют время действия?

9. Скажите, судя по фильму, вам показалось, что работа школьного учителя престижна в России? Судя по фильму, российские учителя хорошо зарабатывают? Объясните, почему вы так решили, и приведите конкретные примеры из фильма.

**Задание 9. Кому принадлежат эти реплики? Вспомните, в какой момент фильма эти реплики прозвучали.**

1. "Добрый день, уважаемые пассажиры. Чтобы вам не было скучно в пути, пожалуйста, послушайте песню Валерия Кипелова 'Я свободен'".

2. "Ну мы же не можем брать на работу человека без педагогического образования и вообще без какого-либо знания предмета".

3. "Я тут подсчитал, что если я не буду пить, курить, есть, откладывать всю зарплату, я накоплю на отечественное авто через 152 года".

4. "Открыли карты и попробуем разделить территорию нашей страны на экономические районы".

5. "Ему просто наплевать. Хочет – напивается, хочет – спит. Кинул, как щенков в воду, выбирайтесь, как можете".

6. – Вы знаете, я до шестого класса просила родителей, чтобы меня в школу Хогвартс отдали.

   – В Англии? Слышал.

   – Да не, Виктор Сергеевич, это из "Гарри Поттера".

   – Видишь, какой я старый.

   – Вы не старый, вы опытный.

7. – Мама, а динозавры где живут?

   – У нас на балконе.

   – А папа сказал, что они все вымерли.

   – Один, к сожалению, остался.

**Задание 10. Кому из героев фильма лучше всего подходят следующие характеристики?**

Безответственный, бесстрашный, интеллигентный, карьерист, "клоун", неудачник, новенький, нон-конформист, ответственный, привлекательный, свободная личность, скучный человек, пьяница, серьёзный, терпеливый, успешный, циник

Проиллюстрируйте свой ответ конкретными примерами из фильма. Скажите, а кто из персонажей фильма вам наиболее и наименее симпатичен? Почему?

**Задание 11. Сравните школу, в которой учились вы, и русскую школу, которую вы увидели в фильме.** Подробно расскажите о сходствах и различиях, которые вы заметили. Скажите, а вы бы хотели учиться (или работать учителем) в школе, показанной в фильме? Объясните, почему да или нет.

**Задание 12. Как вы знаете, фильм "Географ глобус пропил" – это экранизация романа Алексея Иванова. Скажите, как вам кажется, что обычно интереснее: фильм или книга? Почему? Какие фильмы-экранизации литературных произведений вы видели? Кратко расскажите о них.**

**Задание 13. Составьте 10 вопросов по содержанию фильма, на которые можно ответить односложно:** *да* или *нет*.

## КАДРЫ ИЗ ФИЛЬМА

Расскажите, кто эти люди. Подробно опишите каждого из этих персонажей. Они вам симпатичны? Почему да или нет? Фильм вышел в 2013 году. Пофантазируйте, что эти персонажи могут делать сейчас? (Учатся, работают, вышли замуж и т.д.).

## ЧИТАЕМ О ФИЛЬМЕ

**Задание 14. Прочитайте, что пишет о фильме критик Дмитрий Быков, и ответьте на вопросы.**

… в 1995 году́, когда́ писа́лся "Гео́граф", не́ бы́ло айфо́на, гла́вным жа́нром литерату́ры не был тви́ттер, гла́вным ме́стом дискусси́й на обще́ственные те́мы не был инстагра́м. Сего́дня айфо́н стал си́мволом ди́вного но́вого ми́ра… В э́том ми́ре не рабо́тает традицио́нная э́тика, а ме́жду тем её никто́ не отменя́л – про́сто лю́ди забы́ли, что иногда́ на́до рабо́тать, расти́, рискова́ть… Что мо́жет сде́лать Слу́жкин, что́бы его́ по́няли, услы́шали и при́няли де́ти? Чему́, со́бственно, он до́лжен их вы́учить? Велединский снима́ет карти́ну – по фо́рме комеди́йную, по су́ти глубоко́ траги́ческую…[5]

**обще́ственный** – social
**ди́вный но́вый мир** – brave new world
**отменя́ть (отмени́ть)** – to cancel
**рискова́ть (рискну́ть)** – to take risks
**по су́ти** – in essence

---

[5] Дмитрий Быков. "Пройти порог". *Московские новости* (1 ноября 2013 г.). http://www.mn.ru/oped/88479

1. Дмитрий Быков пишет, что книга "Географ глобус пропил" была написана в 1995 году. Вспомните, в каком году вышел фильм? Сколько лет разделяет книгу и фильм? Что, по словам Быкова, изменилось в мире за эти годы? Скажите, а если бы человек из 1995 года попал на машине времени в сегодняшний день, что бы его или её удивило больше всего?

2. Скажите, как вы думаете, изменилась ли сегодняшняя школа по сравнению со школой, в которой учились ваши родители или ваши бабушки и дедушки? Как вам кажется, изменили ли современные технологии (интернет, социальные сети, википедия и т.д.) роль учителя в сегодняшней школе? Объясните своё мнение.

3. А как вам показалось, фильм "Географ глобус пропил" – это скорее комедия или трагедия? Показались ли вам какие-нибудь сцены фильма комическими? А что в фильме могло показаться критику трагическим? Аргументируйте свой ответ примерами из фильма.

**Задание 15. А теперь прочитайте две рецензии на фильм "Географ глобус пропил" на сайте KinoKultura.com. Что нового о фильме вы узнали из этих рецензий? Вы согласны с мнениями авторов о фильме? Подробно объясните, с чем вы согласны, а с чем нет.[6]**

## ЗА РАМКАМИ ФИЛЬМА

**Задание 16. Прочитайте результаты социологического опроса и ответьте на вопросы.**

Как вы ду́маете, каки́е ка́чества необходи́мы хоро́шему шко́льному учи́телю? Этот вопро́с неда́вно за́дал россия́нам ВЦИОМ, и вот не́которые из их отве́тов. Почти́ треть опро́шенных (33%) счита́ют, что са́мое гла́вное ка́чество – это профессионали́зм и зна́ние предме́та. Ка́ждый четвёртый (27%) ду́мает, что учителя́м ва́жно люби́ть дете́й и свою́ рабо́ту, а ка́ждый пя́тый (21%) говори́т, что учи́тель до́лжен быть до́брым челове́ком. 12% опро́шенных россия́н сказа́ли, что учи́телю ва́жно быть терпели́вым. Лишь 1% россия́н сказа́л, что учи́тель до́лжен быть приме́ром для ученико́в, вызыва́ть у дете́й дове́рие, быть му́дрым и харизмати́чным.[7]

1. Скажите, вас удивили ответы россиян? Если да, что вас удивило больше всего? А если аналогичные вопросы были бы заданы жителям вашей страны, их ответы отличались бы от ответов россиян? Если да, то каким образом?

2. А по-вашему, какие качества необходимы хорошему школьному учителю? Объясните, почему вы так думаете?

---

6 Mark Lipovetsky, Tatiana Mikhailova. "In Denial". http://www.kinokultura.com/2014/43r-geograf-MLTM.shtml; Andrei Rogachevski. "Review of *Geographer Drank His Globe Away*". *KinoKultura* 43 (2014). http://www.kinokultura.com/2014/43r-geograf-AR.shtml

7 "Учитель в России. Профессия или призвание". *ВЦИОМ* пресс-выпуск №3784 (9 октября 2018 г.). https://wciom.ru/index.php?id=236&uid=9351

3. Скажите, как вам кажется, вы могли бы стать хорошим школьным учителем? Объясните, почему вы так думаете.

4. Вспомните фильм "Географ глобус пропил". Как вам кажется, Виктор Служкин – хороший учитель? Аргументируйте свой ответ примерами из фильма.

**Задание 17. Прочитайте результаты ещё одного опроса и ответьте на вопросы.**

Популярна ли в России профессия школьного учителя? По результатам опроса Левада-центра, только 3% россиян хотели бы, чтобы их дети стали школьными учителями. Гораздо более престижной кажется россиянам профессия врача: 20% респондентов сказали, что хотели бы видеть в этой профессии своего ребёнка или внука. На втором месте по популярности (15%) профессии бизнесмена, программиста, а также офицера.[8] А на вопрос, почему молодёжь сегодня не хочет работать школьным учителем, 55% россиян ответили, что причиной этому – низкая зарплата учителей.[9] А вот по результатам ещё одного опроса, каждый пятый россиянин сказал, что сегодняшние школы учат детей лучше, чем когда в школе учились они сами.[10]

1. Скажите, а как вам кажется, как бы на вопрос о популярности профессии школьного учителя ответили жители вашей страны? Почему вы так думаете?

2. Скажите, а вас удивили ответы россиян о наиболее популярных профессиях? Как вам кажется, какие профессии считаются престижными сегодня в вашей стране? Как вам кажется, почему эти профессии престижны?

3. А вы бы хотели стать школьным учителем? Почему да или нет?

4. Как вам кажется, важно ли для общества, чтобы профессия педагога была престижной? Объясните своё мнение.

## ТЕМЫ ДЛЯ СОЧИНЕНИЙ И ДАЛЬНЕЙШЕГО ОБСУЖДЕНИЯ

1. Представьте, что вы собираетесь взять интервью у создателей фильма "Географ глобус пропил". Подготовьте вопросы, которые вы хотели бы им задать. Обсудите эти вопросы в классе; почему вас заинтересовали именно эти аспекты фильма?

2. Посоветуйте посмотреть "Географ глобус пропил" своим русско-говорящим друзьям, которые ещё не видели этого фильма, и расскажите об этом фильме так, чтобы они обязательно захотели посмотреть эту кинокартину.

3. Детально опишите (устно или письменно) одну из сцен фильма.

---

8 "Рейтинг профессий и школьных предметов". *Левада-центр* пресс-выпуск (10 августа 2018 г.). https://www.levada.ru/2018/08/10/rejting-professij-i-shkolnyh-predmetov/

9 "Учитель в России. Профессия или призвание".

10 "Учитель – любящий наставник или строгий педагог?" *ВЦИОМ* пресс-выпуск 2686 (3 октября 2014 г.). https://wciom.ru/index.php?id=236&uid=701

# 11

# Легенда № 17
## Режиссёр Николай Лебедев
## 2013

## ПЕРЕД ПРОСМОТРОМ ФИЛЬМА

"Легенда № 17" – это спортивный блокбастер. Скажите, а вы любите смотреть фильмы о спорте? Какие спортивные фильмы вы видели? Что вам в этих фильмах нравится, а что нет? Как вы думаете, о каких видах спорта чаще всего снимают фильмы в Голливуде? Как вы думаете, почему? А как вы думаете, почему фильмы о спорте так часто становятся блокбастерами?

## ГОТОВИМСЯ СМОТРЕТЬ ФИЛЬМ – ЗАПОМНИТЕ ЭТИ СЛОВА И ВЫРАЖЕНИЯ

**Nouns**

бой – battle
боле́льщик – (sports) fan
бык – bull
волшебство́ – magic
во́ля – will, willpower
воро́та – (hockey) gate
врата́рь – (hockey) goalie
доказа́тельство – proof
достиже́ние – achievement
досто́инство – dignity
жа́лоба – complaint, grievance
защи́тник – (in hockey) defense-man
клю́шка – hockey stick
кома́нда – team
лёд – ice
награ́да – award
напада́ющий – (in hockey) forward
ничья́ – tie (in a competition)
оборо́на – defense
перспекти́ва – prospect, promise
побе́да – victory
пораже́ние – defeat
проти́вник – opponent
скаме́йка – bench
судья́ – referee
счёт – score (in a game)
тре́нер – (athletic) coach
трениро́вка – practice, drill
уве́ренность – confidence
ум – mind, brain
фигури́ст (f. фигури́стка) – figure skater
ша́йба – puck
шеде́вр – masterpiece
шлем – helmet

**Other**

благодаря́ (кому/чему) – thanks to, due to

в одино́чку – alone
на днях – the other day
обя́зан (кому/чему) – obligated to smo.
по часово́й стре́лке – clockwise
про́тив часово́й стре́лки – counter-clockwise

**Adjectives**

блестя́щий – brilliant
выдаю́щийся – outstanding, prominent
го́рдый – proud
желе́зный – iron
жесто́кий – cruel, ruthless
многообеща́ющий – promising, up-and-coming
мо́щный – powerful, mighty
напряжённый – tense, stressful
просла́вленный – renowned, famous
ра́достный – joyful
стреми́тельный – fast-moving, dashing

**Verbs**

жале́ть – to feel pity
забива́ть (заби́ть) ша́йбу – to score a goal
наблюда́ть – to watch, to observe
обижа́ть (оби́деть) – to offend (to hurt smo.'s feelings)
отка́зывать (отказа́ть) – to say no to, to refuse
предава́ть (преда́ть) – to betray
разочаро́вывать (разочарова́ть) – to disappoint
расслабля́ться (рассла́биться) – to relax
сия́ть (засия́ть) – to shine
сража́ться (срази́ться) – to fight
страда́ть – to suffer
тре́бовать – to demand
уважа́ть – to respect
укрепля́ть (укрепи́ть) – to strengthen
цени́ть (оцени́ть) – to value

**Как вы думаете, что означают эти слова?** Если игра – это "game", то что означает слово **_игрок_**? А что означают глаголы **_выигрывать (выиграть)_** и **_проигрывать (проиграть)_**?

## Задание 1. Определите, какое слово или словосочетание лишнее:

Защитник, нападающий, вратарь, болельщик, фигурист

Шайба, бык, клюшка, шлем, ворота, вратарь

Тренер, тренировка, требовать, тренироваться

Судья, воля, ум, уверенность

## Задание 2. Дополните следующие предложения, употребив подходящий по смыслу глагол в правильной грамматической форме.

Играть, обыграть, сыграть, выиграть, проиграть

1. Валерий Харламов начал _____ в хоккей еще в детстве.
2. В 1972 г. сборная хоккейная команда Советского Союза _____ канадцев в первой игре супер-серии.
3. Хотя советские хоккеисты не _____ супер-серию в 1972 г., победа на первом матче надолго запомнилась любителям хоккея.
4. К радости советских болельщиков, первую игру супер-серии (о которой и идет речь в фильме "Легенда № 17") советские хоккеисты _____.
5. При этом надо отметить, что канадцы оказались очень сильным соперником, _____ которого советским хоккеистам было не так просто.
6. Как вы уже, конечно, поняли, канадцы _____ первую игру супер-серии, зато они победили в самой супер-серии.

## Задание 3. Выберите правильную форму глагола и закончите параграф.

Анатолий Тарасов вошёл в историю хоккея как выдающийся, но достаточно жестокий тренер, который (укреплял – укрепил) советский хоккей. Он постоянно (требовал – потребовал) от спортсменов 100-процентной отдачи, никогда не (жалел – пожалел) игроков и не давал им (расслабляться – расслабиться), и никогда не задумывался о том, (обижает – обидит) ли он их своими словами. При этом, большинство хоккеистов (ценили – оценили) Харламова и никогда не хотели его (разочаровывать – разочаровать).

**Задание 4. Выберите правильную форму глагола движения и закончите предложения.**

1. Фильм "Легенда № 17" начинается с того, что по городу (бегут – пробегут) быки.
2. Мать Валерия Харламова (везли – вывезли) в Советский Союз, потому что в Испании в то время (шла – прошла) война.
3. При первой встрече Тарасов пообещал Харламову, что молодой хоккеист (летит – полетит) на матч в Японию.
4. Вместо Японии Харламов (ездил – поехал) в маленький город Чебаркуль.
5. После нескольких сезонов в Чебаркуле, Харламов (переезжает – доезжает) в Москву.
6. Тарасов утверждает, что за 60 секунд хорошая шайба может (долететь – долетать) до Владивостока.

## КОРОТКО О ФИЛЬМЕ

Двукра́тный олимпи́йский чемпио́н и восьмикра́тный чемпио́н ми́ра, хоккеи́ст Валéрий Харлáмов. Оди́н из <u>основáтелей</u> совéтской шкóлы хоккéя, трéнер Анатóлий Тарáсов. Однá из сáмых драмати́чных страни́ц совéтского спóрта – хоккéйная су́пер-сéрия 1972 гóда СССР – Канáда, котóрая стáла пéрвой встрéчей двух систéм, как полити́ческих (капитали́зм и социали́зм), так и спорти́вных (профессионáлы и <u>люби́тели</u>)… Фильм-"байóпик" о хоккеи́сте Харлáмове, игрáвшем под нóмером 17, его трéнере, успéхах и пораже́ниях стал сáмым настоя́щим хитóм срáзу же пóсле вы́хода. Фильм был удостóен шести́ прéмий "Золотóй орёл", в том числé в катего́рии "Лу́чший росси́йский фильм гóда", а тáкже Госудáрственной прéмии Росси́йской Федерáции за 2013 год. Итáк, приготóвьтесь смотрéть спорти́вный мéга-блокбáстер о хоккéе, легендáрном спортсмéне, выдаю́щемся трéнере и о создáнии совéтской "су́пер-комáнды".

| | |
|---|---|
| **основáтель** – founder | |
| **люби́тель** – amateur | |

### В главных ролях:
Хоккеист Валерий Харламов – Данила Козловский
Тренер Анатолий Тарасов – Олег Меньшиков
Ирина, будущая жена Валерия – Светлана Иванова

### О режиссёре фильма

В многочи́сленных интервью́ *Николáй Лéбедев* (род. 1966 г.) расскáзывает, что мечтáл о профéссии режиссёра с рáннего дéтства и дáже снял свой пéрвый фильм на восьми́-миллиметрóвой плёнке в вóзрасте десяти́ лет

> **Как вы думаете, что означают эти слова?** Если игра – это "game", то что означает слово *игрок*? А что означают глаголы ***выигрывать (выиграть)*** и ***проигрывать (проиграть)***?

## Задание 1. Определите, какое слово или словосочетание лишнее:

Защитник, нападающий, вратарь, болельщик, фигурист
Шайба, бык, клюшка, шлем, ворота, вратарь
Тренер, тренировка, требовать, тренироваться
Судья, воля, ум, уверенность

## Задание 2. Дополните следующие предложения, употребив подходящий по смыслу глагол в правильной грамматической форме.

> Играть, обыграть, сыграть, выиграть, проиграть

1. Валерий Харламов начал _____ в хоккей еще в детстве.
2. В 1972 г. сборная хоккейная команда Советского Союза _____ канадцев в первой игре супер-серии.
3. Хотя советские хоккеисты не _____ супер-серию в 1972 г., победа на первом матче надолго запомнилась любителям хоккея.
4. К радости советских болельщиков, первую игру супер-серии (о которой и идет речь в фильме "Легенда № 17") советские хоккеисты _____.
5. При этом надо отметить, что канадцы оказались очень сильным соперником, _____ которого советским хоккеистам было не так просто.
6. Как вы уже, конечно, поняли, канадцы _____ первую игру супер-серии, зато они победили в самой супер-серии.

## Задание 3. Выберите правильную форму глагола и закончите параграф.

Анатолий Тарасов вошёл в историю хоккея как выдающийся, но достаточно жестокий тренер, который (укреплял – укрепил) советский хоккей. Он постоянно (требовал – потребовал) от спортсменов 100-процентной отдачи, никогда не (жалел – пожалел) игроков и не давал им (расслабляться – расслабиться), и никогда не задумывался о том, (обижает – обидит) ли он их своими словами. При этом, большинство хоккеистов (ценили – оценили) Харламова и никогда не хотели его (разочаровывать – разочаровать).

**Задание 4. Выберите правильную форму глагола движения и закончите предложения.**

1. Фильм "Легенда № 17" начинается с того, что по городу (бегут – пробегут) быки.
2. Мать Валерия Харламова (везли – вывезли) в Советский Союз, потому что в Испании в то время (шла – прошла) война.
3. При первой встрече Тарасов пообещал Харламову, что молодой хоккеист (летит – полетит) на матч в Японию.
4. Вместо Японии Харламов (ездил – поехал) в маленький город Чебаркуль.
5. После нескольких сезонов в Чебаркуле, Харламов (переезжает – доезжает) в Москву.
6. Тарасов утверждает, что за 60 секунд хорошая шайба может (долететь – долетать) до Владивостока.

## КОРОТКО О ФИЛЬМЕ

Двукратный олимпийский чемпион и восьмикратный чемпион мира, хоккеист Валерий Харламов. Один из основателей советской школы хоккея, тренер Анатолий Тарасов. Одна из самых драматичных страниц советского спорта – хоккейная супер-серия 1972 года СССР – Канада, которая стала первой встречей двух систем, как политических (капитализм и социализм), так и спортивных (профессионалы и любители)... Фильм-"байопик" о хоккеисте Харламове, игравшем под номером 17, его тренере, успехах и поражениях стал самым настоящим хитом сразу же после выхода. Фильм был удостоен шести премий "Золотой орёл", в том числе в категории "Лучший российский фильм года", а также Государственной премии Российской Федерации за 2013 год. Итак, приготовьтесь смотреть спортивный мега-блокбастер о хоккее, легендарном спортсмене, выдающемся тренере и о создании советской "супер-команды".

> **основатель** – founder
> **любитель** – amateur

### В главных ролях:
Хоккеист Валерий Харламов – Данила Козловский
Тренер Анатолий Тарасов – Олег Меньшиков
Ирина, будущая жена Валерия – Светлана Иванова

## О режиссёре фильма

В многочисленных интервью *Николай Лебедев* (род. 1966 г.) рассказывает, что мечтал о профессии режиссёра с раннего детства и даже снял свой первый фильм на восьми-миллиметровой плёнке в возрасте десяти лет (та́кже в де́сять лет бу́дущий режиссёр написа́л сцена́рий "ска́зочного три́ллера").[1] По́сле оконча́ния шко́лы, пыта́лся поступа́ть во ВГИК на режиссёрский факульте́т, но не поступи́л. Потому́ пошёл учи́ться на факульте́т журнали́стики в МГУ, и да́же име́л успе́х в журнали́стской профе́ссии. Че́рез не́сколько лет Ле́бедев всё же поступа́ет на сцена́рно-кинове́дческий факульте́т во ВГИК, по́сле чего́ како́е-то вре́мя рабо́тает на телеви́дении

> "Волкода́в из ро́да се́рых псов" – *Wolfhound of the Greyhound Clan*
> кáссовый фильм (ка́ссовый хит) – box office hit

режиссёром и сцена́ристом де́тской програ́ммы "Улица Сеза́м".[2] Свой пе́рвый полнометра́жный фильм Ле́бедев снял в 1997 году́ в жа́нре мисти́ческого три́ллера ("Змеи́ный исто́чник"). Это был фильм о манья́ке-уби́йце из провинциа́льного городка́, по́сле кото́рого пре́сса ста́ла называ́ть Ле́бедева "ру́сским Хичко́ком". Изве́стность к режиссёру пришла́ по́сле вы́хода фи́льма "Звезда́" (2002 г.); э́то был вое́нный фильм по одноимённой по́вести Эммануи́ла Казаке́вича. "Звезда́" получи́ла Госуда́рственную пре́мию Росси́йской Федера́ции и до сих пор, 9-го ма́я (в День побе́ды) "Звезду́" ча́сто пока́зывают по росси́йскому телеви́дению. В 2006 г. режиссёр снял фильм в жа́нре фэ́нтези "Волкода́в из ро́да се́рых псов". Этот фильм был дово́льно негати́вно при́нят кинокри́тиками, зато́ стал одни́м из са́мых ка́ссовых фи́льмов 2006 года. А в апре́ле 2016 года вы́шел но́вый фильм режиссёра, фильм-катастро́фа "Экипаж", сня́тый в форма́те IMAX.[3]

## Об актёрах

Вы возмо́жно ви́дели *Дани́лу Козло́вского* в ро́ли преподава́теля молоды́х вампи́ров в фи́льме-экраниза́ции рома́на Рэ́йчел Мид "Акаде́мия вампи́ров" (реж. Марк Уо́терс, 2014 г.). Помимо рабо́ты в Голливу́де, Козло́вский сыгра́л бо́лее сорока́ ро́лей в теа́тре и кино́ в России, в том

> помимо (чего) – aside from
> "ДухLess" – *Soulless*

числе́ в таки́х изве́стных прое́ктах, как "Гарпа́стум" (реж. Алексе́й Ге́рман-мла́дший, 2005) и "ДухLess" (реж. Рома́н Прыгуно́в, 2012). У актёра мно́жество прести́жных пре́мий и награ́д, а в 28 лет он не то́лько получи́л статуэ́тку "Золото́го орла́" за лу́чшую мужску́ю роль (фильм "ДухLess"), но та́кже стал "Челове́ком го́да" по ве́рсии GQ и "Мужчи́ной го́да" по ве́рсии журна́ла *Glamour*.

Мэ́тра росси́йского теа́тра и кино́ *Оле́га Ме́ньшикова* вы наверняка́ ви́дели в таки́х изве́стнейших фи́льмах 1990-х годо́в, как "Утомлённые со́лнцем" (лауреа́т пре́мии Оскар и Гран-При́ Ка́ннского фестива́ля 1994 г., реж. Ники́та Михалко́в), росси́йский номина́нт на Оскара "Кавка́зский пле́нник"

---

1 Ирма Каплан. "Николай Лебедев. «Я снимаю фильмы про то, как нехорошо быть злодеем»". *Искусство кино* №10 (октябрь 2004).

2 Валерий Кичин. "Что за профессия – создатель?" *Российская газета* №1 (6 января 2017 г.).

3 http://www.nlebedev.ru/

(1996 г., реж. Сергéй Бодрóв стáрший) и "Сибúрский цирюльник" (1998 г., реж. Никúта Михалкóв). Мéньшиков мнóго игрáет в театрáльных спектáклях; он трúжды удостáивался Госудáрственной прéмии Россúи (за глáвные рóли в фúльмах "Утомлённые сóлнцем", "Сибúрский цирюльник" и "Кавкáзский плéнник"); он тáкже организовáл свою сóбственную театрáльную компáнию "Товáрищество 814", а с 2012 гóда ещё и руководúт Худóжественным теáтром им. Ермóловой в Москвé.[4] Несмотря на то, что Мéньшиков

| "Утомлённые солнцем" – *Burnt by the Sun* "Кавказский пленник" – *Prisoner of the Mountains* "Сибирский цирюльник" – *Barber of Siberia* знаковый – iconic десятилетие – decade |
| --- |

остаётся знáковой фигýрой россúйского теáтра и кинó ужé нéсколько десятилéтий, он тáкже одúн из сáмых "загáдочных" актёров: он почтú никогдá не расскáзывает о себé и своéй лúчной жúзни и рéдко даёт интервью.

## КАК ВЫ ПОНЯЛИ?

### Задание 5. Правильно или неправильно? Исправьте неверные утверждения.

1. Фильм "Легенда № 17" – режиссёрский дебют Николая Лебедева.
2. Фильм "Легенда № 17" – документальный фильм, рассказывающий о матче супер-серии СССР – Канада 1972 г.
3. Данила Козловский снялся в фильме у американского режиссёра.
4. Николай Лебедев работал на телевидении режиссёром детской программы "Улица Сезам".
5. После выхода фильма "Легенда № 17" Лебедева стали называть "русским Хичкоком".
6. Олег Меньшиков – известнейший актёр кино и театра, который сейчас руководит Художественным театром им. Ермоловой в Москве.
7. "Легенда № 17" была достаточно негативно принята кинокритиками, но зато стала одним из самых кассовых фильмов 2013 года.
8. "Легенда № 17" рассказывает об известном хоккейном матче, произошедшем несколько лет назад.

### Задание 6. Ответьте на вопросы.

1. Объясните, почему супер-серию 1972-го года СССР – Канада можно рассматривать как важное политическое событие того времени.
2. Сколько раз Валерий Харламов становился чемпионом мира? А сколько раз он становился олимпийским чемпионом?
3. Сколько Государственных премий России получил Олег Меньшиков?

---

4 Официальный сайт театра им. М. Н. Ермоловой – https://www.ermolova.ru/

4. Видели ли вы какие-нибудь из фильмов, в которых снялся Данила Козловский или Олег Меньшиков? Если да, то кратко расскажите, о чём эти фильмы. А если нет, то какие из этих фильмов вы бы хотели посмотреть и почему?

5. Как вы прочитали в биографической справке о Николае Лебедеве, в возрасте десяти лет будущий режиссёр написал сценарий "сказочного триллера". Пофантазируйте, о чём могла идти речь в таком триллере?

6. Как вы поняли, когда и почему российская пресса начала называть Николая Лебедева "русским Хичкоком"?

7. Как вы узнали, несколько фильмов Николая Лебедева (включая фильм "Легенда № 17") стали "кассовыми мега-блокбастерами". Объясните, как вы понимаете, что такое "кассовый мега-блокбастер". А как вы думаете, что необходимо для того, чтобы фильм стал кассовым? Необычный сюжет или уникальная манера съёмки? Тема, интересная большинству зрителей? "Звёздный" актёрский состав? Большой бюджет? Что-нибудь ещё?

8. Как вы поняли, почему Олег Меньшиков считается "загадочной" фигурой российского кино?

9. В биографической справке о Даниле Козловском говорится о том, что актёр был назван "Человеком года" по версии журнала GQ и "Мужчиной года" по версии журнала *Glamour*. А вы следите за рейтингами "Человек, мужчина, женщина" года? Престижен ли этот титул и важен ли он для актёров? Объясните, почему да или нет. Знаете ли вы еще каких-нибудь звёзд, которые получили это звание? Если да, то кратко расскажите о них.

**Задание 7. Замените причастия предложением со словом который.**

1. "Легенда № 17" – фильм-байопик о хоккеисте Харламове, игравшем под номером 17. – *"Легенда № 17" – фильм-байопик о хоккеисте Харламове,* который играл *под номером 17.*

2. Олег Меньшиков, <u>сыгравший</u> в огромном количестве театральных спектаклей, также известнейший кино-актёр.

3. Фильм, <u>получивший</u> сдержанные отклики кинокритиков, стал одним из самых кассовых проектов 2006 года.

4. Актёр, не <u>любящий</u> давать интервью, остаётся одной из самых "загадочных" фигур российского кино.

5. Тренер Анатолий Тарасов, <u>основавший</u> советскую школу хоккея, – один из героев фильма "Легенда № 17".

## ПЕРЕД ПРОСМОТРОМ ФИЛЬМА

Скажите, что вы ожидаете увидеть в фильме о советском хоккеисте и его тренере?

# ПОСЛЕ ПРОСМОТРА ФИЛЬМА

**Задание 8. Первое впечатление. Скажите:**

1. Вам понравился фильм? Почему да или почему нет?
2. Игра каких актёров вам понравилась больше всего? Как вы думаете, какие актёры вашей страны могли бы сыграть роль хоккеиста Харламова? А его тренера Тарасова?
3. Если бы фильм "Легенда № 17" был сделан в Голливуде, что бы американские режиссёры сделали по-другому? А как бы изменился фильм, если бы он был сделан в Канаде? А если бы главными героями фильма были женщины-спортсмены?
4. Какие сцены фильма вам показались наиболее оригинальными и интересными? Кратко расскажите об этих сценах.

**Задание 9. Давайте вспомним содержание фильма. Правильно или неправильно? Исправьте неправильные утверждения и проиллюстрируйте правильные примерами из фильма.**

1. Действие фильма начинается в Москве в 1967 г. на матче юношеских команд ЦСК – Спартак.
2. Ещё будучи подростком, Валерий Харламов, испанец по отцовской линии, оказывается среди быков, бегущих по городу перед началом корриды.
3. Фильм начинается с того, что тренер Тарасов приглашает Валерия Харламова и его друга по команде Гусева ехать на матч в Японию.
4. Оказалось, что Тарасов обманул Гусева и Харламова и вместо Японии два хоккеиста полетели в Москву.
5. Игроки команды города Чебаркуль – мотивированные и многообещающие спортсмены.
6. Анатолий Тарасов – авторитарный и иногда даже жестокий тренер.
7. Когда Харламов вернулся в Москву, Тарасов долго не разрешал хоккеисту играть или даже выходить на лёд.
8. Встретив и полюбив девушку, Харламов вскоре перестаёт заниматься хоккеем.
9. Родители Валерия Харламова совершенно не интересовались хоккеем.
10. Генеральный секретарь коммунистической партии, Леонид Брежнев, никогда не ходил на хоккейные матчи.
11. В 1972 году сборная СССР, вместе с тренером Анатолием Тарасовым, поехала в Монреаль.
12. Анатолий Тарасов попал в автокатастрофу и получил тяжёлую травму.

**Задание 10. Расставьте эти события фильма в правильном хронологическом порядке. А потом подробно расскажите, что вы узнали из фильма о каждом из этих эпизодов (настоящих и вымышленных) о жизни хоккеиста Валерия Харламова.**

_____ Игра в команде "Звезда" в городе Чебаркуль

_____ Детство в Испании

_____ Участие в супер-серии СССР – Канада

_____ Переезд в Москву и тренировки с командой ЦСК

_____ Дружеский матч "Спартак" – сборная СССР

_____ Участие в Зимних Олимпийских играх в Саппоро (Япония)

**Задание 11. Прочитайте заметки об образе игроков НХЛ в фильме "Легенда № 17" и ответьте на вопросы.**

Интере́сные диску́ссии у мно́гих росси́йских кинокри́тиков вы́звал доста́точно карикату́рный о́браз кана́дских игроко́в. По мне́нию не́которых а́второв, кана́дские спортсме́ны похо́жи на быко́в; по слова́м друго́го кри́тика, кана́дцы пока́заны "маши́нами сме́рти и карикату́рными кинг-ко́нгами".[5] А ещё оди́н кри́тик пи́шет, что кана́дцы пока́заны "го́блинами..., вы́писанными без полутоно́в".[6] А по слова́м кинокри́тика Серге́я

> **без полутоно́в** – bluntly (literally: without halftones)
> **устраша́ющий** – threatening
> **плева́ть** – to spit

Сычёва: "Бо́лее чем тенде́нциозно пока́зан За́пад в о́бразе кана́дских сопе́рников. Ясно, что там зве́ри и капитали́сты, а не лю́ди. Что в НХЛ никто́ не уме́ет игра́ть, все лишь деру́тся. И что на́шему челове́ку там де́лать не́чего".[7] По слова́м режиссёра карти́ны Ле́бедева, пе́ред нача́лом съёмок гру́ппа до́лго изуча́ла архи́вные за́писи ма́тча СССР – Кана́да. По его́ слова́м, у кана́дцев действи́тельно бы́ли дли́нные во́лосы, они́ вы́глядели устраша́юще, агресси́вно жева́ли жва́чку, плева́ли на лёд, толка́ли и би́ли на́ших спортсме́нов. "Ведь в Кана́де, осо́бенно в те го́ды, хокке́й был ещё и шо́у, тогда́ как в СССР был чи́стый спорт".[8]

1. Скажите, а что вы думаете об образе канадских игроков из НХЛ в фильме? Чем канадские игроки отличаются от советских хоккеистов? Приведите примеры из фильма.

2. Какое из мнений критиков, приведённых выше, вам понравилось больше всего? Объясните почему и проиллюстрируйте этот комментарий конкретными примерами из фильма.

---

5 Денис Ступников. "Как коммунисты убивали советский хоккей". *KM.RU* (19 апреля 2013 г.). http://www.km.ru/kino/2013/04/19/persony-i-sobytiya-v-mire-kino/709239-legenda-17-kak-kommunisty-ubivali-sovetskii-kh

6 Сергей Синяков. "Дело в шапке". *Сеанс* (17 апреля 2013 г.).

7 Сергей Сычёв. "Как заслужить любовь родины. 'Легенда № 17', режиссёр Николай Лебедев". *Искусство кино* №5 (май 2013 г.).

8 Илона Малышкина. "'Легенда № 17' вызвала скандал на Западе". *Комсомольская правда* (17 сентября 2013 г.).

3. Как вы понимаете комментарий режиссёра, что в 70-е годы хоккей в Канаде (капиталистической стране) был не только игрой, но и шоу, а в Советском Союзе хоккей был "чистым спортом"? А как вам кажется, хоккей сегодня – это спорт или шоу? А другие спортивные игры (например, футбол, бейсбол, гольф) – это шоу?

**Задание 12. Подробно опишите следующих персонажей фильма. Проиллюстрируйте свои описания конкретными примерами из фильма.**

1. Валерий Харламов
2. Бегония (мать Валерия)
3. Анатолий Тарасов
4. Балашов, куратор хоккейной команды из ЦК КПСС

**Задание 13. Кому принадлежат следующие реплики? Вспомните и расскажите, в каком контексте эти реплики были сказаны.**

1. "Играть никто не хочет, все самому приходится делать... Вот сейчас товарищеский матч в Японии, просто некому ехать... Хоть самому на лёд выходи".
2. "Гусь, а у тебя какие планы? Про ЦСК, про сборную. В один прекрасный день с канадцами сыграть... Посмотреть мир, показать себя".
3. "Защищай ворота, всем телом защищай. Как детей своих защищай. Как родину защищай".
4. "Меня не интересует то, что вы думаете о тренировках. Мне абсолютно наплевать, что вы думаете обо мне. Но запомните, мне нужны атлеты. Мне нужны железные люди, сильнее, чем канадцы. Стальные мышцы, стальные нервы и стальной ум. Мне не нужны разговоры, мне нужны дела. Человеку всегда кажется, что в его силах намного меньше, чем он может на самом деле".
5. "Я очень страстная поклонница хоккея. На днях я видела матч, и меня потряс один ваш игрок. Харламов, кажется. Я хотела узнать, почему он так мало играет".
6. "А что, у Леонида Ильича свои правила в хоккее? Сборная не выйдет на лед, пока не поменяется судейский состав. Надо уважать хоккей, так и передайте Леониду Ильичу".
7. "Главное – достоинство. Если проигрывать, то только с достоинством. Это не я сказал, это распоряжение Москвы".
8. "Ребята, я вами горжусь. Вы лучшая в мире команда".

**Задание 14. Ответьте на вопросы.**

1. Фильм начинается с эпизода из детства Валерия Харламова. Скажите, а важно ли для понимания фильма, что Харламов – не просто советский хоккеист, а что он также наполовину испанец? Объясните, почему вы так думаете? А какие ещё эпизоды из детства Харламова важны для понимания фильма?

2. Критик Елена Стишова пишет, что в фильме "Легенда № 17" хоккеист Харламов совсем не похож на типичного мачо. По словам критика, Харламов в фильме "трогательный, инфантильный, обиженный, страдающий, и даже испуганный" и даже "мягкий, неконфликтный, обаятельный парень".[9] Скажите, вы согласны с характеристиками, которые критик дала хоккеисту? Если да, то приведите конкретные примеры из фильма, иллюстрирующие эти качества Харламова.

3. По словам критика Алекса Экслера, фильм "Легенда № 17" – фильм, построенный по канонам "голливудской спортивной драмы" с "советским колоритом".[10] А как вам показалось, фильм "Легенда № 17" похож на спортивные драмы Голливуда? Если да, то на какие? Если можете, приведите конкретные примеры. А если нет, объясните, чем этот фильм отличается от голливудских драм.

| колори́т – coloring, flavor |
| --- |

4. Какая сцена фильма кажется вам кульминационной? Объясните, почему вы так думаете.

5. Проведите мини-исследование в интернете и узнайте как можно больше о жизни хоккеиста Валерия Харламова. А теперь скажите, какие моменты биографии Харламова были изменены в фильме "Легенда № 17". А как вам кажется, должен ли фильм-байопик быть точным портретом героя? Или в художественном фильме возможна (и даже необходима) режиссёрская фантазия? Аргументируйте свой ответ; если можете, приведите конкретные примеры из фильмов.

## КРИТИКИ О ФИЛЬМЕ

**Задание 15. Прочитайте отрывок из рецензии Олега Кашина и ответьте на вопросы.**

Поклонники Дани́лы Козло́вского наверняка́ не соглася́тся, но всё же это сли́шком броса́ется в глаза: "Леге́нда № 17" – фи́льм про Анато́лия Тара́сова, и гла́вную роль в нём исполня́ет Оле́г Ме́ньшиков. Харла́мов в" Леге́нде" – про́сто Харла́мов, вели́кий хоккеи́ст, каки́м ему́ и поло́жено быть. А Тара́сов... Его́ в фи́льме

поклóнник – fan
броса́ться (бро́ситься) в глаза́ – to stand out, be evident
(dat. +) поло́жено + (infinitive) – (smo.) is supposed to be
ра́зный – different
самоду́р – tyrant
броса́ть (бро́сить) вы́зов (кому) – to challenge
короно́ванный – crowned
осо́ба – individual
изгна́ние – banishment, exile

9 Елена Стишова. "Адреналин". *Искусство кино* №5 (май 2013 г.).
10 Алекс Экслер. "Спортивная драма 'Легенда № 17'". *Эхо Москвы* (13 июня 2013 г.). https://echo.msk.ru/blog/exler/1094316-echo/

мно́го пре́жде всего́ потому́, что он ра́зный. То до́брый и му́дрый оте́ц, то жесто́кий, до сади́зма, авторита́рный нача́льник и <u>самоду́р</u>, то внеза́пно почти́ диссиде́нт, <u>броса́ющий вы́зов</u> самому́ Бре́жневу, то – <u>короно́ванная осо́ба</u> в <u>изгна́нии</u>, выключа́ющая телеви́зор по́сле пе́рвых мину́т ма́тча, о кото́ром он мечта́л всю свою́ тре́нерскую жизнь.[11]

Скажите:

1. Кто по мнению критика главный герой этого фильма? Почему критик так считает? Приведите примеры из рецензии. А вы согласны с этим утверждением?

2. Олег Кашин пишет, что в фильме показаны разные стороны тренера Харламова. Вспомните и приведите конкретные примеры из фильма, где Харламов показан:

   1) добрым и мудрым отцом

   2) жестоким и авторитарным начальником

   3) диссидентом

**Задание 16. Прочитайте отрывок из рецензии Владимира Лященко и ответьте на вопросы.**

Фильм "Леге́нда № 17" – э́то и <u>экскурс</u> в биогра́фию вели́кого игрока́, и кино́ про созда́ние суперкома́нды, и ли́чная дра́ма тре́нера, и да́же романти́ческая мелодра́ма. Пе́рвые три пу́нкта <u>убеди́тельны</u>, а после́днюю <u>составля́ющую</u> легко́ мо́жно <u>вы́резать без ущерба</u> для карти́ны. Ви́димо, продю́серы посчита́ли, что е́сли на фильм с Дани́лой Козло́вским приду́т де́вушки, а там сплошно́й хокке́й, то де́вушки <u>расстро́ятся</u>. Хо́чется ве́рить, что продю́серы ошиба́ются, а зри́тельницам миле́е геро́й на льду́, чем на балко́не с буке́том и то́миком стихо́в.[12]

> **экскурс** – digression
> **убеди́тельный** – convincing
> **составля́ющая** – component
> **вы́резать (вы́резать)** – to cut out
> **расстра́иваться (расстро́иться)** – to become upset

1. По словам критика, в фильме "Легенда № 17" несколько составляющих. Что это за составляющие? Перечислите их. Какая из этих составляющих показалась вам наиболее интересной? Объясните, почему.

---

11 Олег Кашин. "Последний оппонент советского реванша". *Сеанс* (17 апреля 2013 г.).

12 Владимир Лященко. "Мифы и легенды Советского Союза". *Газета.ru* (17 апреля 2013 г.). https://www.gazeta.ru/culture/2013/04/17/a_5258917.shtml#

2. Какой элемент фильма, по словам критика, "можно вырезать"? Вы согласны с ним? Прокомментируйте своё мнение. А как вам кажется, есть ли в фильме ещё какие-нибудь сцены, которые не добавляют ничего нового к развитию сюжета и которые вы бы вырезали? Объясните.

3. А как вам кажется, какой жанр популярнее в вашей стране: романтическая мелодрама или спортивная драма? Фильм каких из этих двух жанров вы бы пошли смотреть в кино?

## ЗА РАМКАМИ ФИЛЬМА

**Задание 17. Ответьте на вопросы, аргументируя свою точку зрения.**

1. Скажите, судя по фильму, чем хоккей в Советском Союзе отличается от профессионального хоккея на западе? Как вам кажется, какая из этих спортивных систем наиболее эффективна? Почему вы так думаете? Скажите, если бы вы могли вернуться в 70-е годы двадцатого века, вы бы предпочли играть за команду Канады или за команду Советского Союза? Почему?

2. Хоккей – популярный вид спорта в вашей стране? Как вы думаете, почему? Какие виды спорта у вас наиболее популярны?

3. Как показано в фильме "Легенда № 17", спорт в Советском Союзе часто использовался в идеологических целях. Советский Союз должен был лидировать везде, в том числе и на спортивной арене. А как вам кажется, сегодня спорт используется как идеологический инструмент? Объясните своё мнение и приведите конкретные примеры.

4. Как вы, наверно, поняли, образец для подражание (на льду и в жизни) для Харламова стал его тренер Тарасов. Скажите, а у вас есть образцы для подражания? Кто это? Подробно опишите этого человека (или этих людей).

5. На первый взгляд, тренер Тарасов кажется очень жестоким человеком, но при этом он добивается отличных результатов от своих спортсменов. Скажите, а вы смогли бы работать с Харламовым? Объясните, почему.

6. Во многих странах спортсмены становятся фактически рок-звездами: у них есть фанаты, их показывают по телевизору, о них пишут в "желтой прессе". Скажите, как вы думаете, почему спортсмены часто обретают статус культовых фигур?

7. Харламов говорит своей девушке, что для него хоккей важнее всего. Скажите, а что вам кажется важнее в жизни: семья или карьера? Возможно ли совмещать эти две вещи? Приведите конкретные примеры и аргументируйте свой ответ.

## ТЕМЫ ДЛЯ СОЧИНЕНИЙ И ДАЛЬНЕЙШЕГО ОБСУЖДЕНИЯ

1. Представьте, что вы собираетесь взять интервью у создателей фильма "Легенда № 17". Подготовьте вопросы, которые вы хотели бы им задать. Обсудите эти вопросы в классе; почему вас заинтересовали именно эти аспекты фильма?

2. Посоветуйте посмотреть "Легенду № 17" своим русско-говорящим друзьям, которые ещё не видели этого фильма, и расскажите об этом фильме так, чтобы они обязательно захотели посмотреть эту кинокартину.

3. Детально опишите (устно или письменно) одну из сцен фильма.

# 12

# Дурак
Режиссёр Юрий Быков
2014

## ПЕРЕД ПРОСМОТРОМ ФИЛЬМА

Скажите, судя по приведённому кадру, как вы думаете, о чём фильм "Дурак"?
Почему вы так решили?

## ГОТОВИМСЯ СМОТРЕТЬ ФИЛЬМ – ЗАПОМНИТЕ ЭТИ СЛОВА И ВЫРАЖЕНИЯ

**Nouns**

ава́рия – accident, emergency
беда́ – misfortune
бухга́лтер – accountant (book keeper)
взя́тка – bribe
грязь – dirt
дыра́ (ды́рка) – hole, gap
жиле́ц – tenant
жильё – housing
карма́н – pocket
кра́ска – paint
кры́са – rat
кры́ша – roof
ла́вка (скаме́йка) – bench
лече́ние – (medical) treatment
нало́г – tax
нача́льник – boss
обору́дование – equipment
пле́сень – mold, mildew
пожа́рный – firefighter
по́чва – soil
прове́рка – inspection
ремо́нт – renovation
санте́хник – plumber
свинья́ – pig
склад – warehouse
слух – rumor
тре́щина – crack (e.g. in a wall)
труба́ – (here) plumbing pipe
тюрьма́ – jail
фунда́мент – foundation (of a building)
чино́вник – functionary, official
хище́ние – theft

**Other**

ви́дно невооружённым гла́зом – it can be seen with a naked eye
на ско́рую ру́ку – hastily
ЧП (чрезвыча́йное происше́ствие) – emergency

**Adjectives**

бе́шенный – mad
жа́дный – greedy
коррумпи́рованный – corrupt
ме́стный – local
полоу́мный – crazy (lit. half-witted)
при́быльный – profitable
ржа́вый – rusted, rust-covered
сердобо́льный – compassionate
усто́йчивый – stable
хи́трый – tricky, crafty

**Verbs**

брать (взять) на себя́ отве́тственность – to take responsibility
гнить (сгнить, прогни́ть) – to rot
дава́ть (дать) на ла́пу – (slang) to grease the palm
зава́ривать (завари́ть) ка́шу – (coll.) to start trouble
заступа́ться (заступи́ться) за кого́ – to stand up for
испове́доваться (испове́даться) – to confess
лома́ть (слома́ть) (что) – to break, to destroy
ло́паться (ло́пнуть) – to burst
обва́ливаться (обвали́ться) – to collapse
обраща́ть (обрати́ть) внима́ние на (кого/что) – to pay attention
осно́вывать (основа́ть) – to found, to establish
отвеча́ть (отве́тить) за кого (что) – to be responsible for
подде́рживать (поддержа́ть) кого – to support
поднима́ть (подня́ть) па́нику – to raise panic
разбира́ться (разобра́ться) (в чём) – to sort out
расселя́ть (рассели́ть) – to resettle (to move inhabitants out of the current location)

рассчи́тывать на (кого/что) – to depend on, to count on (smo. or smth.)

ремонти́ровать (отремонти́ровать) – to repair

ты́кать (ткнуть) па́льцем (в кого) – to point fingers at

убежда́ть (убеди́ть) кого – to convince

чи́нить – to fix, to repair

## Задание 1. Определите, какое слово или словосочетание лишнее.

Крыша, стена, труба, фундамент, свинья
Ремонтировать, поднимать панику, чинить
Взятка, давать на лапу, коррупция, налог, плесень, хищение
Гнить, исповедоваться, лопаться, обвалиться, рушиться

## Задание 2. Составьте словосочетания с этими словами:

1. заступиться за (кого): жильцы старого дома; коррумпированная администрация; начальник фирмы
2. отвечать за (кого/что): городское жильё; жильцы старого дома; проверка жилья
3. разобраться в (чём): проблемы провинциального города; слухи о коррупции
4. рассчитывать на (кого): сантехник Дима; городские чиновники; начальник больницы
5. ткнуть пальцем в (кого): коррумпированный бухгалтер; местный бюрократ; жадный губернатор

## Закончите параграф, употребив подходящие по смыслу слова в правильной грамматической форме.

Беда, видно невооружённым глазом, гнить, жилец, жильё, обваливаться, обращать внимание, проверка, расселять, ремонт, рухнуть, трещина, фундамент

В фильме "Дурак" речь пойдёт о старом общежитии, которое было построено почти 40 лет назад. С тех пор в здании ни разу не было (renovation)_____. Стены (are rotting) _____, потолки в квартирах (are collapsing) _____, (foundation) _____ рушится, везде (cracks) _____. Короче говоря, (it can be seen with a naked eye) _____, что здание может в любой момент (collapse)_____. В общежитие, конечно, приезжает регулярная (inspection) _____ и (tenants) _____ рассказывают начальству о своих (misfortunes) _____. К сожалению, коррумпированная администрация города не торопится (relocate)_____ людей. В городе мало свободного (housing) _____, потому никто не (pay attention) _____ на 800 человек, живущих в этом аварийном здании.

**Задание 3. Поставьте слова в правильную грамматическую форму и закончите предложения. Прочитайте параграф вслух, обращая внимание на формы числительных.**

В старом общежитии живёт 820 (человек)_____. Среди них 200 (семья) _____, из которых 83 (семья) – многодетные); а также 27 (инвалид)_____ и 10 (ветеран) _____. В общежитии примерно 60 (двухкомнатные квартиры) _____ и 760 (однокомнатные) _____. На ремонт этого здания требуется как минимум 260 (миллион; рубль)_____. Если дом закроют, то жильцов надо будет расселить за два (месяц) _____.

**Задание 4. Замените причастия предложением со словом *который*.**

1. Сантехники заменили трубы, <u>лопнувшие</u> в прошлом году. – *Сантехники заменили трубы, <u>которые</u> <u>лопнули</u> в прошлом году.*

> **ру́шиться (ру́хнуть)** – to collapse, crash down

2. Об администрации города, <u>расселившей</u> жильцов аварийного дома, написали в газете.
3. Здание, <u>рухнувшее</u> в самом центре города, считалось аварийным уже много лет.
4. Стены общежития, <u>прогнившие</u> уже много лет назад, могут обвалиться в любой момент.
5. Сантехник Дима, <u>поднявший</u> панику в городской администрации, так и не смог помочь жителям общаги.
6. Городские чиновники дали на лапу комиссии, <u>проверявшей</u> состояние аварийного дома.
7. Мэр города, <u>не обратившая</u> никакого внимания на жалобы жильцов аварийного дома, попала в тюрьму после того, как здание рухнуло.

**Задание 5. Поставьте слова в правильную грамматическую форму.**

1. Жители гордятся (свой прекрасный, цветущий город) _____, который растёт и хорошеет с каждым годом.
2. Начальник заступился за (молодой и неопытный сантехник) _____, который был явно не виноват в аварии, произошедшей на складе.
3. Во время плановой проверки, комиссия обратила внимание на (многочисленные трещины в стенах здания) _____.
4. После аварии городские чиновники начали тыкать пальцем (at each other) _____.
5. Комиссия должна разобраться в (причины падения здания) _____.
6. Сантехник Дима, герой фильма "Дурак", очень надеется спасти (все жильцы дома: маленькие дети, подростки, инвалиды, мужчины и женщины) _____.

7. Жильцы старого дома рассчитывают на (сантехник Дима и городские чиновники) _____: смогут ли эти люди отремонтировать их дом?

# КОРОТКО О ФИЛЬМЕ

"Дура́к" — тре́тий полнометра́жный фильм Ю́рия Бы́кова. Бы́ков — не то́лько режиссёр э́той карти́ны, но та́кже её сцена́рист, монтажёр и да́же компози́тор (что, кста́ти, типи́чно для мно́гих рабо́т э́того режиссёра, о чём мы поговори́м чуть по́зже). На пе́рвый взгляд, сюже́т "Дурака́" необыча́йно прост. Ма́ленький провинциа́льный городо́к. Сле́сарь-сате́хник Ди́ма Ники́тин приезжа́ет по вы́зову в ста́рое общежи́тие и ви́дит, что зда́ние мо́жет ру́хнуть в любу́ю мину́ту. По сте́нам зда́ния иду́т глубо́кие тре́щины, обва́ливается фунда́мент… Дима неме́дленно идёт к ме́стной администра́ции: он наде́ется, что они́ эвакуи́руют люде́й из до́ма, кото́рый мо́жет совсе́м ско́ро обвали́ться. То́лько вот смо́жет ли Дима убеди́ть коррумпи́рованных чино́вников нача́ть эвакуа́цию? И подде́ржат ли сате́хника жильцы́ до́ма, кото́рым он пыта́ется помо́чь?

На "Кинота́вре" 2014-го го́да Юрий Бы́ков получи́л приз за лу́чший сцена́рий, а та́кже дипло́м Ги́льдии кинокри́тиков. "Дура́к" та́кже получи́л не́сколько "Ник" (в том числе́ и номина́цию на "Лу́чший фильм го́да") и три при́за на Междунаро́дном кинофестива́ле в Лока́рно. А в 2015 г., по мне́нию одного́ из кинокри́тиков журна́ла "Нью-Йорк Таймс" Сте́фена Хо́лдена, фильм "Дура́к" вошёл в пятёрку лу́чших фи́льмов го́да.[1]

**В главных ролях:**
Слесарь-сантехник Дмитрий Никитин – Артём Быстров
Отец Дмитрия Никитина – Александр Коршунов
Жена Дмитрия Никитина, Маша – Дарья Мороз
Мэр города, Нина Сергеевна Галаганова ("мама") – Наталья Суркова
Начальник службы жилищно-коммунального хозяйства (ЖКХ), Федотов – Борис Невзоров

## О режиссёре фильма

Юрий Бы́ков – о́чень необы́чный молодо́й режиссёр (роди́лся Бы́ков в 1981 году́). Начнём с того́, что почти́ во всех фи́льмах у Бы́кова са́мые разнообра́зные ро́ли: обы́чно он не то́лько режиссёр, но и а́втор сцена́рия, и компози́тор, и исполни́тель одно́й из роле́й фи́льма. Кро́ме того́, по со́бственным слова́м, Бы́ков – режиссёр-самоу́чка.[2] Де́ло в том, что, прие́хав в Москву́ из

1 "The Best Movies of 2015". *The New York Times* (Dec. 9, 2015). https://www.nytimes.com/2015/12/13/movies/best-movies-2015.html?mcubz=3

2 Об этом Быков говорит, например, в интервью с Яной Сахаровой, "Прокатное кино превратится в аттракцион" в сетевом издании *m24.ru.* http://www.m24.ru/articles/30986

ма́ленького го́рода Новомичу́ринска, Бы́ков поступи́л во ВГИК на актёрский факульте́т, где он проучи́лся с 2001 по 2005 год. По́сле оконча́ния ВГИКа, рабо́тал актёром в не́скольких моско́вских теа́трах и да́же про́бовал себя́ в ка́честве кло́уна-анима́тора в де́тском клу́бе. Вспомина́я то вре́мя, Бы́ков расска́зывает, что в актёрской профе́ссии ему́ не хвата́ло контро́ля и возмо́жности "регули́ровать со́бственное тво́рческое пространство".[3]

**самоу́чка** – self-taught person
**ему́ не хвата́ло (чего)** – he didn't have enough
**со́бственный** – one's own
**простра́нство** – space

Именно жела́ние контроли́ровать своё тво́рчество и привело́ к тому́, что Бы́ков реши́л попро́бовать себя́ в ро́ли режиссёра: в 2009 году́ он со́здал свой пе́рвый короткометра́жный фильм "Нача́льник", кото́рый получи́л специа́льную пре́мию "Коро́ткий метр" на фестива́ле "Кинота́вр". Вско́ре Бы́ков на́чал писа́ть сцена́рии и снял полнометра́жные о́стро-социа́льные карти́ны "Жить" (2010), "Майо́р" (2013) и "Дура́к". Сам режиссёр говори́т, что э́ти три фи́льма – ча́сти трило́гии, а их гла́вная те́ма – "пробле́мы просты́х люде́й, кото́рые живу́т в росси́йской прови́нции.[4]

А вот ещё одна́ осо́бенность тво́рчества Бы́кова: он снима́ет как а́вторское кино́, так и телевизио́нные сериа́лы. В интервью́ режиссёр ча́сто говори́т, что у него́ "двойна́я жизнь", потому́ что он снима́ет и "а́вторское", и "продю́серское" (и́ли, как он его́ называ́ет "реме́сленное") кино́. В чём ра́зница ме́жду а́вторским и продю́серским кино́? Вот, что говори́т сам Бы́ков: "Реме́сленное не зна́чит «плохо́е» и́ли да́же «нетво́рческое». Про́сто когда́ я снима́ю свой фильм, я по́лностью за

**осо́бенность** – peculiarity, feature, characteristic
**двойно́й** – double
**ремесло́** – craft, trade
**ка́чественный** – of high quality
**воплоща́ть (воплоти́ть) за́мысел** – to implement a plan
**при́быль** – profit

него́ отвеча́ю. Когда́ же я рабо́таю над продю́серским фи́льмом, моя́ зада́ча – максима́льно ка́чественно воплоти́ть чужо́й за́мысел. В э́том слу́чае я не могу́ по́лностью взять на себя́ отве́тственность за фина́льный результа́т". Бы́ков та́кже добавля́ет: "Я не могу́ существова́ть как глава́ семьи́, зараба́тывая на а́вторских фи́льмах. С друго́й стороны́, я гото́в снима́ть за ноль, не рассчи́тывая на при́быль".[5]

Наприме́р, рабо́тая над "Дурако́м", Бы́ков та́кже снял десятисери́йный детекти́вный три́ллер "Ме́тод", кото́рый с дово́льно больши́м успе́хом трансли́ровался по Пе́рвому кана́лу росси́йского телеви́дения. А ещё

---

3 Яна Сахарова. "Прока́тное кино превратится в аттракцион". *m24.ru.* https://www.m24.ru/articles/ Yurij-Bykov/04122013/30986
4 Яна Сахарова. "Прока́тное кино превратится в аттракцион".
5 Владимир Ромашов. Интервью́ с Юрием Быковым. *GQ* (21 января 2015 г.). http://www.gq.ru/ culture/film/101167_yuriy_bykov_ya_chetko_razdelyayu_avtorskoe_kino_i_remeslennoe.php

помните фильм "Ёлки"? В 2014 году Быков снял одну из новелл к сиквелу этого фильма, "Ёлки 1914".

## Об актёрах

*Артём Быстров* больше знаком зрителям как артист Московского Художественного театра, где он работает с 2009 года.[6] Кинозрители знают Быстрова по нескольким сериалам, в том числе и по сериалу "Метод", снятому режиссёром "Дурака" Юрием Быковым. Сам Артём говорит, что никто в его семье никогда <u>не имел никакого отношения</u> к театру. В юности он хотел служить в армии и долго <u>сопротивлялся</u> поступлению в театральное училище.[7] Сейчас всё это уже, конечно, давняя история, а вот за роль сантехника Никитина в фильме "Дурак"

> **не иметь**
> **отношения к (чему)**
> – have nothing to do with
> **сопротивляться**
> **(чему)** – to resist
> **совмещать**
> **(совместить)** – to combine

Артём, которому во время съёмок было 29 лет, получил приз за лучшую мужскую роль на престижном кинофестивале в Локарно.

Как и многие другие актёры, занятые в этом фильме, *Наталья Суркова* тоже <u>совмещает</u> работу в театре и в кино. Суркова начала свою карьеру в Молодёжном театре на Фонтанке в Ленинграде в 1989 году, где и работает по сей день.[8] Популярность пришла к актрисе после того, как она сыграла роль в сериале 2003 года "Линии судьбы", а также роль императрицы Елизаветы в одном из самых дорогих сериалов российского телевидения, "Великая" (2015 г.).

## КАК ВЫ ПОНЯЛИ?

**Задание 6. Правильно или неправильно? Исправьте неверные утверждения и дополните правильные информацией из текста.**

1. Все ведущие актёры фильма "Дурак" совмещают работу в театре, кино и на телевидении.
2. Актёр, сыгравший роль сантехника, знал с самого раннего детства, что он станет актёром, ведь вся его семья – театральные актёры.
3. Юрий Быков – один из старейших режиссёров российского телевидения, работающий в кино-индустрии с 80-х годов прошлого века.
4. Учась во ВГИКе, Быков получил специальность режиссёра.

---

6 Страничка Артёма Быстрова на сайте МХТ им. А. П. Чехова: https://mxat.ru/actors/bystrov_a/

7 Натела Поцхверия. Интервью с Артёмом Быстровым "Если актёр собой доволен, у него какие-то проблемы". Interview (11 декабря 2014). https://interviewrussia.ru/movie/artem-bystrov-esli-akter-soboy-dovolen-u-nego-kakie-problemy

8 Страничка Натальи Сурковой на сайте Театра на Фонтанке: http://www.mtfontanka.spb.ru/lyu-di-teatra/truppa/item/86-surkova-nataliya

5. Фильм "Дурак" – режиссёрский дебют Юрия Быкова. До этого фильма все его режиссёрские работы были сделаны для телевидения.
6. Юрий Быков родился и вырос в Москве.
7. Быков говорит, что ведёт "двойную жизнь", потому что занимается режиссурой и в театре, и в кино.

## Задание 7. Как бы вы сказали иначе? Перефразируйте эти предложения, обращая внимание на выделенные конструкции.

1. Быкову <u>не хватало возможности</u> контролировать собственное творчество.
2. В молодости Артём Быстров <u>не хотел иметь никакого отношения</u> к театру.
3. Быков – режиссёр-<u>самоучка</u>.
4. После окончания ВГИКа, Быков <u>пробовал себя в качестве</u> клоуна-аниматора.
5. <u>Популярность к актрисе пришла с</u> ролью императрицы Елизаветы.

## Задание 8. Перечитайте слова Юрия Быкова об авторском и продюсерском кино. Скажите:

1. Кто, по мнению Быкова, – режиссёр или продюсер – берёт на себя ответственность за фильм в случае продюсерского кино? А в случае авторского?
2. Быков также говорит, что не может зарабатывать достаточно денег, работая только в авторском кино. Значит ли это, что авторское кино – неприбыльное? Если да, то как вы думаете, почему?
3. Может ли "авторское" кино быть понятно массовому зрителю? Или такое кино элитарно и доступно лишь маленькой группе людей? Объясните своё мнение.
4. Вы можете привести пример "авторского" кино из тех фильмов, которые вы смотрели в этом курсе? Почему, по вашему мнению, этот фильм можно назвать "авторским"? А как вы думаете, есть ли такое разделение на "авторские" и "продюсерские" фильмы в кинематографе вашей страны? Подробно объясните.

## ПЕРЕД ПРОСМОТРОМ ФИЛЬМА

Фильм "Дурак" показывает героя-аутсайдера, который пытается бороться с коррумпированной системой. Скажите, а вы можете вспомнить ещё какой-нибудь фильм на эту тему? Расскажите, о чём в этом фильме идёт речь.

# ПОСЛЕ ПРОСМОТРА ФИЛЬМА

**Задание 9. Ответьте на вопросы.**

1. Первое впечатление. Скажите:

   1) Вам понравился фильм? Почему да или почему нет?

   2) Игра каких актёров вам понравилась больше всего? Как вы думаете, какие актёры вашей страны могли бы сыграть роль сантехника Димы? А мэра города, Нины Сергеевны?

   3) Как вы думаете, как бы изменились события фильма, если бы действие происходило в большом городе, например, в Москве? А если бы действие разворачивалось в Нью-Йорке?

   4) Как вы думаете, если бы фильм "Дурак" был сделан в Голливуде, что бы американские режиссёры сделали по-другому?

   5) Какие сцены фильма вам показались наиболее оригинальными и интересными? Кратко расскажите об этих сценах.

2. Давайте вспомним содержание фильма. Скажите:

   1) Кто по профессии Дима Никитин? Где и с кем он живёт?

   2) Где Дима учится? На каком курсе? Как вы думаете, почему Дима хочет получить высшее образование?

   3) Скажите, как бы вы охарактеризовали финансовое состояние Диминой семьи? В этой семье есть <u>достаток</u>? Объясните, почему вы так решили? Приведите конкретные примеры из фильма.

   > **достáток** – prosperity, abundance

   4) Сколько людей живёт в общежитии № 32? Вам понравились жители этой общаги? Подробно объясните почему да или нет.

   5) Скажите, почему, приехав в общежитие, Дима решил, что здание может скоро рухнуть? Подробно опишите, что Дима увидел? (состояние стен здания, фундамента, и т.д.)

   6) Что решает сделать Дима для того, чтобы спасти жильцов общежития? К кому он идёт за помощью? Почему?

   7) Поддерживает ли семья Димы его решение помочь жильцам общаги? Приведите конкретные примеры из фильма.

   8) Скажите, как живут чиновники в этом городе? Есть ли достаток у них? Подробно объясните, что вас навело на эту мысль.

   9) Почему городские чиновники называют своего мэра "мамой"? Скажите, "мама" – действительно сильная и влиятельная женщина? Приведите конкретные примеры из фильма.

   10) Как вы поняли, почему чиновники из городской администрации испугались того, что здание общаги и правда может упасть?

   11) Почему администрация города не может расселить жильцов аварийного дома?

   12) Расскажите, что делает Дима, поняв, что коррумпированные чиновники не собираются эвакуировать жильцов общаги?

   13) Благодарны ли жильцы общежития Диме, за то, что он пытается их спасти? Объясните, почему вы так решили?

3. Скажите, а если бы вы оказались на месте Димы Никитина, что бы вы сделали в ситуации, показанной в фильме? Вы бы поступили по-другому? Подробно объясните свою позицию.

4. В финальной сцене фильма, жильцы общежития бьют не только сантехнику Диму, но и ещё одного человека. Мы не знаем, кто этот человек, его лицо ни разу не появляется в кадре. Как вы думаете, кто он? Это один из жителей общежития? Скажите, как вы думаете, зачем режиссёру был нужен этот эпизодический персонаж?

5. Подробно объясните, как вы понимаете название фильма. Как вы думаете, кто в этом фильме "дурак"? Аргументируйте своё мнение примерами из фильма.

6. Мать Димы называет "дураком" не только своего сына, но также и мужа. Как вы думаете, почему она так говорит? А как вам кажется, важно ли для интерпретации фильма, что у Димы есть сын? Как вы думаете, этот мальчик тоже вырастет "дураком"?

7. Критик Валерий Кичин называет главного героя фильма "Дурак" "современным Дон Кихотом".[9] Дон Кихот, конечно, – это известный персонаж, который, как и сантехник Дима, хочет помогать людям, даже

**бессмы́сленный** – meaningless, senseless

когда его подвиги бессмысленны. Многие персонажи считают Дон Кихота безумным. Если вы знакомы с романом Сервантеса, скажите, Дима из фильма "Дурак" похож на Дон Кихота? Объясните своё мнение и приведите конкретные примеры из фильма. А напоминает ли вам Дима каких-нибудь ещё героев мировой литературы и кинематографа? Подробно объясните.

8. По словам исполнителя главной роли фильма, Артёма Быстрова, "в картине нет однозначно плохих или хороших героев. У каждого свои проблемы и своя правда".[10] Скажите, а вы согласны с мнением Быстрова? Аргументируйте свою позицию.

**однозна́чно** – definitively, unambiguously
**относи́тельно** – relatively
**одна́ко** – however, nevertheless

9. Вы помните, что Юрий Быков утверждает, что он снимает и продюсерское, и авторское кино. Как вам кажется, к какой категории принадлежит фильм "Дурак"? Как вы думаете, можно ли этот фильм назвать "коммерческим"? Объясните, почему вы так думаете.

10. На российском кинофестивале "Кинотавр" в 2014 году Юрий Быков сказал, что снял две версии финала фильма "Дурак". По одной из этих версий фильм заканчивался на относительно оптимистичной ноте. Однако при монтаже режиссёр выбрал наиболее трагичную версию, которую вы и видели.[11]

9  Валерий Кичин. "Не стреляйте в Дон Кихота". *Российская газета* № 6649 (78) (13 апреля 2015 г.). https://rg.ru/2015/04/13/d2-durak-site.html

10  Анна Горбашова. "Дурак в наше время редкость". *Россия сегодня* (13 января 2014 г.). http://ria.ru/weekend_lifestyle/20140113/988869687.html

11  Николай Корнацкий. "«Дурак» дурака видит издалека". *Известия* (17 декабря 2014 г.). https://iz.ru/news/580876

А как вы думаете, как заканчивалась "оптимистичная" версия фильма? Скажите, а если бы вы были режиссёром фильма "Дурак", какой финал вы бы выбрали для фильма? Предложите свой вариант финала фильма.

11. Скажите, отличается ли город, показанный в фильме "Дурак", от вашего города. Подробно объясните.

**Задание 10. Кому принадлежат эти реплики? Вспомните, в какой момент фильма эти реплики прозвучали, и детально расскажите, что происходило в этом эпизоде.**

1. – О чём ты думал?

– О людях, родная.

– А мы с Антоном не люди?

– Там в общаге 800 человек.

– И все твои жёны и дети?

2. "Права мать. До шестидесяти лет дожил, ни друзей, ни врагов. Все дураком считают. На работе, что не воруешь, а работаешь; в подъезде – что лампочки вкручиваешь; во дворе вот – что лавку ремонтируешь. Дурак и есть".

3. "Нина Сергеевна, случилось ЧП. [...] Аварийная ситуация в одном из общежитий... Дело может кончиться большим количеством смертей в ближайшие часы. Я прошу Вас, соберите собрание глав департамента – пожарные, полиция, скорая помощь. Нужен будет план действий. А я всё подробно расскажу".

4. "А чего, не так? Всю жизнь нам чужого не надо. А у нас вон, ни чужого, ни своего. Вот ты и сидишь, правильный. В грязи всю жизнь, а толку?"

5. – Ты нас бросаешь?

– Маша, я никого не бросаю. Там сотни живых людей, совесть есть у тебя, нет?

– Дим, они нам никто.

– Мы живём как свиньи. И дохнем как свиньи. Только потому, что мы друг другу никто.

**Задание 11. Кому из героев фильма (Диме, его отцу, городским чиновникам, жителям общаги) лучше всего подходят следующие характеристики?**

Алкоголик, альтруист, апатичный, жадный, коррумпированный, наркоман, романтик, сердобольный, трудолюбивый, хитрый, циник, эгоист

Проиллюстрируйте свой ответ конкретными примерами из фильма. Скажите, кто из персонажей фильма вам симпатичен? А кто, наоборот, вызывает негативную реакцию? Почему?

## Задание 12. Вспомните ещё раз содержание фильма и закончите каждый параграф, добавив 3 – 4 предложения.

1. Слесарь-сантехник Дима Никитин приезжает по вызову в старое общежитие и видит, что…
2. Дима думает, что местная администрация и мэр города…
3. Несмотря на прогноз Димы о возможной катастрофе, городская администрация…
4. В конце фильма Дима с семьёй готовится уехать из города, потому что… Но…

## Задание 13. Расскажите о событиях фильма от лица…

1. Маши, жены Димы
2. Мэра города, Нины Сергеевны Галагановой
3. Одного из жильцов общежития

## ЧИТАЕМ О ФИЛЬМЕ

## Задание 14. Прочитайте, что пишет о фильме критик Арина Абросимова, и что говорит о фильме режиссёр Юрий Быков, и ответьте на вопросы.

Вот, что пишет о фильме "Дурак" Арина Абросимова: "Перед нами – картина полной деградации: дом-страна стоит на оползающем фундаменте, граждане – шваль, власть – воры, всех героев они поубивали, дураков больше нет. Зритель должен выбрать, что лучше: ужасное или отвратительное – быть «швалью» или уважаемым коррупционером?…"[12]

| |
|---|
| **оползающий** – sagging |
| **шваль** – trash |
| **ужасный** – terrible, awful |
| **отвратительный** – disgusting, repulsive |
| **в прямом смысле** – literally |
| **в переносном смысле** – figuratively |
| **изношенный** – worn out |
| **налицо** – obvious |

А вот, что говорит о своём фильме режиссёр Юрий Быков: "«Дурак» о том, что дом падает. Он и в прямом, и в переносном смысле падает: изношенность моральных принципов, изношенность государства налицо. Но в том и ирония, что на это никто не хочет смотреть".[13]

1. Как вы поняли, какой дом падает в фильме "Дурак" в прямом смысле? А какой дом падает в переносном смысле?
2. Проиллюстрируйте слова Арины Абросимовой примерами из фильма. Какие моменты фильма показывают, что "граждане – шваль"? А что "власть – воры"? А что здание, давшее трещину, – это метафора всей России?

---

12 Арина Абросимова "Дураки без дороги". *Литературная газета* №6 (6496) (11 февраля 2015 г.).
13 Натела Поцхверия. Интервью с Артёмом Быстровым.

3. Вспомните, что говорит Быков об авторском и продюсерском кино. Как вам кажется, можно ли назвать фильм "Дурак" авторским потому, что он рисует картину "полной деградации" и не предлагает зрителям "хэппи энд"? А как вы думаете, обязателен ли хэппи энд в фильмах, предназначенных для массового зрителя?

**Задание 15. А теперь прочитайте рецензию профессора Марка Липовецкого на сайте KinoKultura.com.[14] Что нового о фильме вы узнали из этой рецензии? Вы согласны с мнением профессора Липовецкого о фильме? Подробно объясните, с чем вы согласны, а с чем нет.**

## КАДРЫ ИЗ ФИЛЬМА

**Кадр 1.** Скажите, кто этот персонаж, и какую роль она играет в развитии событий фильма? Вам симпатичен этот персонаж? Подробно объясните свою позицию. А вы помните, что происходит в этот момент фильма?

**Кадр 2.** Когда в фильме происходит эта сцена? Подробно расскажите, что произошло до этой сцены? Кто эти люди и о чем они разговаривают? Опишите людей, которых вы видите в кадре. Во что они одеты? Как выглядят? Как вы думаете, почему режиссер выбрал именно такую цветовую гамму для этой сцены?

---

14 Mark Lipovetsky. "The Meeting of the Party Committee in Putin's Time". *KinoKultura* 47 (January 2015). http://www.kinokultura.com/2015/47r-durak.shtml

**Кадр 3.** Скажите, вы помните, что происходит в этот момент фильма? О чем разговаривают персонажи? Подробно расскажите о том, что произойдет в фильме после этого эпизода.

## ЗА РАМКАМИ ФИЛЬМА

**Задание 16. Как вы, конечно, поняли, одна из важных тем фильма "Дурак" – коррупция и коррумпированная власть. Прочитайте результаты недавнего анкетирования на тему коррупции, которое было проведено в школах города Ульяновска в апреле 2016 года. Прочитайте параграф вслух, обращая внимание на формы числительных.[15]**

Опрóс был проведён в 78 шкóлах; в нём приняли учáстие 7572 шкóльников и 4690 родителей. 69% респондéнтов отвéтили, что коррýпция – э́то обы́чное явлéние сегóдняшней россий̆ской жи́зни. 52% считáют, что коррупциóнные проявлéния

> **правоохрани́тельные óрганы** – law enforcement

наибóлее характéрны политикам; 49% дýмают, что коррýпция – типи́чное явлéние в <u>правоохрани́тельных óрганах</u>; 24% сказáли, что коррýпция наблюдáется в университéтах и шкóлах. 83% шкóльников убежденыʹ, что коррýпцию необходи́мо останови́ть.

Скажите, вас удивили ответы российских школьников и их родителей? Объясните, почему. Скажите, а если бы похожий опрос был проведён в вашей школе или университете, ответы были бы другими или похожими на ответы россиян? Почему вы так думаете?

**Задание 17. Ответьте на вопросы, детально аргументируя свою точку зрения.**

1. Скажите, а как вы понимаете, что такое коррупция? Как вы считаете, коррупция – явление политическое или экономическое? Является ли коррупция серьёзной проблемой в вашей стране?

---

15 По материалам сайта: http://spravedlivost73.ru/page/12-000-uljanovcev-otvetili-na-voprosy-o-korrupcii

2. А как вы думаете, какие сферы (политика, медицина, образование и т.д.) традиционно считаются наиболее коррумпированными в вашей стране? Как вы думаете, почему?

3. Как вы думаете, что заставляет людей давать и брать взятки? Можно (и нужно ли) бороться с людьми, которые дают и берут взятки? Если да, то как?

## ТЕМЫ ДЛЯ СОЧИНЕНИЙ И ДАЛЬНЕЙШЕГО ОБСУЖДЕНИЯ

1. Представьте, что вы собираетесь взять интервью у создателей фильма "Дурак". Подготовьте вопросы, которые вы хотели бы им задать. Обсудите эти вопросы в классе; почему вас заинтересовали именно эти аспекты фильма?

2. Посоветуйте посмотреть фильм "Дурак" своим русско-говорящим друзьям, которые ещё не видели этого фильма, и расскажите об этом фильме так, чтобы они обязательно захотели его посмотреть.

> посвяща́ть
> (посвяти́ть) – to dedicate
> па́мять – memory

3. Детально опишите (устно или письменно) одну из сцен фильма.

4. Юрий Быков посвяти́л свой фильм "Дурак" "па́мяти Алексея Балабанова". А вы знаете, кто такой Алексей Балабанов? Если нет, то проведите мини-исследование в интернете. Какие фильмы этого режиссёра вы видели или хотели бы посмотреть? Если вы видели фильмы Балабанова, как вам кажется, фильм Быкова чем-нибудь похож на фильмы Балабанова? Если можете, приведите конкретные примеры.

5. В фильме "Дурак" звучит песня Виктора Цоя "Спокойная ночь", написанная в 1988 году. Используя ключевые слова "цой – спокойная ночь", найдите в интернете текст этой песни. Как вы поняли, о чём эта песня? Как вам кажется, почему режиссёр выбрал именно эту песню конца двадцатого века для саундтрека своего фильма? А если бы вы могли выбрать любую другую музыку для саундтрека фильма "Дурак" (не обязательно русскую), какую музыку вы бы выбрали и почему?

# Эпилог

**Задание 1. Прочитайте заметку и ответьте на вопросы.**

Вы уже, конечно, знаете, что в мире современного российского кино есть блокбастеры и авторские работы, фильмы <u>маститых</u> авторов и работы начинающих режиссёров. А вот ещё несколько интересных кино<u>зарисовок</u> о кино России двадцать первого века.

> **маститый** – experi-enced, veteran
> **зарисовка** – sketch

- На 2018 год, самый кассовый российский фильм двадцать первого века (и второй после "Аватара") – это спортивный блокбастер о баскетболе "Движение вверх" режиссёра Антона Мегердичева (2017 г.). Кассовые сборы этого фильма – почти 54 миллиона долларов (при бюджете чуть более семи с половиной миллионов долларов). Фильм посмотрели более 12,5 миллионов зрителей.[1]
- Первым российским фильмом в формате IMAX был фильм "Сталинград", снятый режиссёром Фёдором Бондарчуком в 2013 году. Фильм рассказывает о Сталинградской битве во время Второй мировой войны. А вообще, интересно, что многие фильмы последних лет – это фильмы о войне. Например, фильм "Война Анны" режиссёра Алексея Федорченко (2018 г.) рассказывает историю маленькой еврейской девочки, которая прячется от немцев во времена нацисткой оккупации. Огромного кассового успеха добился ещё один недавний фильм о войне, военно-приключенческий боевик режиссёра Алексея Сидорова, "Т-34" (2018 г.).
- Интересная прокатная судьба ещё у одного фильма о войне. 3 января 2019 года известный российский режиссёр Алексей Красовский выложил свой фильм "Праздник" в YouTube для открытого бесплатного просмотра, не показывая его в кинотеатрах. Фильм был снят без финансовой поддержки государства, деньги на фильм собирали при помощи "краудфандинга". Как написал в своей рецензии на фильм кинокритик Антон Долин: "это первый случай, когда известный российский автор так поступает со своей профессиональной работой, в создании которой принимали участие маститые кинематографисты" (например, оператор,

---

1 https://www.kinobusiness.com/movies/dvizhenie-vverkh/

режиссёр и актёры).[2] По слова́м До́лина, созда́тели фи́льма реши́ли, что малобюдже́тная "чёрная коме́дия" о блока́де Ленингра́да во времена́ Вели́кой Оте́чественной войны́ никогда́ не попадёт на экра́ны кинотеа́тров.[3] Фильм и пра́вда вы́звал поле́мику в пре́ссе и да́же в Госуда́рственной Ду́ме,[4] но на нача́ло февраля́ 2019 го́да на платфо́рме YouTube фильм посмотре́ли о́коло полу́тора миллио́на зри́телей.[5]

- На 2018 год, еди́нственный пост-сове́тский фильм, получи́вший статуэ́тку Оскар, – это фильм Ники́ты Михалко́ва "Утомлённые со́лнцем" (1994 г.). С тех пор, Росси́я посыла́ла на Оскара ещё четы́ре фи́льма Михалко́ва, два фи́льма Андре́я Звя́гинцева, фильм "Руса́лка" Анны Мелика́н, и ещё це́лый ряд карти́н. А в 2000 году́ пре́мия Оскар была́ присуждена́ росси́йскому худо́жнику-мультиплика́тору Алекса́ндру Петро́ву за мультфи́льм "Стари́к и мо́ре", сня́тый по моти́вам одноимённой по́вести Эрне́ста Хэмингуэ́я.

Скажите:

1. Какой фильм был самым кассовым российским фильмом на 2018 год? Как вы поняли, о чём этот фильм?

2. О чём рассказывает первый российский фильм, снятый в формате IMAX? Скажите, а вам нравятся фильмы в этом формате? Какие фильмы в формате IMAX вы видели?

3. Как вы поняли, российские зрители могли посмотреть фильм Алексея Красовского "Праздник" в кинотеатрах? Объясните, почему да или нет.

4. Что такое "краудфандинг"? Как вы думаете, это эффективный способ финансирования фильма?

5. Как вы поняли, фильм "Праздник" был снят режиссёром-дебютантом? Объясните, почему вы так решили.

6. Какой фильм посмотрело большее число зрителей: "Движение вверх" или "Праздник"? Как вы думаете, почему?

7. Скажите, получил ли хотя бы один российский фильм премию Оскар в двадцать первом веке? Если да, то какой? Если нет, то когда Россия получила последний Оскар на 2018 год? Проведите небольшое исследование в интернете и узнайте, получил ли какой-нибудь российский фильм Оскара на сегодняшний день.

8. Какой из фильмов, упомянутых в заметке, вы бы хотели посмотреть? Объясните, почему.

---

2 Антон Долин. "На YouTube выходит «Праздник» – комедия про Новый год в блокадном Ленинграде. Антон Долин рассказывает, над чем на самом деле смеются в фильме". *Meduza* (31 декабря 2018). https://meduza.io/feature/2018/12/31/na-youtube-vyhodit-prazdnik-komediya-pro-novyy-god-v-blokadnom-leningrade-anton-dolin-rasskazyvaet-nad-chem-na-samom-dele-smey-utsya-v-filme

3 Антон Долин. "На YouTube выходит «Праздник»".

4 Саша Сулим. Интервью с Алексеем Красовским "Я все выдумал! И надеюсь, что имею на это право в нашей стране!" *Meduza* (15 октября 2018 г.). https://meduza.io/feature/2018/10/15/ya-vse-vydumal-i-nadeyus-chto-imeyu-na-eto-pravo-v-nashey-strane

5 Посмотреть фильм "Праздник" можно на сайте: https://www.youtube.com/watch?v=npERkyInJss

## Задание 2. Ответьте на вопросы.

1. Скажите, какие из просмотренных в этом курсе фильмов вам запомнились больше всего? Кратко расскажите, что вам больше всего запомнилось.

2. Можете ли вы назвать один из фильмов, которые вы видели в этом курсе, который изменил ваше представление о России? А о российском кинематографе? Объясните, почему да или нет.

3. Скажите, если бы вам пришлось ехать на необитаемый остров и вы могли бы взять с собой только один фильм, просмотренный в этом курсе, какой фильм вы бы взяли и почему?

4. Обсудите в группах и скажите, какому из просмотренных фильмов вы бы дали Оскара в категории… (аргументируйте свой выбор)
   1) Лучший фильм _____
   2) Лучший режиссёр _____
   3) Лучший актёр _____
   4) Лучший актёр второго плана _____
   5) Лучшая актриса _____
   6) Лучшая актриса второго плана _____
   7) Лучшая музыка _____
   8) Лучший дизайн костюма _____

5. А теперь давайте вспомним персонажей фильмов, которые вы видели. Обсудите в группах и скажите, кто из персонажей самый… (приведите конкретные примеры из фильмов):
   1) творческий человек _____
   2) мудрый _____
   3) успешный _____
   4) коррумпированный _____
   5) сердобольный _____
   6) эпатажный _____
   7) смелый _____
   8) трудолюбивый _____
   9) скромный _____
   10) целеустремлённый _____
   11) упрямый _____

6. Сюжеты каких из просмотренных вами фильмов затрагивают эти темы?
   1) Социальные проблемы, трудности современной жизни
   2) История России и Советского Союза
   3) Любовь
   4) Дети и подростки в России
   5) Религиозные вопросы
   6) Жизнь российской и советской интеллигенции

   Скажите, как вам кажется, какие из этих тем будут наиболее понятны иностранцам, не знакомым с культурой России? А как вам кажется, мог ли какой-нибудь из фильмов этого курса стать блокбастером в вашей стране?

7. А теперь вспомните вопрос, с которого мы начали этот курс: Какие российские фильмы вы бы порекомендовали своим друзьям? Как вы ответите на этот вопрос сейчас? Объясните свой выбор.

# Тест Кинолюбителя

**Выберите правильный вариант ответа.**

1. Кто занимается организационно-финансовым аспектом съёмки фильма?
   a. режиссёр
   b. оператор
   c. продюсер
   d. сценарист

2. Какой фильм был снят в одном из крупнейших музеев мира, Эрмитаже?
   a. "Возвращение"
   b. "Русский ковчег"
   c. "Легенда №17"
   d. "Русалка"

3. Для понимания какого фильма надо знать о том, что такое "музыка на костях"?
   a. "Русалка"
   b. "Итальянец"
   c. "Возвращение"
   d. "Стиляги"
   e. "Русский ковчег"
   f. "Полторы комнаты или сентиментальное путешествие на родину"

4. Как зовут одного из известнейших российских продюсеров и режиссёров, автора кассовых российских блокбастеров "Дневной дозор" (2004) и "Ночной дозор" (2005)?
   a. Андрей Звягинцев
   b. Иван Ургант
   c. Тимур Бекмамбетов
   d. Никита Михалков

5. В интерпретации какого российского фильма важную роль играет картина итальянского художника пятнадцатого века, Андреа Мантеньи, "Мёртвый Христос"?
   a. "Дурак"
   b. "Стиляги"
   c. "Итальянец"
   d. "Возвращение"
   e. "Географ глобус пропил"

6. О жизни какого поэта рассказывается в фильме "Полторы комнаты или сентиментальное путешествие на родину"?
   a. Иосиф Бродский
   b. Александр Пушкин
   c. Александр Блок
   d. Анна Ахматова
   e. Марина Цветаева

7. Какой фильм, сделанный режиссёром-дебютантом, получил два "Золотых льва" на Международном кинофестивале в Венеции?
   a. "Мы из будущего"
   b. "Возвращение"
   c. "Стиляги"
   d. "Ёлки"
   e. "Полторы комнаты или сентиментальное путешествие на родину"

8. Первым постсоветским фильмом, получившим "Золотой глобус", был фильм "Левиафан" (2014). Кто режиссёр этого фильма?
   a. Андрей Звягинцев
   b. Андрей Кравчук
   c. Андрей Хржановский
   d. Андрей Тарковский

9. Герои фильма "Мы из будущего" попадают в / во…
   a. 19 век и знакомятся с маркизом де Кюстином
   b. 25 век
   c. времена Первой Мировой войны
   d. времена Второй Мировой войны
   e. времена революции 1917 года

10. Какой российский фильм стал первым в истории мирового кинематографа полнометражным фильмом, снятым одним кадром, без останови камеры и без монтажа?
    a. "Дурак"
    b. "Русский ковчег"
    c. "Итальянец"
    d. "Возвращение"
    e. "Географ глобус пропил"

11. При каком советском политическом лидере в СССР началась эпоха гласности и перестройки?
    a. Борис Ельцин
    b. Владимир Путин
    c. Михаил Горбачёв
    d. Никита Хрущёв
    e. Леонид Брежнев

12. Маркиз Астольф де Кюстин, французский аристократ, который провёл три месяца в России в 1839 году, - прототип одного из персонажей в фильме…
    a. "Русалка"
    b. "Итальянец"
    c. "Возвращение"
    d. "Географ глобус пропил"
    e. "Русский ковчег"
    f. "Полторы комнаты или сентиментальное путешествие на родину"

13. Кто такой Валерий Харламов?
    a. известный советский футболист
    b. известный советский хоккеист
    c. известный советский тренер
    d. известный советский боксёр

14. Какой из этих фильмов – современная интерпретация известной сказки Ганса Христиана Андерсена?
    a. "Русалка"
    b. "Итальянец"
    c. "Возвращение"
    d. "Мы из будущего"
    e. "Русский ковчег"
    f. "Стиляги"

15. Как зовут культового советского режиссёра, автора фильмов "Солярис", "Сталкер" и "Зеркало"?
    a. Андрей Звягинцев
    b. Александр Сокуров
    c. Андрей Хржановский
    d. Андрей Тарковский
    e. Валерий Тодоровский

16. Какой из этих фильмов – экранизация литературного произведения?
    a. "Стиляги"
    b. "Итальянец"
    c. "Легенда №17"
    d. "Географ глобус пропил"
    e. "Русский ковчег"

17. Какой из этих фильмов рассказывает о детском доме и повторяет мотивы книг Чарльза Диккенса?
    a. "Стиляги"
    b. "Итальянец"
    c. "Легенда №17"
    d. "Географ глобус пропил"
    e. "Русский ковчег"
    f. "Мы из будущего"

# Русско-английский словарь

## А

ава́нс – advance payment
ава́рия – accident, emergency
актёр второ́го пла́на – actor in supporting role
актёрский соста́в – cast
анана́с – pineapple

## Б

ба́нка – can, jar
беда́ – misfortune
бе́дность – poverty
без остано́вки – without stopping
без полутоно́в – bluntly (literally without halftones)
(быть) без созна́ния – unconscious
безду́шный – heartless
беззабо́тный – worry-free
безмяте́жный – serene, worry-free
безнадёжный – hopeless
безу́мие – madness
безупре́чный – flawless, pure
бе́рег – shore
бере́менный – pregnant
беспла́тный – free of charge
"Бессме́ртный полк" – "Immortal Regiment"
бессмы́сленный – meaningless, senseless
бесспо́рно – undoubtedly, indisputably
бесцве́тный – colorless
бе́шенный – mad
биле́т – ticket
бинт – bandage
благодаря́ (кому/чему) – thanks to, due to, owing to
благотвори́тельность – charity, philanthropy
блестя́щий – brilliant
блокно́т – notebook
бо́дрствовать – to be awake
боеви́к – thriller
бое́ц – fighter, soldier

бой – combat, battle
бо́йкий – lively, brisk
бока́л – wine glass
боле́льщик – (sports) fan
боло́то – swamp
болта́ть – to chatter
большинство́ – majority
боро́ться с кем/чем – to fight, to struggle with
борьба́ – fight, struggle
боя́ться (кого/чего) – to be afraid of
брать (взять) в плен – to capture
брать (взять) на себя отве́тственность – to take responsibility
брать приме́р с (+ gen.) – to follow smo.'s example
броса́ть (бро́сить) – to throw, to abandon
броса́ть (бро́сить) вы́зов (кому) – to challenge
броса́ться (бро́ситься) в глаза́ – to stand out, be evident
броса́ться (бро́ситься) под по́езд – to jump under a train
бу́ква – letter (of the alphabet)
бухга́лтер – accountant (book keeper)
бы́вший – former
бык – bull
была б моя во́ля – if it were up to me

## В

в лу́чшем слу́чае – in the best case
в одино́чку – alone
в осно́ве (чего) – on the basis of
в пе́рвую о́чередь – first and foremost
в перено́сном смы́сле – figuratively
в прямо́м смы́сле – literally
в разга́ре (чего) – in the midst of
в ра́мках (чего) – within the framework of smth.
в свою́ о́чередь – in its (one's) turn
в связи́ с (чем) – due to
в су́щности – in essence
в тече́ние (чего) – during the course of
в том числе́ и – including
в честь (кого) – in honor of
в э́том ро́де – of this sort, of this kind, along these lines
во вся́ком слу́чае – at any rate
во и́мя (кого/чего) – in the name of
во плоти́ – in the flesh
во что бы то ни ста́ло – at any price, no matter what
вглубь – deep into
вдоба́вок к (чему) – in addition to
вдохнове́ние – inspiration
ведро́ – bucket
везу́чий – lucky
век – century
ве́рить (в/во) (что) – to believe in
верхо́вная власть – supreme power, highest authority

весло́ (pl. вёсла) – oar
вести́ дневни́к – to keep a diary
ве́тка – branch
ве́чный – eternal
взросле́ть – to grow up, to mature, to become an adult
взрыв – explosion
взрыва́ть (взорва́ть) – to blow up
взя́тка – bribe
ви́димый – visible
ви́дно невооружённым гла́зом – it can be seen with a naked eye
вина́ – guilt
вка́лывать – (slang) to work hard
включа́я – including
вкус – taste
власть – power
вме́шиваться (вмеша́ться) в/во (что) – to interfere
вне (чего) – outside
внима́ние – attention
во-вторы́х – in the second place, second
во-пе́рвых – in the first place, first
во́все не – at all
водопа́д – waterfall
во́доросли – seaweed
вое́нный (noun) – smo. on active duty in the military
вое́нный (adj.) – military
возвраща́ться (верну́ться) – to return
возвы́шенный – sublime, elevated
возмуща́ться (возмути́ться) (чем) – to resent, to begrudge
возража́ть (возрази́ть) (кому) – to object, to protest, to contradict
возрожда́ть (возроди́ть) – to revive
война́ – war
вокза́л – train station
во́лосы – hair
волшебство́ – magic
во́ля – will, willpower
вообража́емый – imaginary
воплоща́ть (воплоти́ть) за́мысел – to implement a plan
вор – thief
ворова́ть (укра́сть) – to steal
воро́на – crow (ворон – raven)
воро́та – (hockey) gate
воспи́тывать (воспита́ть) – to bring up, to educate, to train
воспомина́ние – recollection, flashback
восприя́тие – perception
восто́рг – delight, enthusiasm
востре́бованный – in demand
восхища́ться (восхити́ться) (чем) – to admire
вполне́ – completely
враг – enemy
вражде́бный – hostile
враньё – lies

вратáрь – (hockey) goalie
врать (соврáть) – to tell lies
вред – harm
врéмя от врéмени – from time to time, occasionally
врун – liar
всё подрáд – everything
вспоминáть (вспóмнить) – to recollect, to recall
входúть (войтú) в мóду / выходить (выйти) из мóды – come into/go out of fashion
вы́бор – choice
вы́боры – elections
вывúхивать (вы́вихнуть) – to twist (e.g. an ankle), to dislocate
вы́года – gain, profit
выдавáть (вы́дать) – to betray
выдаю́щийся – outstanding, prominent
выдвигáть (вы́двинуть) на (что) – to nominate
выживáть (вы́жить) – to survive
вы́зов – challenge, dare
выкáпывать (вы́копать) – to dig out
вы́мышленный – fictional
вынуждáть (вы́нудить) – to force
выны́ривать (вы́нырнуть) – to surface from the dive
вы́пуск – release (a film, etc.)
выпускáть (вы́пустить) – to release
вырезáть (вы́резать) – to cut out
выселя́ть (вы́селить) – to banish (to expel) from a city or country
высмéивать (вы́смеять) (кого) – to make fun of, to mock, to ridicule
высотá – height
вы́сшее учéбное заведéние (вуз) – institution of higher education
вы́шка – tower (also: diving board)
выясня́ть (вы́яснить) – to find out

# Г

гадáние – fortune-telling
гастролёр – touring artist
гáлстук – neck tie
гимн – anthem
глубинá – depth
глухóй – deaf
глухонемóй – deaf-mute
гля́нцевый – glossy
гнездó – nest
гнилóй – rotten
гнить (сгнить, прогнúть) – to rot
годовщúна – anniversary
головокружúтельный – dizzying, breath-taking
гóлос – voice
голосовáть – to vote
гордúться (кем/чем) – to be proud of
гóрдый – proud
горевáть – to grieve, to be sad

государство – state
грабить (ограбить) – to rob
гражданин (f. гражданка, pl. граждане) – citizen
грамотный – literate, educated
гренки – toast, toasted bread
грести – to row
грим – theatrical make-up
гроб – coffin
грустный – sad
грязь – dirt

# Д

да ладно! – No way!
давать (дать) на лапу – (slang) to grease the palm
дар – gift
движение – movement
двойной – double
дворец – palace
действительность – reality
делить (разделить) – to divide
дело в том, что... – the point is that
дерзкий – daring, bold
десантник – paratrooper
десятилетие – decade
десяток – dozen
детский дом (детдом) – orphanage
детство – childhood
дивный новый мир – brave new world
дирижёр (оркестра) – orchestra conductor
для начала – to begin with, for starters
дневник – diary
добродушный – good-natured
доверие (кому) – trust (in smo.)
доверять (доверить) (кому) – to trust (smo.)
доказательство – proof
долг – debt
дольше всех – the longest
допускать (допустить) – to admit
достаток – prosperity, abundance
достижение – achievement
достоинство – dignity
достойный – worthy
доступ – access
доступный – accessible
драгоценный – precious
драка – fight
дружить (подружиться) с (+ instr.) – to be (become friends with)
духовность – spirituality
духовный – spiritual
душа – soul

душещипа́тельный – tear-jerking
души́ть (задуши́ть) – (fig.) to stifle
дыра́ (ды́рка) – hole

## Е

единогла́сно – unanimously
единоду́шно – unanimously
единообра́зие – uniformity, sameness
е́дкий – scathing, biting
ему́ не хвата́ло (чего) – he didn't have enough
ерунда́ – nonsense

## Ё

ёлка – fir tree, Christmas tree

## Ж

жа́дность – greed
жа́дный – greedy
жале́ть – to feel pity
жа́лоба – complaint, grievance
жела́ние – wish
желе́зный – iron (adj.)
"желе́зный за́навес" – Iron Curtain
же́ртва – victim
жесто́кий – cruel, ruthless
жесто́кость – cruelty
жечь (сжечь) – to burn
живопи́сный – picturesque
жи́вопись – pictorial art
жиле́ц – tenant
жили́ще – dwelling, abode
жильё – housing

## З

за ка́дром (зака́дровый) – off screen
за преде́лами (чего) – outside of, beyond
забива́ть (заби́ть) ша́йбу – to score a goal
забо́тливый – caring
забра́сывать (забро́сить) – to throw
зава́ривать (завари́ть) ка́шу – (fig.) to start trouble
заве́тный – cherished
зави́довать (кому) – to be jealous of smo.
зави́симость (от чего) – dependency, addiction
за́висть – envy
завора́живать (заворожи́ть) – to mesmerize
зага́дка – riddle
зага́дывать (загада́ть) жела́ние – to make a wish
загля́дывать (смотре́ть) в рот (кому) – to buy into smo.'s every word
загоре́лый – tanned

задава́ться (зада́ться) вопро́сом – to ask oneself a question

заде́рживать (задержа́ть) дыха́ние – to hold one's breath

задо́лго до (чего) – long before

заду́мчивый – pensive

займствовать у (кого) – to borrow (from smo.)

зака́пывать (закопа́ть) – to bury, to cover with soil

зако́н – law

зако́нный – legal, legitimate

замеча́ть (заме́тить) – to notice

замо́к – lock

заня́тный – curious

за́пах – scent, odor

запи́сывать (записа́ть) – to record, to burn (music)

за́пись – recording

заправля́ться (запра́виться) бензи́ном – to fill up a car's gas tank

запреща́ть (запрети́ть) – to forbid, to ban

запуска́ть (запусти́ть) – to launch

зараба́тывать (зарабо́тать) – to earn

зарисо́вка – sketch

заро́к – vow, promise

зарпла́та – salary

зарубе́жный – foreign

заставля́ть (заста́вить) – to force

засто́й – stagnation

застрева́ть (застря́ть) – to get stuck

заступа́ться (заступи́ться) за кого – to stand up for

зато́ – but then, but on the other hand

зати́шье – lull, temporary lull

затра́та – expense

захва́тывающий – gripping, captivating

захолу́стье – out-of-the-way place, in the sticks

зачасту́ю – frequently

защи́тник – (in hockey) defenseman

защища́ть (защити́ть) – to defend

заявле́ние – application, statement

зва́ние – title

звено́ (pl. зве́нья) – link

звук – sound

звукова́я доро́жка – soundtrack

земно́й шар – Earth, globe

зло – evil

зло́бный – vicious

злопа́мятный – spiteful

зна́ковый – iconic

знать по о́пыту – to know from experience

значи́тельно – significantly

зо́лото – gold

зре́лище – spectacle

зре́лость – maturity

зри́тель – viewer, spectator

# И

идти́ в но́гу – to march in step
идти́ (плыть) по тече́нию – go with the flow
идти́ (плыть) про́тив тече́ния – to go against the flow
избавля́ться (изба́виться) от (кого/чего) – to get rid of smo.
извлека́ть (извле́чь) – to extract, to get
извне́ – from the outside
изгна́ние – banishment, exile
изго́й – outcast, misfit
издева́ться (над кем) – to taunt, to insult
из-за (кого/чего) – because of
изли́шний – excessive
изно́шенный – worn out
изнутри́ – from the inside
изобража́ть (изобрази́ть) – to depict
изобрази́тельное иску́сство – fine arts
изя́щные иску́сства – fine arts
не име́ть отноше́ния к (чему) – have nothing to do with
име́ть представле́ние – to have an idea
ино́й (adj.) – other, different
инопланета́ный – extraterrestrial
иностра́нец – foreigner
иска́ть – to look for
иска́ть убе́жище – to seek shelter
исключа́ть (исключи́ть) из – to expel from
иску́сство – art
испове́доваться (испове́даться) – to confess
исполни́тель – performer, actor
исполня́ть (испо́лнить) жела́ния – to make wishes come true
исполня́ться (испо́лнится) – to come true
испу́ганный – scared, frightened
испуга́ться (кого/чего) – to get frightened by
испыта́ние – test, trial
исцеля́ть (исцели́ть) – to heal, to cure

# К

кадр – (in cinema) shot
как бу́дто – as if, as though
кака́я ра́зница? – what difference does it make?
кану́н – eve
карма́н – pocket
ка́рта – map
карти́на – painting, picture (also referring to cinema)
ка́ссовый фильм (ка́ссовый хит) – box office hit
ка́чественный – of high quality
ка́чество – quality
кино́шники (coll.) – filmmaker
клад – treasure
кла́дбище – cemetery
кли́чка – nickname

клюв – (bird's) beak
клю́шка – hockey stick
князь – prince
колесо́ – wheel
коли́чество – quantity
колори́т – coloring, flavor
кома́нда – team
командиро́вка – business trip
коне́ц све́та – end of the world, apocalypse
коне́чная, кольцо́ – last stop (of a bus, train, etc.)
конкуре́нт – competitor, rival
ко́нкурс – contest
копа́ть – to dig, to excavate
кора́бль – ship
короно́ванный – crowned
короткометра́жный фильм (коро́ткий метр, короткометра́жка) – short film (usually 40–50 minutes in length)
коро́че говоря́ – in short, to sum it up
коррумпи́рованный – corrupt
кость – bone
костёр – bonfire
кра́ска – paint
красне́ть – to blush
кру́пный план – close-up
круто́й – (slang) cool
круто́й – steep (e.g. stairs)
крыло́ (pl. кры́лья) – wing
кры́са – rat
кры́ша – roof
кста́ти – by the way
ку́дри – locks, curls
кула́к – fist

## Л

ла́вка (скаме́йка) – bench
лёгкость – lightness
лёд – ice
ле́нта – motion picture
лётчик – pilot
лече́ние – (medical) treatment
ли́чное де́ло – personnel file
ли́чность – individual, personality
ли́чностный – individual
ли́чный о́пыт – personal experience
лиша́ть (лиши́ть) гражда́нства – to deprive of citizenship
лиша́ть (лиши́ть) роди́тельских прав – to revoke custody of a child
лиша́ться (лиши́ться) роди́тельских прав – to lose custody of a child
лишь – only, solely
лови́ть (пойма́ть) – to catch
ло́зунг – slogan

лома́ть (слома́ть) (что) – to break, to destroy
лома́ться (слома́ться) – to break down
ло́паться (ло́пнуть) – to burst
лохма́тый – shaggy
лу́жа – puddle
люби́тель – amateur
любова́ться (чем) – to admire
любопы́тство – curiosity

## М

ма́сса – (coll.) tons
массо́вка – crowd scene
масти́тый – experienced, seasoned, veteran
масшта́бный – large-scale
мгнове́нно – instantly
ме́жду про́чим – by the way, as a matter of fact
мертве́ц – dead person
мёртвый – dead
ме́стный – local
ме́сто – place
мечта́ – dream
мечта́ть о (ком/чём) – to dream about
ми́ска – bowl
многообеща́ющий – promising, up-and-coming
мо́дный – trendy, fashionable
молодёжь – youth
мо́лодость – youth
молча́ние – silence
молча́ть (замолча́ть) – to be silent
морга́ть (моргну́ть) – to blink
моря́к – sailor
мо́щный – powerful, mighty
мра́мор – marble
мсти́тельный – vindictive
му́дрый – wise
мультиплика́ция – animation
му́тный – murky
муче́ние – torment, misery
му́чить – to torture
мясни́к – butcher

## Н

на ваш (твой, мой, чей, etc.) взгляд – in smo.'s opinion
на днях – the other day
на за́днем пла́не – in the background
на пере́днем пла́не – in the foreground
на передово́й – at the frontline
на са́мом де́ле – in reality, actually
на ско́рую ру́ку – hastily
на́бережная – embankment
наблюда́тельный – observant

наблюда́ть – to watch, to observe
наблюде́ние – observation
навя́зывать (навяза́ть) – to impose
награ́да – award, reward, prize, trophy
наде́яться на (кого/что) – to rely on, to hope for
на за́днем пла́не – in the background
назнача́ть (назна́чить) – to appoint
нака́зывать (наказа́ть) – to punish
нала́живать (нала́дить) – to arrange, to put in order
налицо́ – obvious
нало́г – tax
напада́ть (напа́сть) – to attack (assault)
напада́ющий – (in hockey) forward
напива́ться (напи́ться) – to get drunk
напра́сно – in vain, to no purpose
напряжённый – tense, stressful
наруша́ть (нару́шить) – to violate
населе́ние – population
настоя́щий – real, genuine
настрое́ние – mood, sentiment
наступле́ние – attack, offensive
насты́рный – persistent
науда́чу – at random
находи́ть (найти́) – to find
находи́ть (найти́) о́бщий язы́к (с кем) – to find common ground with smo.
нахо́дка – a find
нача́льник – boss
нача́льство – bosses, administration
нашуме́вший – sensational
неви́димый – invisible
недоразуме́ние – misunderstanding
недоста́точный – insufficient
не́жный – tender
незави́симый – independent
ненави́деть – to hate
не́нависть – hatred
неотъе́млемый – integral
неподража́емый – inimitable
непредсказу́емость – unpredictability
нера́вный – unequal
неразбери́ха – chaos, confusion,
несомне́нно – undoubtedly, indisputably
несмотря́ на то, что – despite
несча́стный слу́чай – accident
неуда́чник – loser
неуме́стный – inappropriate
нецензу́рная брань – obscenities
ничья́ – tie (in a competition)
ни́щий (noun) – beggar
но́венький (но́венькая) – new kid in class
нови́нка – novelty, new release

нож – knife
но́жницы – scissors
ныря́ть (нырну́ть) – to dive

## О

обая́тельный – charming
обва́ливаться (обвали́ться) – to collapse
обвиня́ть (обвини́ть) (кого в чём) – to accuse smo. of smth.
обеща́ние – promise
оби́дчивый – touchy, quick to take offense
обижа́ть (оби́деть) – to offend (to hurt smo.'s feelings)
обижа́ться (оби́деться) – to take offense
облада́ть вку́сом – to have (good) taste
оборо́на – defense
обору́дование – equipment
обожа́ть – to adore
о́браз – image
о́браз жи́зни – life style
образова́ние – education
образцо́вый (приме́рный) – model, exemplary
обра́тная сторона́ – reverse side
обраща́ть (обрати́ть) внима́ние на (кого/что) – to pay attention to
обраща́ться (обрати́ться) к (кому) – to address smo.
обраще́ние – address, speech
обстоя́тельство – circumstance
обходи́ться (обойти́сь) – to manage
обща́ться – to communicate, to converse
обще́ственный – public, social
о́бщество – society
объединя́ть (объедини́ть) – to unite
объёмный – voluminous
объявля́ть (объяви́ть) – to declare
обыва́тель – everyman, philistine
обя́зан (кому/чему) – owes to smo. or smth.
обя́занность – duty, responsibility
ого́нь – fire
ограниче́ние – restriction
ограни́чивать (ограни́чить) – to restrict
одна́ко – however, nevertheless
однозна́чно – definitively, unambiguously
одноимённый – of the same name
однокла́ссник – classmate
ожида́ть – to expect
окружа́ющая среда́ – environment
олицетворя́ть (олицетвори́ть) – to embody
опа́льный – disgraced
опа́сность – danger
опа́сный – dangerous
опера́тор – cameraman
опознова́ть (опозна́ть) – to identify

оползáющий – sagging
опрóс – survey, poll
опубликовáть – to publish
óпыт – experience
óпытный – experienced
орýжие – weapons
осмéливаться (осмéлиться) – to dare
осóба – individual, person
основáтель – founder
оснóвывать (основáть) – to found, to establish
осóбенность – peculiarity, feature, characteristic
остáнки – remains
óстров – island
отбирáть (отобрáть) – to select, to pick out
отвáга – courage
отвергáть (отвéргнуть) – to reject
отвéтственный – responsible
отвечáть (отвéтить) за – to be responsible for
отвратúтельный – disgusting, repulsive
отéчественный – domestic
отéчество – Fatherland
откáпывать (откопáть) – to dig out
откáзывать (отказáть) – to say no to, to refuse
отлúчник (f. отлúчница) – "A"-student
отменя́ть (отменúть) – to cancel
отмечáть (отмéтить) прáздник – to celebrate a holiday
относúтельно – relatively
отню́дь не – not at all, far from
отпускáть (отпустúть) – to let go, to release
отрицáть – to reject
отставáть (отстáть) от кого – to fall, lag behind
отсýтствие – absence
отчáиваться (отчáяться) – to fall into despair
отчисля́ть (отчúслить) – to be expelled
охрáна – protection
оцéнка – grade (assessment of student's performance)
очкáрик – four-eyes (wearer of glasses)
ощущéние – perception

## П

палáтка – tent
пáмять – memory
парохóд – steamboat
пéпел – ashes
первобы́тный – primaeval
пéрвое впечатлéние – first impression
переживáние – feeling, emotion
пережúток – relic, remnant
переносúться (перенестúсь) – to be transported
переплетáться (переплестúсь) с (чем) – to intertwine with smth.

перспекти́ва – prospect, promise
перспекти́вный – promising
пе́сня – song
печа́льный – sad, lamentable
плака́т – placard, poster
плева́ть – to spit
пле́мя (pl. племена́) – tribe
плен – captivity
пле́сень – mold, mildew
плодови́тый – prolific
плот – raft
по кли́чке – going by the nickname of…
по кра́йней ме́ре – at least
по моти́вам (чего) – based on
по про́звищу – going by the nickname of…
по сравне́нию с (чем) – in comparison with
по часово́й стре́лке – clockwise
побе́да – victory
победи́тель – winner
побежда́ть (победи́ть) – to win
пове́рхностный – superficial
пове́рхность – surface
повествова́ние – narrative
погиба́ть (поги́бнуть) – to perish, to die
пограни́чник – border patrol officer
погру́жение – immersion
под давле́нием (кого) – under the pressure of
по́двиг – feat, exploit, act of bravery
подводи́ть (подвести́) (кого) – to let down
подде́рживать (поддержа́ть) кого – to support
подде́ржка – support
подки́дыш – foundling, "doorstep baby"
поднима́ть (подня́ть) па́нику – to raise panic
поднима́ться (подня́ться) (по ле́стнице) – to go up the stairs
подозри́тельный – suspicious
подпи́сывать (подписа́ть) – to sign
подража́ть (кому/чему) – to imitate
подразумева́ть – to imply
подро́сток – teenager
подходя́щий – suitable, appropriate
пожа́р – fire
пожа́рный (пожа́рник) – firefighter
позо́р – shame
позо́рить (опозо́рить) – to disgrace, to shame smo.
пока́з (кинопока́з) – screening (film screening)
покло́нник – fan
поко́й – calm, peace
поколе́ние – generation
покрови́тельственный – condescending
пол – gender
по́лзать (ползти́) – to crawl

полк – regiment
полнометра́жный фильм – full-length film
полови́на – half
(кому) поло́жено + (infinitive) – (smo.) is supposed to be
полотно́ – canvas, painting
полоу́мный – crazy (lit. half-witted)
полтора́ (m., n.), полторы́ (f.) – one and a half
по́льза – good, benefit
по́льзоваться успе́хом у (кого) – to be successful with
помеще́ние – room, location
поми́мо (чего) – aside from
попада́ть (попа́сть) под маши́ну – to get hit by a car
поража́ть (порази́ть) (кого/чем) – to amaze, to astound (smo. with smth.)
пораже́ние – defeat
посвяща́ть (посвяти́ть) (кому/чему) – to dedicate
посла́ние – message
после́довательность – sequence, succession
послу́шный – obedient
посо́л – ambassador
постига́ть (пости́чь) – to grasp
посту́пок – deed, action
пото́мок – descendant
пото́мственный – coming from a family of…
потреби́тель – consumer
потре́бность – need, demand
потусторо́нний – otherworldly
похища́ть (похи́тить) – to kidnap
похо́д – hike
походи́ть (impf.) на (кого) – to look like, to resemble smo.
по́чва – soil
почётный – honorable
по́шлость – banality
появля́ться (появи́ться) – to appear
пра́вить – to rule
правоохрани́тельные о́рганы – law enforcement
пра́зднование – celebration
превосхо́дство – superiority
превраща́ться (преврати́ться) (в кого/во что) – to turn into smth.
пре́данность – devotion
предава́ть (преда́ть) – to betray
преда́тель (f. преда́тельница) – traitor
преда́тельство – treason, betrayal
предме́т – (school) subject
пре́док – ancestor
предпочита́ть (предпоче́сть) – to prefer
предпочте́ние – preference
представля́ть (предста́вить) – to imagine
предчу́вствие – premonition
презира́ть – to despise
презре́ние – contempt
преклоне́ние – admiration, adulation

прелéстный – charming, lovely

престýпник – criminal

претендéнт (f. претендéнтка) – candidate

при э́том – at the same time, at that

прибавля́ть (приба́вить) – to add, to gain

при́быль – profit

при́быльный – profitable

прививáть (привить) – to instill

привлекáтельный – attractive

привлекáть (привлéчь) внимáние – to attract attention

привора́живать (приворожи́ть) – to bewitch, to put a spell on smo.

привыкáть (привы́кнуть) к (+ dat.) – to get used to

привы́чка – habit

пригово́р – sentence (in court)

придýмывать (придýмать) – to make up, to invent, to come up with an idea

приёмные роди́тели – adoptive parents

призвáние – calling, vocation

признавáть (призна́ть) – to accept, to acknowledge

признавáться (призна́ться) в (чём) – to confess

призы́в к (кому/чему) – appeal to

прикáз – order, command

приключéние – adventure

примéрный – exemplary

примéта – superstition

примирéние – reconciliation

принадлежáть – to belong

принадлéжность к – belonging to

принимáть (приня́ть) участие в (чём) – to participate

приноси́ть (принести́) в жéртву – to sacrifice

приноси́ть (принести́) вред – to cause harm

приподнимáться (приподня́ться) над (чем) – to raise above

присвáивать (присво́ить) – to give, to award

присýтствие – presence

притворя́ться (притвори́ться) – to pretend

при́тча – parable

приходи́ть (прийти́) на пóмощь – to come to the rescue

приходи́ться (прийти́сь) на (+ acc. form of dates) – to fall on

причáл – dock, mooring (of a watercraft)

причёска – hairdo

причи́на – reason

прóба – audition, try-out

провéрка – inspection

провоци́ровать – to provoke

продолжéние – sequel

прóзвище – nickname

произвéдение искýсства – artwork

производи́ть (произвести́) впечатлéние (на кого) – to make an impression on smo.

произвóдство – industry, production

пропускáть (пропусти́ть) – to miss, to skip

прослáвленный – renowned, famous

просмóтр (фи́льма) – (film) viewing, screening

простота́ – simplicity
простра́нство – space, area, expanse
про́сьба – request
про́тив часово́й стре́лки – counter-clockwise
проти́вник – opponent
противога́з – gas mask
прохла́дный – lukewarm, tepid
про́шлое – past, history
пря́тать (спря́тать) – to hide
пу́дра – powder
пуга́ть (напуга́ть или испуга́ть) (кого/чем) – to frighten, to scare (smo. with smth.)
пуга́ться (испугаться) – to become frightened
пу́дра – powder
пу́таница – confusion, commotion, chaos
пу́тать (спу́тать) (с чем) – to confuse with smth. else, to mix up
путеше́ствие – travel, trip, journey
путеше́ствие во вре́мени – time travel
пыль – dust
пья́ница – drunk (noun)
пья́ный – drunk


# Р

раб – slave
равноду́шие – indifference
равнопра́вие – equality
ра́достный – joyful
разбира́ться (разобра́ться) (в чём) – to understand, to sort out, to make sense of
разва́ливать (развали́ть) – to disorganize
разве́дка – reconnaissance (military)
разве́нчивать (развенча́ть) – to debunk
развора́чиваться (разверну́ться) – to develop, to unfold, to turn around
разли́чие – difference
ра́зный – different, diverse, varied
разочарова́ние – disappointment, disillusionment
разочаро́вывать (разочарова́ть) – to disappoint
разраба́тывать (разрабо́тать) – to develop
разруша́ть (разру́шить) – to ruin
разува́ться (разу́ться) – to take off one's shoes
ра́зум – intelligence
рай – paradise
рак – cancer
ра́ненный – wounded
ра́нить – to injure
раска́пывать (раскопа́ть) – to dig out
раско́пка – excavation (archeological)
распа́д – collapse, decay
распада́ться (распа́сться) на ча́сти – to break apart
расселя́ть (рассели́ть) – to resettle (to move inhabitants out of the current location)
расслабля́ться (рассла́биться) – to relax
расстра́иваться (расстро́иться) – to become upset
рассчи́тывать на (кого/что) – to depend on, to count on (smo. or smth.)

растéние – plant
растя́гиваться (растяну́ться) – to stretch
расши́ренный – expanded
рвать – to rip, to tear
ребрó (pl. рёбра) – rib
рéдкость – rarity
режиссёр – (film) director
рéзать – to cut
рéзкий – abrupt
реквизи́т – props
реклáма – advertisement
рéльсы – railroad tracks
ремеслó – craft, trade
ремóнт – renovation
ремонти́ровать (отремонти́ровать) – to repair
рентгéн – X-ray
рецéнзия на (что) – review of
речь – speech
решáющий – critical, decisive
реши́тельный – assertive
ржáвый – rusted, rust-covered
рисковáть (рискну́ть) – to take risks
рисовáть (нарисовáть) – to draw, to depict
Рóдина – motherland
роди́тельские правá – parental custody
рóскошь – luxury, splendor
руководи́тель – director, head
руковóдство – leadership
рукопожáтие – handshake
ру́шиться (ру́хнуть) – to collapse
ры́бий хвост – fish tail
рядовóй – private (military rank)

## С

с высокó пóднятой головóй – with head held high
с другóй стороны́ – on the other hand
с однóй стороны́ – on the one hand
со стороны́ – from aside
самобы́тность – originality
самобы́тный – distinctive, original
самоду́р – tyrant
самопожéртвование – self-sacrifice
самоу́чка – self-taught person
сантéхник – plumber
сбор – box office return
сбывáться (сбы́ться) – to come true
свергáть (свéргнуть) – to overthrow
свéрстник – contemporary, peer, smo. of the same age
сверхъестéственный – supernatural
свинья́ – pig
свобóда – freedom

своеобра́зный – peculiar, unique

сво́йственный (кому/чему) – characteristic of

(быть) свя́занным с (кем/чем) – to be connected with

связь – connection

свяще́нный – sacred

сгоре́ть – to burn down

сдвиг – shift

сде́лка – business deal

се́льский – rural

сердобо́льный – compassionate

си́ла – strength

синя́к – bruise

сирота́ – orphan

сия́ть (засия́ть) – to shine

ска́зочный (from – сказка) (adj.) fairy-tale

ска́зываться (сказа́ться) на (ком/чём) – to affect smth. or smo.

скаме́йка – bench

ска́чивать (скача́ть) – to download

сквозь – through

скита́ться по (чему) – to wander

склад – warehouse

ско́вывать (скова́ть) – to shackle, to chain

сконча́ться – to pass away

скоре́е всего́ – most likely, most probably

скрип – squeak

скро́мный – modest

скрыва́ть (скрыть) – to hide, to conceal

скуча́ть (соску́читься) по (кому) – to miss smo.

сла́ва – fame

следи́ть за (кем/чем) – (fig.) to follow, to keep up with

сле́дует отме́тить – it should be noted

слеза́ – tear

слепо́й – blind

слух – rumor

случа́йно – by accident

случа́йность – accident, coincidence

случа́йный – accidental

случа́ться (случи́ться) – to happen

сме́лый – brave

сме́шанный – mixed

смеши́ть (рассмеши́ть) – to make smo. laugh

смысл – meaning

снима́ть (снять) фильм – to shoot a film

соболе́зновать – to express condolences

собо́р – cathedral

со́бственник – owner

со́бственный – one's own

собы́тие – event

совершенноле́тие – coming of age (usually turning 18 years old)

со́весть – conscience

совмеща́ть (совмести́ть) – to combine

совреме́нник – contemporary (noun)
совсе́м не – not at all, not in the least
создава́ть (созда́ть) – to create
созна́ние – consciousness
сокращённый – abbreviated, abridged
сообщество – community
соотве́тствующий – proper, suitable, appropriate
сопротивля́ться (чему) – to resist
составля́ющая – component
сострада́ние – compassion
сотру́дник – employee
сотру́дничество – collaboration
сочета́ть – to combine
сочу́вствие – compassion, sympathy
спаса́ть (спасти́) – to save, to rescue
спецна́з – special forces
спирт – alcohol
споко́йный – calm
спо́соб – method, way, means
спосо́бность – capability, ability
спотыка́ться (споткну́ться) – to trip over, to stumble
справедли́вость – justice
справедли́вый – just, fair
спуска́ться (спусти́ться) (по ле́стнице) – to go down the stairs
спу́тник – companion
сража́ться (срази́ться) – to fight
среди́ (кого/чего) – among (whom/what)
средневеко́вый – medieval
сре́дний – middle
ссо́ра – quarrel, fight
ста́до – herd
ста́лкиваться (столкну́ться) – to collide
становле́ние = формирова́ние
стари́к – old man
стари́нный – antique
стару́шка – old woman
стесня́ться (кого) – to be shy around smo.
сто́рож – custodian, guard
страда́ть – to suffer
страх – fear, fright
стреля́ть (вы́стрелить) – to shoot
стреми́тельный – fast-moving, dashing
стри́жка – haircut
стричь (обстри́чь, подстри́чь) – to cut (hair)
строи́тельство – construction, building
сты́дно (кому) – to be ashamed
су́дарь / суда́рыня – (old fashioned form of address) sir / ma'am
су́дно (pl. суда́) – vessel, ship
судьба́ – fate
судья́ – referee
су́дя по (чему) – judging by

сумасше́дший – crazy, demented
существо́ – creature
сцена́рий – script
сценари́ст – scriptwriter, screenwriter
сцепле́ние – clutch
счёт – score (in a game)
счита́ть (досчита́ть) до – to count to
сы́тый – well fed
сюже́т – plot

## Т

та́иться (зата́иться) – to lurk
так называ́емый – so-called
та́нец – dance
тащи́ть – to drag, to pull
творе́ние – creation
тво́рческий – creative
тво́рчество – oeuvre, creative work
темнота́ – darkness
терпели́вый – patient
те́сто – dough
тишина́ – silence
толка́ть (толкну́ть) – to push
толпа́ – crowd
тону́ть (утону́ть) – to drown
топо́р – axe, hatchet
торгова́ть – sell, trade
торопи́ться – to rush, to hurry
тоскова́ть (по кому) – to yearn, to long for
тот или ино́й – one or another
точне́е – to be more preciseтре́бование demand (noun)
тре́бовать – to demand
тре́звый – sober
тре́нер – (athletic) coach
трениро́вка – practice, drill
тре́щина – crack (e.g. in a wall)
тро́гательный – touching
тро́гать – to touch
труба́ – plumbing pipe
трудолюби́вый – hard-working
труп – corpse
трус – coward
туне́дец (безде́льник) – parasite, sponge, slacker
тупо́й – (coll.) dumb
ты́кать (ткнуть) па́льцем (в кого) – to point fingers at
тюрьма́ – jail

## У

убеди́тельный – convincing
убежда́ть (убеди́ть) кого – to convince
убива́ть (уби́ть) – to kill

убийство – murder
уборщица – house maid
уважать – to respect
увеличение – increase
увеличивать (увеличить) – to increase
уверенность – confidence
уверенный – confidenty
волиться (увольняться) – to quit a job
увольнять (уволить) – to fire smo. (from a job)
угроза – threat
удар – strike, chime (e.g. of the clock)
удача – luck
удачный – successful
уделять (уделить) внимание – to pay attention
удовольствие – pleasure
удочка – fishing rod
ужас – horror
ужасный – terrible, awful
узкий – narrow
указ – decree
уклоняться (уклониться) – to dodge, to evade
укреплять (укрепить) – to strengthen
улыбаться (улыбнуться) – to smile
ум – mind, brain
умещаться (уместиться) – to fit in
унижаться (унизиться) – to demean oneself, to degrade oneself
уничтожать (уничтожить) – to destroy
упоминание – mention
упорный – persistent
упростить (упрощать) – to simplify
упрощённость – simplification
упрямый – stubborn
условие – condition
условно – relatively
условный – nominal
успех – success
успешный – successful
устойчивый – stable
устрашающий – threatening
усыновлять (усыновить) / удочерять (удочерить) – to adopt a son/daughter
утверждать (утвердить) – to affirm, to assert
утыкаться (уткнуться) – to bury one's head in…
участвовать – to take part (to participate)
участок – lot, parcel (of land)
учебный год – school year


**Ф**

фигурист (f. фигуристка) – figure skater
фокус – trick

фон – background
фона́рик – flashlight
фона́рь – lamp, lantern
фунда́мент – foundation (of a building)

# Х
ханжа́ – hypocrite, prude
хи́трый – tricky, crafty
хище́ние – theft
хор – choir
хорони́ть (похорони́ть или захорони́ть) – to bury
хота́ – although
хота́ бы – at the very least
хра́брый – brave
худо́жник-постано́вщик – production designer

# Ц
ца́рство – kingdom
целеустремлённый – focused on a goal
цель – aim
цени́ть (оцени́ть) – to value
це́нность – value
це́нный – valuable
цепь – chain
цити́ровать – to quote
цифрово́й – digital

# Ч
ЧП (чрезвычайное происшествие) – emergency
часово́й по́яс – time zone
челове́чный – humane
челове́чество – humankind
червь (червя́к) – worm
че́рез (of time) – in
че́реп – skull
чёрный день – "rainy day"
четы́режды – four times
чини́ть – to fix, to repair
чино́вник – functionary, official
чу́вство вины́ – sense of guilt
чу́вство ю́мора – sense of humor
чу́до (pl. чудеса́) – miracle

# Ш
ша́йба – puck
шваль – trash
шеде́вр – masterpiece
шлем – helmet
шля́гер – (music) hit

шпион (f. шпио́нка) – spy
штраф – fine (noun)
шту́ка – piece
шу́тка – joke

# Щ
щель (щёлка) – crack, eyehole

# Э
экра́н – screen (in a movie theater)
экраниза́ция – screen adaptation
э́кскурс – digression
эпата́жный – shocking, scandalous
эпизоди́ческая роль – extra (background actor)
эски́з – sketch

# Я
явле́ние – phenomenon
яд – poison
я́дерный – nuclear
я́кобы – allegedly, ostensibly
я́сность – clarity
я́щик – box, chest

# Именной указатель

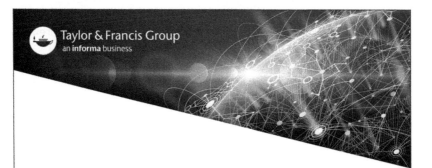